普通高等教育"十一五"国家级规划教材
高等学校交通运输与工程类专业教材建设委员会规划教材

Introduction to Transportation Engineering

交通运输工程导论

(第三版)

顾保南　赵鸿铎　**编著**
王秉纲　魏庆朝　**主审**

内 容 提 要

本书以整个交通运输系统（包括铁路、道路、水路、航空和管道运输系统）为对象，主要介绍运输和交通运输系统、载运工具的运行特性、交通流特性、交通运输工程规划、轨道工程、道路工程、港口工程、机场工程、交通控制与管理方面的内容。

本书可作为高等院校交通运输学科和土木工程学科相关专业的教材，也可供相关专业人员学习参考。

本教材配套多媒体课件，可加入交通工程课群教学研讨 QQ 群（185830343）获取

图书在版编目（CIP）数据

交通运输工程导论／顾保南，赵鸿铎编著.—3 版.—北京：人民交通出版社股份有限公司，2014.8
ISBN 978-7-114-11575-2

Ⅰ.①交… Ⅱ.①顾…②赵… Ⅲ.①交通工程学—高等学校—教材 Ⅳ.①U491

中国版本图书馆 CIP 数据核字（2014）第 167057 号
审图号：GS(2019)3410 号

普通高等教育"十一五"国家级规划教材
高等学校交通运输与工程类专业教材建设委员会规划教材

书　　　名：	交通运输工程导论（第三版）
著 作 者：	顾保南　赵鸿铎
责任编辑：	刘永超　卢俊丽
出版发行：	人民交通出版社股份有限公司
地　　　址：	(100011)北京市朝阳区安定门外外馆斜街 3 号
网　　　址：	http://www.ccpcl.com.cn
销售电话：	(010)59757973
总 经 销：	人民交通出版社股份有限公司发行部
经　　　销：	各地新华书店
印　　　刷：	北京虎彩文化传播有限公司
开　　　本：	787×1092　1/16
印　　　张：	12
插　　　页：	1
字　　　数：	277 千
版　　　次：	2003 年 3 月　第 1 版
	2008 年 12 月　第 2 版
	2014 年 8 月　第 3 版
印　　　次：	2024 年 8 月　第 3 版　第 12 次印刷　总第 22 次印刷
书　　　号：	ISBN 978-7-114-11575-2
定　　　价：	35.00 元

（有印刷、装订质量问题的图书，由本公司负责调换）

前言
FOREWORD

交通运输系统是由**铁路**、**道路**、**水路**、**航空**和**管道**五种交通运输方式组成的一个综合系统。每种交通运输方式各具特点,各自组成独立的系统。它们在综合交通运输系统内各自发挥作用,又相互补充和依存,共同发挥支持社会生产、推动经济发展、提高人们物质和文化生活水平的作用。

交通运输工程的任务,是探讨如何为交通运输系统提供和改善各项工程设施,包括系统和项目工程设施的规划、设计、施工、运营管理和维修养护等方面,以适应不断增长的交通运输需求。

由于行业划分和专业设置过细,学习交通运输工程的学生或从事交通运输工程的技术人员对交通运输工程专业知识的认识和了解,往往局限于某种交通运输方式,或者仅局限于该方式中的某一方面。设置本课程和编写本书的目的,是较系统地介绍交通运输工程的各个方面,使交通运输工程领域的学生和专业人员以及与交通运输工程有关或对其有兴趣的非专业人员,对交通运输工程有一个较全面的了解。

1988年起,同济大学开设了"交通运输工程导论"课程。本书是在姚祖康教授主编的各版《交通运输工程导论》教材的基础上编写而成。第一章首先阐述运输同经济和社会发展的关系以及对环境的影响;分析交通运输系统的组成,各种运输方式的特点、组成及其发展趋势;而后分别介绍了我国铁路、道路、水路、航空和管道运输系统的现状和存在的问题。第二章分别介绍各类载运工具(轨道车辆、汽车、船舶和运输飞机)的类型和特点以及同交通运输工程设施设计有关的一些运行特性。第三章阐述载运工具在交通运输设施上运行的流动特性(包括速度、密度、交通量),并介绍同工程设施规划和设计密切相关的通行能力、排队和延误以及服务水平的基本概念。第四章介绍交通运输工程设施规划的基本概念、方法和步骤,并着重阐明交通运输需求分析、预测的基本概念和建模方法以及对规划方案的经济评价和综合评价的方法。第五章到第八章分别简要介绍了轨道工程、道路工程、港口工程和机场工程的功能要求,主要组成部分的布置和设计,但不涉及各种构造物的结构设计。最后一章则阐述对各种在交通运输设施上运行的载运工具进行交通控制和管理的要求与方法。本教材由同济大学顾保南、赵鸿铎教授编著,长安大学王秉纲教授和北京交通大学魏庆朝教授主审。

希望本书能对读者有所裨益,并恳请读者批评指正。

编著者
2013 年 7 月

目录 CONTENTS

第一章　运输和交通运输系统 ·· 1
　第一节　运输的性质和作用 ·· 1
　第二节　交通运输系统的组成和特点 ··· 4
　第三节　我国各交通运输系统概况 ··· 8
　第四节　城市交通运输系统 ·· 26
　复习思考题 ·· 29

第二章　载运工具的运行特性 ·· 30
　第一节　载运工具的类型 ·· 30
　第二节　轨道载运工具 ·· 31
　第三节　道路载运工具 ·· 39
　第四节　水上载运工具 ·· 43
　第五节　空中载运工具 ·· 46
　复习思考题 ·· 49

第三章　交通流特性 ·· 50
　第一节　交通流要素 ·· 51
　第二节　通行能力分析 ·· 54
　第三节　排队和延误分析 ·· 57
　第四节　服务水平分析 ·· 60
　复习思考题 ·· 63

第四章　交通运输工程规划 ·· 64
　第一节　规划的特点、方法和步骤 ·· 65
　第二节　需求分析和预测 ·· 69
　第三节　规划方案的评价 ·· 74
　复习思考题 ·· 80

第五章	轨道工程	81
第一节	系统类型及设计准则	82
第二节	线路平纵断面设计	84
第三节	路基和轨道	89
第四节	站场	94
	复习思考题	101
第六章	道路工程	102
第一节	道路分级和设计标准	103
第二节	道路路线设计	106
第三节	路基和路面	117
第四节	道路排水和桥涵构造物	120
	复习思考题	122
第七章	港口工程	124
第一节	港口的类型和组成	125
第二节	港口水域	126
第三节	码头	132
第四节	港口陆域作业区	137
	复习思考题	140
第八章	机场工程	142
第一节	机场系统的组成	143
第二节	飞行区平面布置	144
第三节	跑道系几何设计	151
第四节	滑行道和停机坪几何设计	155
第五节	航站区布局	158
	复习思考题	161
第九章	交通控制与管理	163
第一节	轨道交通控制和管理	164
第二节	道路交通控制和管理	171
第三节	水上交通控制和管理	176
第四节	航空交通控制和管理	177
	复习思考题	182
参考文献		184

第一章 运输和交通运输系统

【学习目的与要求】

掌握运输的基本概念，了解运输的作用；掌握交通运输系统的基本组成；了解各类交通运输系统总体性能的通用评估指标；了解铁路、道路、水路、航空、管道等各种运输方式的主要使用性能特点；了解我国各种运输方式的客运、货运构成比例及其变化特点；了解我国铁路、公路、水路、航空、管道等各类交通运输系统的供给与需求的现状特点及发展趋势。

第一节 运输的性质和作用

运输活动是使用各种载运工具（如火车、汽车、船舶、飞机和管道等），使运输对象（货物或旅客）实现地理位置上（空间）的转移。这种活动推进不同地区之间的人和物的交流和交换，对国家的强盛、经济的发展、社会的进步、文化的交流、生活方式的改变和生活水平的提高都起着重要的作用，从而成为社会赖以生存和发展的基础。

一、运输对经济发展的影响

运输是物质生产得以进行的必要条件。物质生产通常总是首先通过运输活动，供应生产所必需的原料或半成品和燃料；同时，又必须通过运输活动，将完成的半成品或成品输送到其他加工部门或者进入流通领域(市场)。因而,运输是物质生产过程中的必要组成部分,也是生产过程在流通领域内的继续。社会的分工越精细,生产的组合越复杂,商品的流通越发达,这种运输活动也越频繁,从而也越显出其重要性。

生产过程中的运输,其所投入的费用是产品价值的一部分;而在流通领域中的运输,其费用追加到产品的价值上,成为商品价值的一部分。因而,运输的成本将直接影响到商品的成本和价格。

交通运输的发展,意味着输送的便利、速度的快捷、效率的提高和运输费用的降低。它对经济发展的各个方面都会产生积极的影响。

1. 促进生产的地区分工

不同地区对于生产某类或某种产品可能具有特殊的有利条件,如自然条件、原材料或能源供应条件或技术条件等,因而生产该种产品的成本便具有较其他地区低廉的优势。如果运输发达,运价低廉,则这种生产成本低廉优势的影响范围便会得到扩大,从而促成生产的地区分工,影响生产力的布局。

2. 鼓励生产规模的扩大

产品的产量越多,则单位产品的生产成本便越低。大规模生产意味着原料、半成品或成品的供应和集散必须通过长距离运输。如果运价太高,将使产品价格偏高,在市场上将会丧失竞争能力。因而,运输效率越高,运费越低,越有利于发展大规模生产,从而便于充分合理地使用资源,提高社会的生产效率。

3. 开发自然资源,发展落后地区经济

只有通过发展交通,才有可能使丰富的自然资源得到有效的利用;而经济落后地区或边远地区,也只有通过发展交通,加强同发达地区沟通,才能促进交流并发展经济。

4. 加速土地开发

交通发达,可使运输设施沿线和毗邻地区的土地使用价值得到提高,从而加速土地开发。

5. 促进与交通运输相关工业部门的发展

例如,与载运工具制造有关的机械制造工业和电器仪表工业,与能源供应有关的石油、天然气和煤炭工业,与运输设施修建有关的建筑业、材料工业,与控制和管理有关的电子和信息产业等,都会为适应交通运输业发展的需要而得到相应的发展。

6. 平抑物价

便利的交通,可以调节不同地区出现的市场供需不平衡,促使各地的物价差别较快地得到平抑;同时,运费的降低,可使商品价格下降,从而平抑物价。

由此可见,交通运输的发展可促进国民经济的发展,而国民经济的发展也要求发展交通运输业,以得到支持和保证。交通运输业成为国民经济的重要组成部分。两者必须协调发展,保持适当的比例关系,才能使国民经济得以持续稳定地发展。根据国外的统计资料(20世纪80年代),工业化国家的运输业产值占国内生产总值的6%~7%,而我国运输业的同期产值仅占社会总产值的3%~4%。因而,出现了我国交通运输业发展滞后的局面,从而制约了国民经济的顺利发展。自20世纪90年代中期起,国家逐渐加大了对交通运输业的固定资产投资额(表1-1),使交通运输业在这一时期相应地得到较快的发展,保障了国民经济持续稳定地发展。

1985 年以来我国交通运输业的固定资产投资额(亿元)　　表 1-1

年份(年)	1985	1990	1995	2000	2005	2010
铁路	107.4	92.95	525.78	770.74	1 267.7	7 622.2
公路	34.1	114.03	451.66	1 605.80	5 581.4	12 764.5
城市公共交通	—	—	—	—	531.1	2 250.7
水路	43.3	53.73	86.27	73.23	779.3	2 080.4
航空	21.4	14.24	126.08	258.54	302.4	892.5
管道	3.2	2.88	4.05	25.51	79.6	94.9
交通辅助业(装卸、搬运等)	0.6	0.34	339.90	743.74	43.5	332.6
其他交通(仓储业)	—	—	10.73	33.76	258.5	1 811.7
运输业合计	210.0	278.17	1 544.47	3 511.32	8 843.5	27 849.5
全国	1 680.5	2 733.07	10 898.24	20 284.82	75 095.1	241 430.9
占全国比重(%)	12.5	10.18	14.17	17.31	11.8	11.5

二、对社会发展的影响

城市的发展及其形态,与交通运输的发展有密切的关系。早期,主要依靠水路运输时,城市大多沿江边或海岸布设和发展。铁路出现后,内陆城市才得以发展。公路的发展,沟通了城市和乡村间的物质、文化联系和交流,使城乡间在物质和文化上的差别逐步得到消除。而航空的发展,更加快了人们时空观念的改变,促进了国际间的交流和交往。交通运输促进了大规模生产和地区专业化分工,从而导致大城市的出现。而大城市的生存和运转又密切依赖于交通运输。高速公路和城市轨道交通系统的迅速发展,使许多人有可能居住在郊区而工作在市区,并仍享有参与教育、文化和社会活动的便利,因而促成了中心城市向郊外扩散和延伸的趋向。

一个社会系统的有效性(机动性和效率),是由其人流、物流、能源流、信息流和资金流等的速度和质量所决定的。而交通运输业是载运人流、物流、能源流和信息流的最重要的社会基础结构之一。交通运输的发展增加了社会的机动性,促进了不同国家、不同地区、不同民族和不同阶层的人们之间的广泛交往和文化渗透,增进了相互的了解和理解。交通运输的迅速发展也改变了人们的时间和空间观念,同时也影响着人们生活方式的变化。

完善的交通运输系统,将各个边远地区同其他地区,特别是首都和发达地区沟通在一起,从而形成并提高了国家的统一性。快速的交通运输系统可提高兵员、装备和后勤供应的机动能力,因而是国防力量的重要组成部分。

由于交通运输影响到人们工作和生活的便利,影响到经济发展的速度以及人民的收入和生活水平,因而发展交通运输业在实现政府工作目标中占有重要地位,吸引着公众广泛的政治注意。

三、对环境的影响

良好的路桥线形与结构形式给人壮观及美感,但交通运输的发展也会对环境产生一些负面影响。交通运输工程设施的大规模修建,有可能破坏植被,造成水土流失,并改变生态环境;另外需占用大量可耕土地,因而可能会减少农业产量;还有要维持交通运输系统的运转,需消耗大量的石油、天然气和电等能源资源;再有大量燃油载运工具,会排放出大量污染物质(二氧化碳等),使空气和水质遭到污染,并加剧温室效应;行驶中产生的噪声也将影响毗邻地带居民的工作和生活。

第二节　交通运输系统的组成和特点

一、交通运输系统的组成

一个交通运输系统主要由下列五个基本部分组成:
(1)载运工具——如火车、汽车、船舶、飞机、管道等,用以装载所运送的旅客和货物。
(2)站场——如火车站、汽车站、机场、港口等,作为运输的起点、中转点或终点,以供旅客和货物从载运工具上下和装卸。
(3)线路——如有形的铁路、道路、河道、管道或无形的航路等,作为运输的通道,供载运工具由一个站场点驶行到另一个站场点。
(4)交通控制和管理系统——为保证载运工具在线路和站场上安全、有效率地运行而设置的各种监视、控制和管理装置和设施,如各种信号、标志、通信、导(助)航以及规则等。
(5)设施管理系统——为保证各项交通运输设施处于完好或良好的使用或服务状况而设置的设施状况监测和维护(维修)管理系统。

按载运工具和运输方式的不同,交通运输系统可分为下述五种基本类型:
(1)轨道交通运输——列车在导轨上行驶的交通运输系统,可分为城市间的铁路运输系统及城市内的城市轨道交通运输系统两类。
(2)道路交通运输——由汽车在城市间的公路和城市内的街道上行驶的交通运输系统。
(3)水路交通运输——由各种船舶在内河河道、沿海或远洋航线上航行的交通运输系统。
(4)航空交通运输——由飞机在空中航线上飞行的交通运输系统。
(5)管道交通运输——利用管道连续输送原材料的交通运输系统。

整个交通运输系统是一个上述五种交通运输类型并存的综合系统,各自发挥本类型(系统)的特长和作用。

二、交通运输系统的性能

各类交通运输系统具有不同的特点和性能。通常从以下四个方面来表征或评价一个交通运输系统的性能。

1. 普遍性(Ubiquity)或通达性(Accessibility)

普遍性或通达性主要指进出交通运输系统的出入口数量、这些出入口之间交通运输线路的直捷程度以及系统适应各种交通量的能力等方面的性能。它直接关系到使用者进出和使用该系统的便利性。影响普遍性的主要因素是交通运输线路网的密度和进出系统的出入口或站场的数量。

2. 机动性(Mobility)

机动性可定义为交通运输系统在单位时段内处理交通运输对象数量的能力,它包括系统的通行能力(或容量)和系统内交通流的速度两个方面。

3. 效率和效益(Efficiency)

包括为修建和维护交通运输系统基础设施所需投入的资金量,使用该系统所需支付的运行费用(能源消耗、载运工具和基础设施的耗损、控制和管理费用等),系统的可靠性和使用的安全性,系统对周围环境的负面影响等方面。

4. 服务对象和服务水平(Serviceability)

交通运输系统适宜于输送的对象(货物或旅客的类别),系统所提供的服务质量(舒适性、频率等)。

三、各类交通运输系统的特点

各类交通运输系统具有不同的性能特点。

轨道交通运输 由专用的列车依次沿固定的轨道行进,交通运输对象需在固定的站场进出线路系统,因而其普遍性便受到较大的限制。为使列车能以一定的速度安全地在线路上行驶,要求线路布设的平面曲率半径不宜过小,而纵向坡度不能太大。这就使轨道交通运输方式的采用较多地受到地形和地质条件的限制,或者在地形较复杂地区需要投入较多的建设资金。轨道交通运输的主要优点是货物或旅客的装载容量很大,而其平均运行速度可为中等(50~120km/h)到高速(200km/h以上),因而其机动性较高。线路、站场和控制管理设施的修建和维护费用较高;货运的运输成本较低,但高速客运的运输成本较高;系统的可靠性和安全性较高;能源消耗较低。轨道交通运输的这些性能,使之在货物运输方面适宜于中长距离的散装和大宗货物以及集装箱运输,而在旅客运输方面适宜于短距离至中长距离平均运距为20~600km的城市间交通运输及大城市客流走廊上的交通运输。表1-2为各类交通运输系统的旅客和货物运输平均运距的变化情况。铁路旅客运输的平均运距呈逐年增长趋势,由1980年的151km增加到2005年的524km;货物运输的平均运距也呈增长趋势,但稳定于800km以内。

各类交通运输的平均运距(km)　　　　表1-2

年份(年)	铁路		公路		水路		航空		管道	总计	
	客运	货运	客运	货运	客运	货运	客运	货运	货运	客运	货运
1950	135	395	55	11	62	191	943	1063	—	118	211
1960	109	412	45	19	50	236	781	833	—	83	215
1970	139	525	39	24	45	336	825	954	—	79	304
1980	151	526	33	34	49	1184	1166	1573	467	67	479
1990	275	725	45	56	81	2 113	1 388	2 173	393	91	817
1995	345	786	53	53	107	2 623	1 331	2 206	386	131	1 024*
2000	431	771	49	59	52	1 939	1 444	2 555	340	83	326
2005	524	770	55	65	34	2 261	1 479	2 572	350	95	431
2010	523	759	49	177	32	1 806	1 509	3 177	440	85	438

注:*1998年前为交通运输部门的旅客和货物平均运距,1999年后为全社会的旅客和货物平均运距。

道路交通运输是一种可以实现"门到门"运输的方式,也即货物和旅客可以在起点(厂门、店门、家门等)装上汽车后,通过支线迅即进入道路系统,而后直接运卸到终点(厂门、店门、家门等),中间不需倒换装卸作业。因而,路网密度大时,道路交通运输便具有很高的普遍性。道路路线布设的平面曲率半径可比轨道线路的小,而纵坡可以比它大,因而受地形限制的程度较轨道交通运输低。但在地形复杂地区,道路交通运输的通达性仍受到限制。道路交通运输的平均运行速度为中等($30\sim120$km/h),受交通密度(拥挤程度)的影响很大。车辆的装载容量较小。道路交通运输基础设施修建和维护的投资量较轨道交通运输低,而其运营费用(运输成本)则较轨道和水路交通运输高;能源的消耗较大。道路交通运输的可靠性和安全性不如其他运输方式。因而,道路交通运输适宜于短途旅客和货物运输,小批量商品或时间价值较高的货物的中途运输。由表1-2可看出,公路旅客和货物运输的平均运距均较短,为$50\sim60$km。

水路交通运输受河流通航条件及海岸和港口条件的限制,其普遍性较为局限。船舶的装载量较大,但其平均运行速度很低($15\sim40$km/h)。基础设施的修建费用较高,但由于运输能力大,能源消耗低,其运输成本较其他各种方法都低。因而,水路交通运输适宜于大宗和散装货物以及集装箱运输;国际间的货物运输绝大部分都依靠远洋运输,运距很长。由于速度低,旅客运输仅限于短途和游览。表1-2水路运输的客运和货运平均运距的巨大差异(2005年相应为34km和2 261km),反映了这一特点。

航空交通运输的突出优点是快速($200\sim900$km/h)和舒适。其普遍性受机场密度的限制。飞机的载运量较汽车高。基础设施的修建费用较高。能源消耗大,运输成本高。因而,航空交通运输适宜于中长距离(大于1 000km)的旅客运输和时间价值高的小宗货物运输。国际间的旅客运输大部分都依靠空运。如表1-2所示,航空运输的旅客和货物运输的平均运距均较长,2010年相应为1 509km和3 177km。

管道运输的普遍性与轨道运输相似。它适宜于长距离连续输送液体(如石油)或气体(如天然气)介质。其输送速度很低($16\sim30$km/h),但能力较高。基础设施的修建费用较轨道和道路小,其运输成本也低;而且,其输送不存在空驶问题,不受气候影响,设施所占用地也少。

各类交通运输系统的不同特点和性能,使之能在整个交通运输系统中并存和互补,发挥各自的优势和特长,形成综合交通运输系统。

四、综合交通运输系统的组成结构及其变化趋势

19世纪以前,由于缺乏机械动力,以人力、畜力和自然力作为载运工具的动力,因而,水路交通运输占据了主导地位。19世纪上半叶,出现了蒸汽机,首先被应用于船舶,使水路交通运输有了迅猛的发展。而后,蒸汽机被用于铁路机车,开始了铁路交通运输的发展。19世纪下半叶到20世纪前20年期间,铁路交通运输出现了大发展,而水路交通运输则出现了萧条。有人把铁路交通运输成为主宰的这一时期称之为铁路世纪。与此同时,出现了新的载运工具——汽车和飞机以及管道。20世纪20年代以后,水路交通运输又重新有所振兴,而铁路交通运输在欧美发达国家却逐渐萎缩,道路和航空交通运输得到较快发展,特别是第二次世界大战以后,这两种运输方式的发展更为迅速,使道路交通运输成为主要的运输方式。目前,形成了五种运输方式并存的局面,各种运输方式依靠自身的性能特点占据一席地位,发挥着各自的作用。图1-1及图1-2是日本的旅客与货物运输周转量的综合交通构成变化情况,从中可以看出,道路与铁路在综合交通中占较大比重。

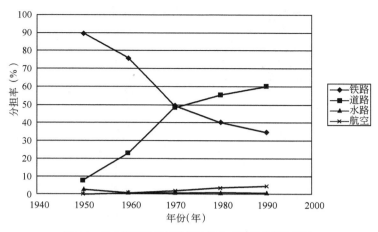

图 1-1　日本旅客运输周转量的综合交通构成变化情况

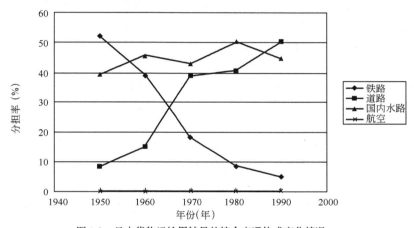

图 1-2　日本货物运输周转量的综合交通构成变化情况

新中国成立以来，我国运输业的发展经历了一个较长的以发展铁路运输为主的阶段，而目前正走向各种运输方式共同和协调发展的阶段。表 1-3 和表 1-4 相应为各种运输方式的货物运输和旅客运输的运输量和周转量组成结构比例。

我国各种运输方式的旅客运输构成比例(%)　　　　表 1-3

年份(年)	旅客运输量				旅客周转量			
	铁路	公路	水路	航空	铁路	公路	水路	航空
1950	77.0	11.3	11.7	0.01	88.5	5.3	6.1	0.04
1960	57.9	30.5	11.6	0.02	76.3	16.5	7.0	0.2
1970	40.3	47.5	12.1	0.02	69.7	23.3	6.9	0.2
1980	27.0	65.2	7.7	0.1	60.6	32.0	5.7	1.7
1990	12.4	83.9	3.5	0.2	46.4	46.6	2.9	4.1
2000	7.1	91.1	1.3	0.5	36.9	54.3	0.8	7.9
2005	6.3	91.9	1.1	0.7	34.7	53.2	0.4	11.7
2010	5.1	93.4	0.7	0.8	31.4	53.9	0.3	14.5

我国各种运输方式的货物运输构成比例(%)　　　　　表1-4

年份(年)	货物运输量					货物周转量				
	铁路	公路	水路	管道	航空	铁路	公路	水路	管道	航空
1950	46.3	41.2	12.4	0.0	0.0	86.6	2.0	11.3	0.0	0.0
1960	39.4	41.5	19.1	0.0	0.0	75.4	3.6	20.9	0.0	0.0
1970	45.4	37.8	16.9	0.0	0.0	76.2	3.0	20.4	0.0	0.0
1980	20.4	69.9	7.8	1.9	0.0	47.6	6.4	42.0	4.1	0.0
1990	15.6	74.6	8.3	1.6	0.0	40.6	12.8	44.2	2.4	0.0
2000	13.1	76.5	9.0	1.4	0.0	31.1	13.8	53.4	1.4	0.1
2005	14.5	72.1	11.8	1.7	0.0	25.8	10.8	61.9	1.4	0.1
2010	11.2	75.5	11.7	1.5	0.0	19.5	30.6	48.2	1.5	0.1

分析这些数据，可以归纳出下述情况：

(1)我国各种运输方式的组成结构也经历着同发达国家相似的变化过程，铁路运输的比重逐年下降，公路运输的比重逐年上升，航空旅客运输迅速增长。由于公路运输的平均运距短，铁路运输的平均运距长，铁路旅客和货物周转量所占比重的下降速度小于运输量所占比重的下降速度。

(2)2010年，道路客运量、货运量的分担率分别达到93.4%、75.5%，道路旅客周转量、货物周转量的分担率分别达到53.9%、30.6%，道路运输在综合交通系统中已占据主导地位。

(3)铁路旅客周转量、货物周转量的分担率分别达到31.4%、19.5%，尽管两者均低于公路同类指标，但铁路运输目前仍是综合交通运输系统的骨干。这主要是由于我国的产业结构以重型为主，重工业的比重大于轻工业；我国的能源结构以煤炭为主，而主要煤炭基地集中在北方；我国城市化率较低，每年有大量农村劳力进入沿海大城市，构成了季节性客运高峰；铁路运输(特别是客运)实行低运价政策；汽车工业从21世纪起才得到迅速发展，私人小汽车进入家庭还处于初级阶段。

(4)由于对外开放和国际贸易的迅速发展，远洋船队和远洋货运有很大增长。水路运输的货物周转量由于远洋运输的平均运距大而所占比重较大。但就货运量而言，则水路运输的比重在1990年以后明显下降；如果不考虑远洋运输，水运所占比重更低。

(5)航空运输的增长速度最快，特别是客运。随着居民可支配收入的提高和航空客运票价的下降，航空运输的快速增长还会继续。

(6)管道运输随我国石油和天然气工业的发展，在20世纪70年代以后有了较大的发展。80年代以后，管道货物运输量所占比重变化不大。

第三节　我国各交通运输系统概况

一、铁路交通运输系统

截至2023年年底，我国共有铁路营业里程15.9万km(其中复线里程约9.59万km，电气化里程约11.96万km)，拥有客车7.84万辆，货车100.5万辆，机车2.24万台。我国铁路分国家铁路、合资铁路和地方铁路三种,其中,国家铁路占绝对主导地位。2023 年,铁路系统共完成货运总发送量 50.35 亿 t,占全社会总货运量的 9.2%,货物周转量达 36 460 亿吨公里,占全社会总货物周转量的 15.15%,平均运距 724km;输送了 38.55 亿人次旅客,占全社会总客运量的 6.29%,旅客周转量达 14 729 亿人公里,平均运距 382km。

新中国成立以来我国铁路运输设备及运输业绩情况如表 1-5 所示。

我国铁路运输设备及运输业绩情况　　　　表 1-5

指标 \ 年份(年)		1949	1980	1990	1995	2000	2005	2010
全国铁路里程(万 km)		2.18	5.33	5.79	6.24	6.87	7.54	9.12
国家铁路里程(万 km)	合计	2.18	4.99	5.34	5.46	5.87	6.22	6.62
	复线	0.09	0.81	1.30	1.69	2.14	2.56	2.97
	电气化	0.00	0.17	0.69	0.97	1.49	2.02	3.27
车站数(个)		—	—	5 620	5 730	5 343	5 560	
机车(台)	合计	4 069	10 278	13 592	15 146	14 472	16 547	18 349
	电力	0	287	1 633	2 517	3 516	5 122	8 257
	内燃	0	2 190	5 680	8 282	10 355	11 331	10 041
客车(万辆)		0.40	1.64	2.75	3.27	3.72	4.20	5.23
货车(万辆)		4.65	27.03	36.86	43.64	44.39	54.84	62.51
铁路客运量(亿人次)		—	9.2	9.6	10.3	10.5	11.6	16.8
其中:国家铁路占比(%)			99.0	99.1	99.4	96.9	95.7	98.3
铁路旅客周转量(亿人公里)		—	1 383.2	2 612.6	3 545.7	4 532.6	6 062.0	8 762.2
其中:国家铁路占比(%)			99.8	99.9	99.9	97.4	96.2	99.6
铁路货运量(亿吨)		—	11.127 9	15.068 1	16.598 2	17.858 1	26.929 6	36.427 1
其中:国家铁路占比(%)			97.58	97.03	96.08	92.99	86.60	84.98
铁路货物周转量(亿吨公里)		—	5 716.9	10 622.4	13 049.5	13 770.5	20 726.0	27 644.1

1. 路网演变特点

我国各大区铁路网随时间的发展变化如表 1-6 所示,其客货运输量及周转量的分布如图 1-3、图 1-4 所示。

(1)20 世纪 50 年代至 80 年代中期,以完善全国铁路网骨架为主。

由表 1-6 可以看出,1949 年,我国大陆共有铁路营运里程 21 810km,集中分布在东北地区(占 40%)和东部沿海地区。1950 年以后,为开发内地,在西南和西北地区新建了较多的铁路,1985 年以后,我国铁路路网布局逐渐趋于均衡。

(2)20 世纪 80 年代中期至 21 世纪初,以提高铁路通道的货运能力和既有线客运速度为重点。

各大区铁路营业里程分布表   表1-6

指标	年份(年)	1949	1985	1990	1995	2000	2005	2010
全国里程(km)		21 810	55 200	57 900	62 400	68 700	75 400	91 200
各区域占全国比例(%)	华北	21.4	21.12	22.2	22.45	21.87	21.0	21.46
	东北	40.1	23.11	22.5	21.95	20.53	17.7	15.45
	华东	16.7	14.94	15.1	15.29	15.48	17.1	17.27
	中南	16.3	16.17	16.1	15.92	16.40	19.5	19.70
	西南	3.4	11.35	11.1	10.8	10.99	11.3	10.92
	西北	2.1	13.32	13.0	13.6	14.73	13.4	15.2

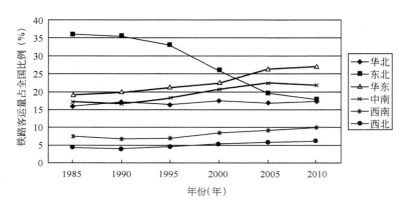

图1-3 各大区铁路客运量占全国比例的变化情况

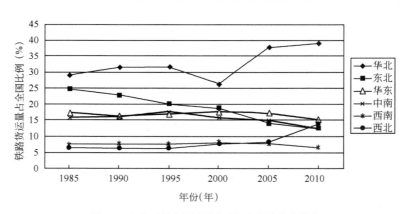

图1-4 各大区铁路货运量占全国比例的变化情况

这段时期重点建设"八纵八横"铁路通道。"八纵"通道为京哈(北京—满洲里)、沿海(沈阳—大连—烟台—新沂—长兴—杭州—宁波—厦门—广州—湛江)、京沪(北京—上海)、京九(北京—香港)、京广(北京—广州)、大湛(大同—湛江—海口)、包柳(包头—柳州—南宁)、兰昆(兰州—昆明);"八横"通道为京拉(北京—拉萨)、煤运北(大同—秦皇岛;神木—黄骅港)、煤运南(太原—青岛;侯马—日照)、陆桥(连云港—兰州—乌鲁木齐—阿拉山口)、宁西(启东—南京—西安)、沿江(南京—铜陵—九江—武汉—重庆)、沪昆成(上海—杭州—株洲—怀化—贵阳—昆明;怀化—重庆—成都)、西南出海(昆明—南宁—湛江)。"八纵八横"铁路通道见图1-5。这个时期,铁路重点解决货运紧张问题,尤其是山西、内蒙古的煤炭外运。对通道铁路采取复线、电气化、重载等技术措施大幅度提高通道货运能力。重载技术有了重大发展,大秦线可开行10 000t重载列车和20 000t组合重载列车,年运量可达2亿t。同时,为满足人民日益增长的快速出行需求,于1997年、1998年、2000年、2001年、2004年、2007年6次实施了大规模的提速,快速列车的最高速度由120km/h提高到160~200km/h,提速总里程达到13 000km。

由图1-3~图1-4还可看出,该期间虽然东北地区和华北地区铁路里程所占的比重仍较大,但西北地区和西南地区的铁路里程比重已接近25%。而比较各地区的铁路里程和所承担的客货运比例可看出,华北地区的货运任务较重,中南和华东地区的客运负荷较重,而西北和西南地区的客货运输负荷都较轻。

(3)2005年以来,大力建设高速铁路(客运专线),在客运繁忙干线上实现客货分线,大幅度提高客运能力及旅行速度。

2004年1月国务院批准了《中长期铁路网规划》,开始新一轮铁路大建设。在规划实施进程中,根据实际情况的变化,国务院又于2008年10月31日批准颁布了《中长期铁路网规划(2008年调整)》。我国铁路网中长期建设目标为:

①到2010年,全国铁路营业里程达到9万km以上,其中,客运专线约7 000km,复线、电化率均达到45%以上。

②到2020年,全国铁路营业里程达到12万km以上,其中,客运专线1.6万km以上,复线率和电化率分别达到50%和60%以上。基本建成"四纵四横"快速客运主骨架以及经济发达和人口稠密地区城际客运系统,主要繁忙干线实现客货分线。"四纵"是指北京—上海、北京—广州、北京—哈尔滨、上海—深圳;"四横"是青岛—太原、徐州—兰州、上海—武汉—成都、柳州—长沙,这些线路与2万km提速铁路一起,成为覆盖全国50万以上人口城市的铁路快速客运通道。

③至21世纪中叶,我国20万人以上城市全部通铁路。

经过"十一五"的建设,铁路新增营业里程1.6万km,复线投产1.1万km,电气化投产2.1万km,分别是"十五"的2.3倍、3.2倍和3.9倍。2010年全国铁路营业里程9.1万km,复线率、电化率分别达到41%、47%。已经基本实现了①中所述目标。武广、石太、郑西、宁合武、甬温福厦、京沪、沪杭、哈大等高速铁路及京津、沪宁、广珠等城际铁路的公交化运营,使我国民众感受到了高速铁路带来的快捷和便利。

"十二五"期间,全面建设"四纵四横"高速铁路网,将基本建成快速铁路网,并推进区际干线、煤运通道、西部铁路等建设,完善路网布局。"十二五"铁路网建设规划如图1-6所示。

2. 主要运输对象

铁路系统所承运的货物主要是煤,2010年占总货运量的52.81%,占总货物周转量的42.74%。近年来铁路运煤量快速增长,见图1-7,其次是金属矿石、钢铁及有色金属、石油、矿建材料、粮食等(表1-7)。因而,铁路货运的主要输送对象是能源、原材料和粮食等大宗、散装货物,共占总货运量的74.37%,占总货物周转量的84.99%。

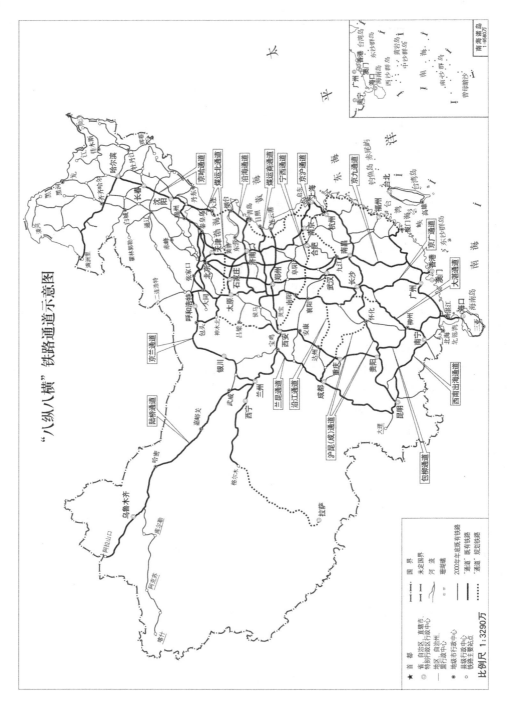

图1-5 2000年我国铁路网及铁路通道示意图

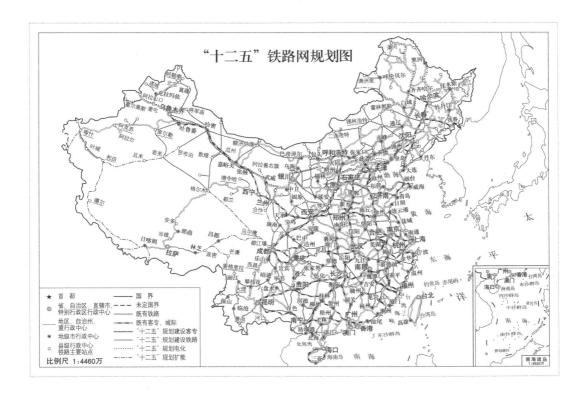

图1-6 "十二五"铁路建设规划示意图

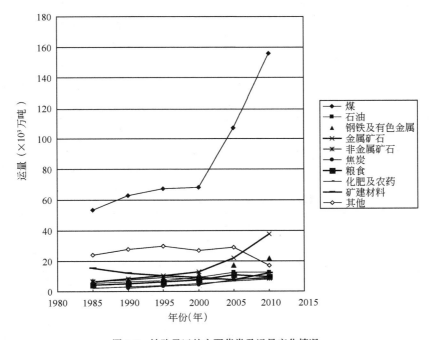

图1-7 铁路承运的主要货类及运量变化情况

2010年铁路系统货物运输主要货物类别的结构组成　　表1-7

货物类别		煤	金属矿石	钢铁及有色金属	石油	粮食	非金属矿石	焦炭	矿建材料	化肥及农药	其他
货运量	×10³ 万吨	156.02	38.09	22.43	12.85	9.69	8.71	9.49	12.55	8.18	17.45
	%	52.81	12.89	7.59	4.35	3.28	2.95	3.21	4.25	2.77	5.91
周转量	亿吨公里	1001.6	248.4	245.1	121	174.7	61.4	94	45.5	119.4	232.2
	%	42.74	10.60	10.46	5.16	7.46	2.62	4.01	1.94	5.10	9.91
平均运距(km)		642	652	1 093	942	1 803	705	991	363	1 460	1 331

出现上述状况的部分原因是我国矿产资源的分布特点及加工工业远离能源和材料基地。例如,我国的煤炭产量集中在山西、内蒙古、河南等地,其中,山西煤炭的外运量占全国煤炭总运量的34.6%。因而,煤炭运输的主要流向为:西煤东运、北煤南运。我国的钢铁企业主要分布在东北和华东地区,钢铁产品的主要流向是:由北向南、由东向西。

由于农村民工外出打工、学生寒暑假回家和长假旅游,铁路的客运高峰主要出现在春节、暑期和长假日等时段。

3. 主要线路与车站

1990—2010年,我国铁路前10位客运量、货运量的线路如表1-8和表1-9所示,前10位发送量的客站如表1-10所示。

我国铁路前10位客运量的线路($\times 10^6$ 人次)　　表1-8

1990年		1995年		2000年		2005年		2010年	
京广线	123.6	京广线	133.0	京广线	142.2	京广线	126.3	京广线	149.7
津沪线	92.3	津沪线	96.0	津沪线	90.4	京沪线	108.9	京沪线	124.8
哈大线	90.8	哈大线	94.3	哈大线	75.8	京哈线	84.7	陇海线	93.3
京沈线	64.5	京沈线	54.3	京沈线	45.5	陇海线	61.2	京哈线	76.6
陇海线	37.7	陇海线	46.7	京九线	38.6	沪杭、浙赣线	61.2	沪昆线	73.4
浙赣线	18.8	浙赣线	24.8	陇海线	38.2	京九线	46.6	京九线	70.4
滨州线	16.5	滨州线	21.5	浙赣线	33.0	宝成、成渝线	24.5	宝成、成渝线	34.3
京包线	14.2	滨绥线	16.7	沪杭线	20.1	襄渝线	18.7	胶济客专	24.0
滨绥线	13.8	京包线	14.1	滨州线	17.9	京包线	16.4	京包线	23.4
沪杭线	13.2	胶济线	13.7	宝成线	16.4	湘黔线	15.8	沪深线	20.9

我国铁路前10位货运量的线路($\times 10^6$ t)　　表1-9

1990年		1995年		2000年		2005年		2010年	
京广线	76.8	京广线	84.7	南北同蒲线	92.9	南北同蒲线	164.8	北同蒲线	144.7
南北同蒲线	70.1	南北同蒲线	78.9	京广线	73.9	太焦柳线	86.4	包兰线	107.0
陇海线	46.7	陇海线	55.3	太焦柳线	72.6	陇海线	72.1	沪昆线	88.0
京沈线	42.2	太焦新焦线	45.2	陇海线	54.0	京广线	67.9	陇海线	87.4
太焦新焦线	41.7	津沪线	40.0	京包线	51.6	津沪线	54.1	京包线	82.9
哈大线	39.5	京沈线	38.8	津沪线	46.3	石太线	51.2	京广线	69.5

续上表

1990 年		1995 年		2000 年		2005 年		2010 年	
津沪线	35.9	石太线	37.4	兰新线	40.6	包兰线	50.1	太焦线	67.7
石太线	35.6	哈大线	33.5	京沈线	34.6	滨州线	46.9	石太线	62.5
滨州线	26.7	京包线	32.8	哈大线	34.5	兰新线	42.3	滨州线	56.7
胶济线	24.6	胶济线	29.7	石太线	34.4	新石线	37.6	南同蒲线	55.3

我国铁路前 10 位客运量的车站($\times 10^6$ 人次)　　　　表 1-10

1990 年		1995 年		2000 年		2005 年		2010 年	
沈阳	22.99	上海	25.34	上海	25.95	上海	38.66	北京西	44.03
北京	21.27	北京	22.97	北京	19.97	北京西	26.22	上海	32.52
上海	19.33	广州	15.60	广州	17.76	广州	25.08	郑州	29.93
本溪	9.84	沈阳	15.03	郑州	13.33	郑州	19.24	广州	29.93
哈尔滨	9.65	哈尔滨	13.89	哈尔滨	12.52	西安	16.69	西安	28.12
郑州	9.57	长春	10.40	沈阳	11.68	哈尔滨	15.69	哈尔滨	28.05
广州	8.91	西安	10.37	西安	10.63	杭州	14.62	北京	27.74
天津	8.77	本溪	9.77	成都	10.42	成都	14.16	成都	26.87
杭州	8.69	郑州	9.62	天津	10.04	深圳	12.50	南京	24.70
西安	8.54	天津	9.37	长沙	9.65	南昌	12.18	杭州	22.35

京广、京津沪、陇海、沪昆(沪杭—浙赣—湘黔—贵昆)、京沈、哈大、滨州、京包、胶济等通道上客运量、货运量均较大;京九、宝成、成渝、沪深等线路客运量较大;南北同蒲、包兰、石太、太焦等线路货运量较大。

由表 1-10 可以看出,某城市中铁路客站发送量的人数与城市人口、铁路线路数目成正比。北京人口多且交汇的铁路线路数目多,发送量最大;广州、上海的人口多,发送量其次;郑州、西安汇集的铁路线路数目较多,其发送量高于其他人口规模相近的城市。

4. 主要问题

虽然我国铁路运输业取得了很大的进步,但铁路运输能力的增长和服务水平的提高仍满足不了人民日益增长的美好生活需要,铁路运输系统的不相适应表现在:

(1)对标发达国家,铁路网密度仍有提升空间——截至 2023 年年底,我国铁路路网密度为 165.2km/万 km^2,人口路网密度为 1.115km/万人,明显低于美国、日本等国家的水平。

(2)对市郊铁路的发展不够重视——出现大城市市郊铁路运输日益萎缩而市郊客运需求迅速增长的反差现象。

(3)客运站运营效率不高——许多大城市客运站占地规模大,但每天接发列车数量与之不相匹配;部分客运站远离市区,客流集散不便;位于市区中心区的客运站的广场和道路普遍交通拥挤,衔接交通设施有待改善。

为了适应国民经济发展的需要,铁路运输系统在充分发挥现有骨干作用的基础上,还应积极修建新路,加密路网,提高服务水平。

二、公路交通运输系统

我国各级公路里程和汽车保有量的发展情况,可参见表 1-11。截至 2023 年年底,我国共有公路线路里程 543.68 万 km,公路营运汽车合计 1 226.20 万辆(其中,客车 55.24 万辆,货车 1 170.97 万辆)。公路已覆盖 99% 的 20 万以上人口规模城市和地级行政中心。2023 年,共完成货物运输量 403.37 亿 t,占全社会总货物运输量的 73.7%;货物周转量 73 950 亿吨公里;完成公路人员流动量 565.56 亿人次,其中营业性客运量 110.12 亿人次,营业性旅客周转量 4 740.04 亿人公里。公路交通运输在沟通城乡间的客货交流,繁荣地区经济,提高人民物质和文化生活水平,促进市场经济发展和开发西部地区等方面发挥了积极作用。

我国各级公路里程和汽车保有量发展情况　　表 1-11

年份(年)	公路里程(万 km)						民用汽车保有量(万辆)		
	合计	高速	一级	二级	三级	四级	合计	客车(私人汽车)	货车
1980	88.83	—	0.02	1.26	10.83	40.01	178.29	35.08(—)	129.90
1990	102.83	0.05	0.26	4.34	16.98	52.48	551.36	162.19(74.93)	368.48
1995	115.70	0.21	0.96	8.49	20.73	60.68	1 040.00	417.90(249.96)	568.58
2000	140.27	1.63	2.01	15.27	27.67	75.03	1608.91	853.73(625.33)	697.59
2005	193.05	4.10	3.84	24.64	34.47	92.13	3 159.66	2 132.46(1 848.07)	955.55
2010	400.82	7.41	6.44	30.87	38.80	246.95	7 801.83	6 124.13(4 989.50)	1 597.55

我国分地区的公路网里程及汽车拥有量情况如图 1-8 和图 1-9 所示。各地区的公路网里程及汽车拥有量均在迅速增长,以华东地区和中南地区增长量最大。

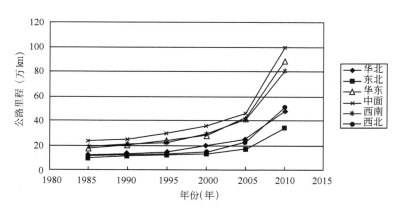

图 1-8　我国各地区公路网里程变化图

2023 年,全国公路网面积路网密度为 56.63km/100km^2,人口路网密度为 38.13km/万人。各地区公路里程和汽车保有量分布情况(2010 年)见表 1-12。可看出,华东和中南地区按面积计的路网密度最大,而西北和西南地区则为按人口计的路网密度最大。表中还列出了各地区的汽车保有量情况,华东和华北地区所占的比重最大;而公路上的车辆密度则为华北和华东地区最高,它反映了路网内公路的利用程度。

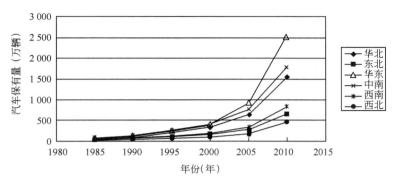

图 1-9 我国各地区民用汽车拥有量变化图

各地区公路线路里程和汽车保有量分布情况(2010 年)　　　　表 1-12

地区	线路 (万 km)	占全国 (%)	路 网 密 度		汽车拥有量 (万辆)	占全国 (%)	车辆密度 (辆/km)
			(km/100km²)	(km/万人)			
全国	400.82	100	41.75	29.92	7 801.83	100	19.46
华北	47.99	11.97	39.41	29.12	1536.53	19.69	32.02
东北	34.39	8.58	42.88	31.40	643.99	8.25	18.72
华东	88.33	22.04	110.60	22.48	2 518.57	32.28	28.51
中南	99.25	24.76	100.15	26.40	1791.85	22.97	18.05
西南	80.47	20.08	33.51	41.70	835.56	10.71	10.38
西北	50.39	12.57	15.44	64.74	475.33	6.09	9.43

注:人口采用 2010 年第六次全国人口普查公报数据。

我国公路按其重要性及其行政管理等级分为国道、省道、县道、乡道和专用道路五类。国道为在国家公路网中具有全国性政治、经济和国防意义的国家级干线公路,主要包括连接首都与各省(自治区)省会(首府)和直辖市的公路、通向各大港口和铁路干线枢纽以及重要工农业基地的干线公路、具有重要国防意义的干线公路。省道为具有全省(自治区、直辖市)政治、经济和国防意义,连接省内中心城市和主要经济区的省级干线公路。县道为具有全县政治、经济意义,连接县城与县内主要乡镇及主要商品生产和集散基地的公路。乡道主要为乡村居民经济、文化和生活服务的公路。专用公路由工矿、农林等部门投资修建,主要供该部门使用的公路。

1981 年,原交通部制订了国家干线公路网(国道)的路线布局,并于 1994 年进行了局部调整。国道共有 68 条,呈放射和网格相结合的形式,总计 10.6 万 km。其中,由北京向四周放射的线路 12 条,共 2.3 万 km,占国道总里程的 21.7%;由北向南的纵向线路 25 条,共 3.6 万 km,占总里程的 34.0%;由东向西的横向线路 29 条,共 4.7 万 km,占总里程的 44.3%。1992 年,原交通部制订了国道主干线规划方案,并经国务院认可,在国道网中划分出予以优先发展和建设的重点线路,以形成全国公路网的主骨架,它们贯通首都、直辖市和各省(自治区)省会(首府),连接所有人口 100 万以上的特大城市和 93% 人口 50 万以上的大城市。国道主干线的总体布局为"五纵七横",共 12 条线路、35 320km(表 1-13)。2007 年年底,国道主干线已基本建成,共计投资 9 000 多亿元。

国道主干线概况　　　　　　　　　　　　　表 1-13

主干线名称		长度(km)	沿途主要节点
五纵	同江—三亚线	5 700	同江、哈尔滨、长春、沈阳、大连、跨渤海湾、经烟台、青岛、连云港、上海、跨杭州湾、经宁波、福州、深圳、广州、湛江、海安、跨琼州海峡、经海口至三亚
	北京—福州线	2 540	北京、天津、济南、徐州、合肥、南昌、福州
	北京—珠海线	2 310	北京、石家庄、郑州、武汉、长沙、广州、珠海
	二连浩特—河口线	3 610	二连浩特、集宁、大同、太原、西安、成都、昆明、河口
	重庆—湛江线	1 430	重庆、贵阳、南宁、湛江
七横	绥芬河—满洲里线	1 280	绥芬河、哈尔滨、满洲里
	丹东—拉萨线	4 590	丹东、沈阳、唐山、北京、集宁、呼和浩特、银川、兰州、西宁、拉萨
	青岛—银川线	1 610	青岛、济南、石家庄、太原、银川
	连云港—霍尔果斯线	3 980	连云港、徐州、郑州、西安、兰州、乌鲁木齐、霍尔果斯
	上海—成都线	2 970	上海、南京、合肥、武汉、重庆、成都
	上海—瑞丽线	4 090	上海、杭州、南昌、长沙、贵阳、昆明、瑞丽
	衡阳—昆明线	1 980	衡阳、南宁、昆明

1988年10月，我国大陆第一条高速公路沪嘉高速公路(上海—嘉定)通车运营。随后，各地陆续修建。特别1998年以来，国家加大了基础设施投资力度，高速公路进入快速发展期，年均通车里程达4 000km以上。2004年，原交通部制订了《国家高速公路网规划》，并经国务院批准。国家高速公路网布局示意图见图1-10。

国家高速公路网连接全国所有省会级城市、目前城镇人口超过50万的大城市、城镇人口超过20万的中等城市以及国内主要的AAAA级著名旅游城市；实现东部地区平均30min上高速，中部地区平均1h上高速，西部地区平均2h上高速。国家高速公路网采用放射线与纵横网格相结合的布局方案由7条首都放射线、9条南北纵线和18条东西横线组成，总规模约8.5万km，具体路线是：

(1)首都放射线7条——北京—上海、北京—台北、北京—港澳、北京—昆明、北京—拉萨、北京—乌鲁木齐、北京—哈尔滨。

(2)南北纵线9条——鹤岗—大连、沈阳—海口、长春—深圳、济南—广州、大庆—广州、二连浩特—广州、包头—茂名、兰州—海口、重庆—昆明。

(3)东西横线18条——绥芬河—满洲里、珲春—乌兰浩特、丹东—锡林浩特、荣成—乌海、青岛—银川、青岛—兰州、连云港—霍尔果斯、南京—洛阳、上海—西安、上海—成都、上海—重庆、杭州—瑞丽、上海—昆明、福州—银川、泉州—南宁、厦门—成都、汕头—昆明、广州—昆明。

(4)地区环线5条——辽中环线、成渝环线、海南环线、珠三角环线、杭州湾环线。

截至2023年年底，我国已建成高速公路12.23万km。各地区高速公路网发展情况参见图1-11，以华东地区和中南地区发展最快。

公路线路按其技术状况分为高速、一级、二级、三级和四级五个等级，有些低于四级标准的公路称为等外路。全国和各个地区路网内不同技术等级公路的分布状况列示于表1-14。从表1-14可看出，2010年时，高速和一级公路所占的比例很小，仅为3.46%；四级和等外公路占了大部分，达

18

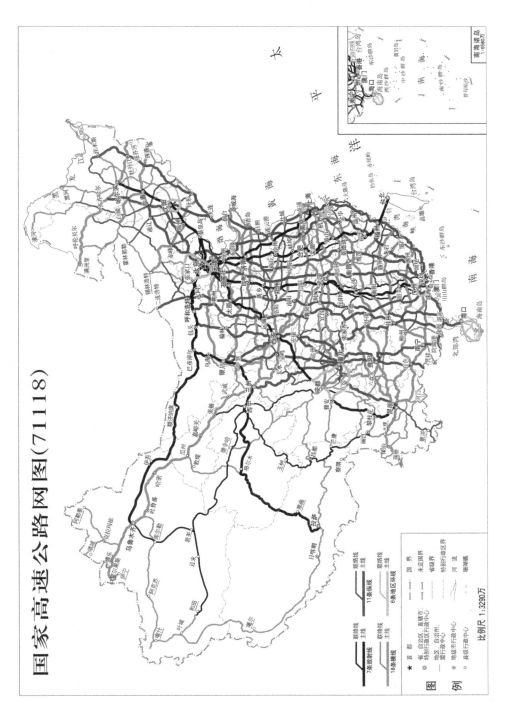

图1-10 我国国家高速公路布局示意图

79.16%。这表明,虽然近年来公路基本建设的投资有很大的增长,但是我国公路的技术状况水平仍较低。从各个地区的公路技术等级分布状况来看,华东和华北地区的高速和一级公路的比例较高,而西南和中南地区的四级和等外公路的比例较高。

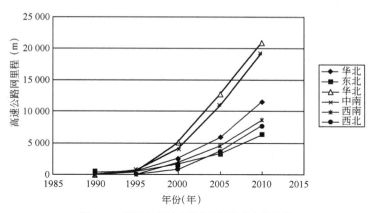

图 1-11 我国各地区高速公路网里程变化情况

公路技术等级分布状况(2010 年)　　　　表 1-14

地区	高速		一级		二级		三级		四级		等外	
	(km)	(%)	(km)	(%)	(km)	(%)	(km)	(%)	(km)	(%)	(km)	(%)
全国	74 113	1.85	64 430	1.61	308 743	7.70	387 967	9.68	2 469 456	61.61	703 520	17.55
华北	11 560	2.41	11 327	2.36	48 839	10.18	65 021	13.55	317 118	66.08	26 062	5.43
东北	6 263	1.82	6 182	1.80	35 285	10.26	73 971	21.51	162 974	47.39	59 252	17.23
华东	20 829	2.36	24 718	2.80	84 573	9.57	78 130	8.85	593 452	67.18	81 611	9.24
中南	19 149	1.93	14 892	1.50	77 327	7.79	62 620	6.31	652 821	65.78	165 648	16.69
西南	8 680	1.08	4 084	0.51	30 853	3.83	41 117	5.11	465 328	57.83	254 651	31.64
西北	7 633	1.51	3 225	0.64	31 864	6.32	67 108	13.32	277 763	55.12	116 296	23.08

20 世纪 90 年代以来,我国公路交通运输虽有较快的增长,但由于以往较长时期对公路的作用和认识不足,重视不够,因而在运输能力、服务水平和运输效率方面都还不能满足经济发展和人民生活的需要。这主要表现在以下几方面:

(1)公路里程偏少、路网密度较低——对比 2012 年数据,我国公路的面积路网密度为 0.44km/km^2,而美国为 0.68km/km^2,印度为 0.54km/km^2;人口路网密度为 31.26km/万人,而美国为 280km/万人。因此,里程偏少,密度偏低,特别是边缘地区和山区,公路的普遍性和通达性尚显不足,使许多地区的交通不便,经济得不到发展。

(2)公路技术状况较差——虽然近年来修建了不少高速和一级公路,但全国四级和等外公路的比重仍然较高,较差的路况使公路网的通行能力低,行车速度低,运营费用高,服务水平低。

(3)汽车拥有量尚低,货车性能较差——近年来,我国汽车工业发展迅速,但截至 2023 年,全国的汽车拥有量仅为 32 911 万辆,人均汽车拥有量 0.23 辆,不及美国的 1/3。而且,车辆的性能,主要是货车的性能,在可靠性、燃料经济性、动力特性、稳定性、耐久性和舒适性方面都较差。这种状况影响了公路设施的利用效率及运输的成本和效益。

三、水路交通运输系统

水路交通运输系统包括内河、沿海和远洋三部分。

截至 2023 年年底，水路交通运输系统共拥有内河航道 12.82 万 km；水上运输船舶 11.83 万艘，净载质量 3.01 亿 t，载客量 81.25 万客位；主要港口生产用码头泊位 22 023 个，其中，万吨级泊位 2 878 个。2023 年，全社会水路货运量 93.67 亿 t，货物周转量 129 952 亿吨公里，其中内河货运量 47.91 亿 t，海洋货运量 45.77 亿 t；全年完成港口旅客吞吐量 7 844.53 万人次，其中内河港口旅客吞吐量 344.12 万人次，沿海港口旅客吞吐量 7 500.41 万人次。水路交通运输主要承担长距离的大宗、散装货物和进出口货物的运输；旅客运输所占的比重很小，且限于短距离。

我国河流总长 43 万 km，其中可通航河流 5 800 多条，航道长 12.42 万 km；水深 1m 以上的等级航道约 6.23 万 km，可通航 1 000 吨级以上船舶的航道不足 5 000km。全国仅 24 个省(自治区、直辖市)有内河航道。其中，江苏省最多，其次是广东、浙江、湖南、四川和湖北等省。主要的通航航道为"三江两河"。

（1）长江水系——有大小通航支流 3 600 多条，通航里程 7 万多公里；货运量和货运周转量分别占全国内河总量的 70% 和 80% 左右；长江干线长 2 813km，重庆以下可通航 1 000 吨级船舶，宜昌以下可通航 1 500 吨级船舶，武汉以下可通航 5 000 吨级船舶，南京以下可通航 15 000 吨级船舶。

（2）珠江水系——有通航河流 988 条，里程 1.3 万 km，主要分布在广东和广西境内，由珠江主干、西江、北江、东江和珠江三角洲五部分组成。

（3）黑龙江水系——由黑龙江、松花江和乌苏里江组成，通航里程 4 696km；由于地处高纬度寒冷地区，冬季封冻期长。

（4）淮河水系——包括干流和颍河、涡河等支流，可通航里程约 1 300km。

（5）京杭运河——全长 1 794km，其中可通航里程 1 044km，水深 1m 以上航道 978km；邱县到六圩段可通航 500 吨级，其余为 100 吨级以下的船舶。

沿海航线分为北方和南方两个航区，北方航线以上海和大连为中心，南方航线则以广州为中心，分别向沿海各港口开辟航线。以沿海港口为起点，我国共开辟了 100 多条近洋和远洋航线，可通达 100 多个国家和地区的 1 100 多个港口，形成了环球交通运输网络。

港口可分为内河港和沿海港两类。前者的主要服务对象为内河船舶，沿海港的主要服务对象为海轮。

截至 2023 年年底，内河港口共有生产用码头泊位 16 433 个，其中万吨级以上泊位 469 个。长江干流的港口密度最高，规模最大。由重庆到上海的 2 500km 内，沿江分布着 20 余个主要港口(不包括上海港)，其中以南京港为最大。内河几个主要港口的泊位数和吞吐量情况列于表 1-15。珠江水系，西江部分以肇庆、梧州、南宁等港为主要港口，珠江三角洲部分以广州、黄埔和江门等港为主要港口。黑龙江水系，以松花江上的哈尔滨港规模最大，其次是佳木斯港；黑龙江的港口虽较多，但规模均不大，其中黑河港较大。淮河水系的港口分布在安徽和江苏境内，以蚌埠和淮南为主要港口。京杭运河，在山东境内以济宁为主要港口，苏北则以徐州、淮安和扬州等为主要港口，苏南以苏州、无锡、常州等为主要港口。

内河主要港口的泊位数和吞吐量（2010年） 表1-15

港口	泊位数（个）	货物吞吐量（万t）	旅客吞吐量（万人）	港口	泊位数（个）	货物吞吐量（万t）	旅客吞吐量（万人）
苏州	213(104)	32 877	—	泰州	105(44)	9 890	—
南通	115(45)	15 070	—	重庆	853	9 668	1 527
南京	271(49)	14 719	—	岳阳	147	8 171	19
江阴	66(27)	12 522	—	武汉	229	6 620	—
镇江	169(32)	10 634	—	芜湖	114(3)	6 609	5

注：括号内数值为万吨级以上泊位数。

截至2023年年底，沿海港口生产用码头泊位5 590个，其中万吨级以上泊位2 409个。沿海港口组成3个主要港口群。

(1) 环渤海区域港口群——包括天津、青岛、大连和秦皇岛等港口，形成东北亚的重要国际航运中心。

(2) 长三角区域港口群——包括上海和宁波两个主体港，形成以上海为中心，江浙为两翼的上海国际航运中心。上海港是我国第一大港（最大组合港为宁波—舟山），2010年的货物吞吐量达5.63亿t，集装箱吞吐量2 907万TEU（标准箱）。

(3) 华南区域港口群——包括香港、广州和深圳三个主体港，形成围绕香港国际航运中心的珠三角港口群。

货物吞吐量为前10位的沿海各主要港口的泊位数和吞吐量列示于表1-16。

沿海主要港口的泊位数和吞吐量（2010年） 表1-16

港口	泊位数（个）	货物吞吐量 总量（万t）	货物吞吐量 集装箱（万TEU）	旅客吞吐量（万人）	港口	泊位数（个）	货物吞吐量 总量（万t）	货物吞吐量 集装箱（万TEU）	旅客吞吐量（万人）
宁波—舟山	650(120)	63 300	1 314	674	大连	200(78)	31 399	526	612
上海	602(150)	56 320	2 907	168	秦皇岛	66(42)	26 297	34	6
天津	140(95)	41 325	1 009	23	日照	47(40)	22 597	106	—
广州	473(60)	41 095	1 255	79	营口	63(42)	22 579	334	5
青岛	75(59)	35 012	1 201	13	深圳	160(68)	22 098	2 251	334

注：括号内数值为万吨级以上泊位数。

沿海港口吞吐的货物中，以煤炭及其制品、金属矿石、石油天然气及其制品、矿建材料、机电设备和钢铁为主，占总吞吐量的62.3%。内河港口吞吐的货物中，以矿建材料、煤炭及其制品、金属矿石、石油天然气及其制品和钢铁为主，占总吞吐量的75.2%。各主要货类的吞吐量参见表1-17。由此可见，水运部门承运的货物与铁路部门相似，也以能源和原材料等大宗、散装货物为主。

水路运输中的货运在综合交通运输系统中占据重要地位，特别表现在货运周转量上，它占全社会总货运周转量的比重在40%以上（1990年44.2%，2000年53.4%，2010年48.2%）。在水路货运中，内河运输量所占的比例为49.8%，运输周转量所占的比例仅为8.1%；沿海运输量的比例为34.9%，运输周转量的比例为24.7%；远洋运输量的比例为15.3%，运输周转量的比例则达到67.2%。这主要是由于对外开放和沿海地区经济的迅速发展，远洋运输分担了进出口贸易总货运量的绝大部分,沿海运输同铁路一起分担能源和原材料的南北向和东西向调运,使远洋和沿海运输的货运周转量达到水运总周转量的91.9%。为适应远洋和沿海运输的需要,沿海港口的建设也相应地得到了较快的发展。相比之下,水运的客运量和旅客周转量,无论是绝对数量或占运输总量的比例,都呈下降趋势。同时,我国历史悠久、自然条件优越的内河运输也发展缓慢,乃至出现萎缩。这主要是由于重视不够,建设资金不足。未来,应加大力度整治内河航道,改建或新建港口,替换老旧船舶,更新装卸设备。

沿海、内河主要港口吞吐主要货物(2010年) 表1-17

货物类别		煤炭及其制品	金属矿石	石油天然气及其制品	矿建材料	机电设备	钢铁	粮食	轻工医药	化工原料	非金属矿石
沿海	亿吨	11.63	9.35	60.8	3.34	1.62	2.12	1.25	0.78	0.86	0.78
	%	21.2	17.0	11.1	6.1	3.0	3.9	2.3	1.4	1.6	1.4
内河	亿吨	4.84	3.28	1.04	8.70	0.07	1.79	0.44	0.16	0.73	1.07
	%	18.5	12.5	4.0	33.2	0.2	6.8	1.7	0.6	2.8	4.1

四、航空交通运输系统

截至2023年年底,我国民用航空系统共有定期航班航线5 206条,其中,国内航线4 583条(含港澳台航线65条),国际航线623条。2023年,完成旅客运输量61 957.64万人次,货邮运输量735.38万t;旅客周转量10 308.98亿人公里,占社会总旅客周转量的36.03%,平均运距1 555km;货邮周转量283.62亿吨公里,仅占社会总货物周转量的0.114%,平均运距4 182km。表1-18列示了2010年客运量为前10位的国内航线及前5位的港澳台地区和国际航线的运输量(此运输量不包括国外航空公司在地区和国际航线上的运输量)。

客运量为前10位的国内航线及前5位的港澳地区和国际航线的运输量(2010年) 表1-18

航线	航班次数	客运量(万人)	货邮运量(万t)	航线	航班次数	客运量(万人)	货邮运量(万t)
北京—上海	31 189	680.0	15.9	香港—上海	10 448	108.5	7.5
上海—深圳	22 818	344.0	12.0	北京—香港	5 030	74.8	1.5
广州—上海	19 479	326.0	8.4	上海—台北	4 034	66.6	4.1
北京—深圳	17 142	290.7	10.5	北京—台北	1 218	23.7	0.5
北京—成都	18 410	280.8	6.1	广州—台北	1 064	16.3	0.2
北京—广州	13 487	275.1	8.7	北京—首尔	4 300	62.4	1.2
北京—杭州	16 424	233.6	3.9	首尔—上海	5 522	60.3	5.2
上海—厦门	18 870	221.8	3.5	上海—东京	3 290	56.2	3.0
北京—西安	14 750	212.1	2.1	上海—新加坡	2 616	45.9	4.7
广州—杭州	13 511	187.7	3.2	首尔—青岛	4 167	43.7	0.7

截至2023年年底,我国各航空公司共拥有运输飞机4 270架,其中客运飞机4 013架,货运飞机257架。全国(不含港澳台)运输机场259个,其中,4F级机场15个,4E级机场(能起降B747机型)39个,4D级机场(能起降B767机型)37个,4C级机场(能起降B737机型)163个,3C级机场(有条件起降B737机型)4个,3C级以下机场1个(机场等级指标参见第八章

表8-1)。2010年旅客吞吐量为前10位的主要机场客货吞吐量列于表1-19。

前10位的主要机场客货吞吐量(2010年)　　　　　表1-19

机　　场	旅客吞吐量（百万人）	货邮吞吐量（万t）	起降架次（万次）	机　　场	旅客吞吐量（百万人）	货邮吞吐量（万t）	起降架次（万次）
北京(首都机场)	73.95	155.15	51.76	成都(双流机场)	25.81	43.21	20.55
广州(白云机场)	40.98	114.45	32.92	昆明(巫家坝机场)	20.19	27.37	18.15
上海(浦东机场)	40.58	322.81	33.21	西安(咸阳机场)	18.01	15.81	16.44
上海(虹桥机场)	31.30	48.04	21.90	杭州(萧山机场)	17.07	28.34	14.63
深圳(宝安机场)	26.71	80.91	21.69	重庆(江北机场)	15.80	19.57	14.57

民航货邮运输量占全社会总货运量的比重极小，仅约0.01%，它适宜于运送一些时间价值高的货物。旅客运输量的比重较大些，但也仅占全社会总客运量的1.0%，它主要适宜于长途和国际间旅行。虽然民航在综合运输系统中所占的比重不大，但无论是货运或客运，其发展速度均很快。1990—2010年，旅客运输量的年平均增长率为13.3%，货邮运输量的年平均增长率为14.6%，其增长速度在五种运输方式中居首位。

五、管道运输系统

管道可分为油品管道(原油管道、成品油管道和液态烃管道等)、气体管道(天然气管道和二氧化碳气体管道等)及固体料浆管道(煤浆管道等)。我国自1959年建成新疆克拉玛依—独山子输油管道以来，油气管道建设已经历了60多年的发展历程。我国主要管道线路如表1-20～表1-22及图1-12所示。

我国主要原油管道线路　　　　　表1-20

管道系统	主　要　管　道　线　路	长度(km)	投产年份(年)
东北原油管道系统	庆—铁(林源—铁岭)双线、铁—大(铁岭—小松岚)、新—大(新港—大连石油七厂)、铁—秦(铁岭—秦皇岛)、铁—抚(铁岭—抚顺)、中—朝(丹东—新义州)	2 080	1975
	漠—大(漠河—大庆)(中—俄原油管道中国段)	925	2010
华北原油管网系统	秦—京(秦皇岛—北京)、任—京(任丘—北京)、津—京(天津—北京燕山)		1974—1976
	沧—河(沧州—河北河间)、河—石(河间—石家庄)		90年代
	塘—燕(天津南疆油库—北京燕山)		2005
华东、华中原油管网系统	鲁—宁(山东临邑—江苏仪征)	655	70年代
	东—临(山东东营—临邑)、临—濮(山东临邑—河南濮阳)		70年代
	胶—青(胶州—青岛石化)、东—辛(东营—齐鲁石化)		80年代
	中—洛(河南濮阳—洛阳)、临—济(临邑—济南)		90年代
	仪—金(仪征—上海金山)		2003
	甬—沪—宁管道	665	2004
西部原油管道系统	轮—库—鄯(新疆轮南—库尔勒—鄯善)	2792	90年代
	阿—独(新疆阿拉山口—独山子)、鄯—兰(鄯善—兰州)		2006
中缅原油管道	缅甸—云南瑞丽—贵州—重庆	1 631(境内860)	2013

我国主要成品油管道线路 表1-21

管道系统	主要管线	长度(km)	投产年份(年)
进藏输油管	格拉输油管(格尔木—拉萨)	1 080	1976
西北地区成品油管道系统	西部成品油管道(乌鲁木齐王家沟油库—兰州)、北疆成品油管道	2 034	2006
	兰—成—渝(兰州—成都—重庆)	1 252	2002
	兰—郑—长(兰州—郑州—长沙)	2 134	2009
西南成品油管道系统	广东茂名—云南昆明,途经广东、广西、贵州、云南	1 740	2005
珠三角成品油管道系统	湛江—茂名—广州—深圳,佛山支线、中山珠海支线、深圳泽华支线	1 150	2006
	惠州—东莞—立沙油库、惠州—汕尾—揭阳—汕头—梅州	663	2010
其他未成网成品油管道	中部地区的鲁—皖(齐鲁—宿州)、安—合(安庆—合肥)、荆—荆(荆门—荆州)、长—株(长岭—长沙—湘潭—株洲)、洛—驻(洛阳—郑州—驻马店)管道;长三角地区的镇—杭(镇海—萧山—杭州)、金—闵(上海金山—闵行)、金—嘉—湖(金山—嘉兴—湖州)管道;北部地区的石—太(石家庄—太原)、环北京、港—枣(大港—济南—枣庄)管道		

我国主要天然气管道线路 表1-22

管道系统	主要管线	长度(km)	投产年份(年)
川渝地区输气管网系统	威—成(川威远越溪—川双流县华阳)、泸—威(川自贡市兴隆—川付家庙)、卧—渝(川垫江县大雷—川渝北区两路)、佛—渝(川重庆两路口—川合江县)		70年代
	半环输气北干线(渠县—成都)		1989
	忠—武(忠县—武汉)		2004
涩—宁—兰管道系统	涩—宁—兰	931	2001
	涩—宁—兰复线	931	2010
陕—京管道系统	陕—京一线		1997
	陕—京二线		2005
	陕—京三线(榆林站—昌平区西沙屯站)	1 026	2010
	永—唐—秦(河北省永清县—秦皇岛)	308	2009
	港—清(天津大港分输站—河北永清)(复线)、大港和华北储气库群		
西气东输一线管道	新疆轮南—新疆—甘肃—宁夏—陕西—山西—河南—安徽—江苏—上海—浙江	3 839	2004
	冀—宁联络线(安平分输站—青山分输站)	887	2005
	淮—武联络线(淮阳分输站—武汉分输站)	444	2006
	兰—银(兰州分输站—银川站)	470	2007
西气东输二线管道	干线:新疆霍尔果斯—上海—香港,途经新疆、甘肃、宁夏、陕西、河南、湖北、湖南、江西、广西、广东、香港、安徽、江苏和浙江15个省(市、区)	4 978	2010
	支干线8条:轮南—吐鲁番、中卫—靖边、枣阳—十堰、樟树—湘潭、平顶山—泰安、南昌—上海、广州—南宁、广州—深圳—香港	3 760	2011

续上表

管道系统	主要管线	长度(km)	投产年份(年)
川气东送管道	四川普光站—上海站	1 635(支线535)	2010
东北天然气管道	大沈线(大连—沈阳)	584.5	2011
	秦沈线(秦皇岛—沈阳)	426	2011
南疆天然气管道	干线4条:英买力—阿克苏—喀什段、喀什—泽普段、泽普—和田段、和田—塔中段 支线5条:巴楚支线、图木舒克支线、柯坪支线、阿克陶—麦益提、莎车支线	2 466(干线1 917)	2012
中缅天然气管道	缅甸—云南瑞丽—贵州—广西	1 727(境内934)	2013
中亚—中国霍尔果斯天然气管道	A线	1 833	2009
	B线	1 833	2011

由图1-12可以看出,近年来我国的管道网建设快速发展,其中天然气管道增长最快,其次是成品油管道。截至2010年年底,我国已建油气管道约8.5万km,其中原油管道2.2万km,成品油管道1.8万km,天然气管道4.5万km,已初步形成"北油南运""西油东进""西气东输""海气登陆"的油气输送格局。

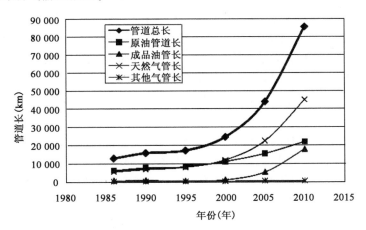

图1-12 我国管道网里程变化情况

截至2023年年底,我国管道输油(气)里程已达14.76万km,完成运输量9.59亿t,占全社会总货物运输量的1.7%;运输周转量7 099.58亿吨公里,占全社会总货物周转量的2.9%。

1986—2010年,我国管道运输量及其占全社会货运量比例见表1-23。尽管近年来管道里程快速增长,但其运量、周转量在全社会货运量、货物周转量中的比例不足3%,说明这类需求与综合交通需求增长率基本同步。

管道运输量和运输周转量占全社会货物总运输量和总运输周转量的比重很小,这一状况与我国的能源结构以煤为主有关。但随着我国社会经济的快速发展,能源需求还会迅猛增长,未来一段时间我国还将大力发展管道运输。

管道运输量及其占全社会货运量比例 表1-23

年份(年)	1986	1990	1995	2000	2005	2010
管道运输量(万t)	14 825	15 750	15 274	18 700	31 037	49 972
占全社会货运量的比例(%)	1.7	1.6	1.2	1.4	1.7	1.5
占全社会货物周转量的比例(%)	3.0	2.4	1.6	1.4	1.4	1.5

第四节 城市交通运输系统

上述五类交通运输系统承担着城市间的旅客和货物运输任务。而城市本身,一方面作为这些交通运输网上的节点,需完成在网络中所承担的疏通、集散或枢纽作用;另一方面又需满足城市内部由生产、工作、生活、文化娱乐和社交活动所派生的旅客出行和货物运输需求。因而,城市交通运输系统具有一些与城市间交通运输系统不同的特点。

城市交通运输系统包括市域内交通运输和城市对外交通运输两部分。

一、城市对外交通运输

城市对外交通运输是指本城市与其他城市间的货物和旅客交通运输,他们可分为过境(或中转)的和出入城市的两种类型。过境或中转交通运输与该城市在区域内和交通运输网络中的地位和作用有关,而与城市本身的生产和生活的关系较小。他们有可能在城市停留,以等待中转或作短暂休息,也可能仅为经过或穿越。对于这类交通运输,其运行线路应布置在城市的外围,以避免对市区交通和环境造成不利的干扰,而各项交通设施的容量(规模)应将过境或中转交通量考虑入内,其站场的布设应考虑各种交通运输方式之间的衔接与换乘的便利。

出入城市的交通运输与该城市的政治、经济和文化地位以及对外辐射的活力和影响范围有密切关系。为谋求城市的发展和满足城市对外交流的需要,城市需建立各种交通方式(铁路、公路、航空和水路)的对外运输通道(线路)和出入通道的站场(火车站、机场、港口、长途汽车站等)。这些站场通常都建设在市区的外围或郊区,以减少市区土地的占用。为了方便出入城市,需合理布设各种站场,并在市域内交通运输系统中提供各种连接这些站场的便捷的交通运输线路。

因而,城市对外交通运输系统由三部分组成:
(1)线路——与其他城市连接的铁路、公路、空路和水路。
(2)站场——火车站、客运枢纽(长途汽车站)、货运枢纽(物流中心)、机场、码头。
(3)与市内道路网和公共交通网的衔接。

城市对外交通运输系统的布局、规模与城市的性质、地理位置、规模等条件有关。图1-13为上海市对外交通运输系统的布局示意图。

(1)为了减轻市区的交通压力,在市区外围布设了内环、中环和外环3条环线,供过境交通行驶,避免过境车辆穿越市区。

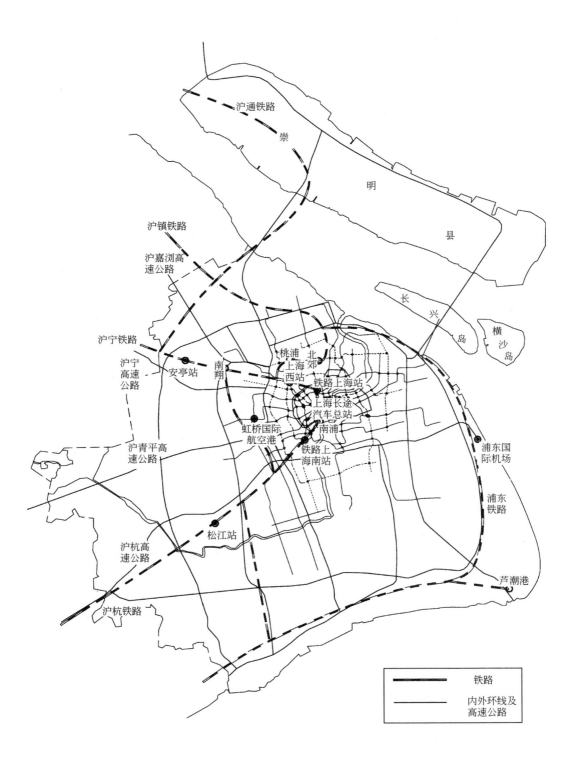

图 1-13 上海市对外交通运输系统的布局示意图

(2)上海市毗邻江苏和浙江两省,在北、西和南3个方向分别布设了上海—崇明—启东、沿江、沪—宁、沪—青—平、沪—杭、莘—奉—金6条高速公路出入境通道。

(3)由沪宁和沪杭两条铁路线与京沪线和浙赣线相连近几年还在这两个客运走廊上新建了京沪高速铁路及沪杭高速铁路。

(4)在东西两侧分别有浦东和虹桥两个国际机场。

(5)沿江和沿海设有国际航运中心、吴淞客运中心、芦潮港码头等水路客运码头,在黄浦江下游、长江口(外高桥)和大洋山、小洋山布设了货运码头。

(6)在市区内分别设置上海站、上海南站、上海西站和虹桥站4个铁路客运站,并设置了上海客运总站等25个长途汽车客运站。

二、市域内交通运输

市域内交通运输是指城市范围内的交通运输。一般城市都有市区和郊区。特大或大城市,随着城市人口和经济的发展,市区不断向外扩展,在市区和郊区之间还形成了外围区。市域内交通运输便包括市区内、市区与郊区(和外围区)之间以及各部分郊区(和外围区)之间的交通运输。市域内交通运输一般有如下特点。

(1)交通运输的对象以城市居民为主。居民们为了上班、上学、购物、就医、探亲访友、休闲等,每天都要进行市内出行(每人每天出行1.8~3.0次)。城市人口越多及社会经济发展水平越高,出行频率也越高。

(2)出行的距离较短,从几百米、几公里到几十公里,与城市的规模及形态有关。出行的交通方式多种多样,有步行、自行车、汽车和各种公共交通(公共汽车、出租车、无轨电车、有轨电车、轻轨、地铁等),居民按出行的距离(或时耗)和提供的交通条件选择。

(3)市内的货物运输主要为城市本身的生产、生活和建设需要服务,运输的货物主要有城市建设用的水泥和砂石材料、燃料、油和副食品、日常生活用品、垃圾等,运输的距离不长,平均运距一般在10km以内,运载工具主要为汽车。为了减少货运交通对城市生活的噪声干扰和对市区交通的影响,货运枢纽(物流中心)一般布置在市区外围,在一些大城市的中心区或市区通常都限制货运车辆在白天一定时段内通行。

(4)道路网是城市交通设施的主要组成部分,其网络密度远大于公路网或铁路网的密度。道路网内交叉口多,机动车、非机动车和步行交通并存,各种公共交通线路网叠合,使得城市道路的交通状况复杂,控制和管理的难度远大于城市间的各种交通运输系统。

(5)各个城市的城市交通运输系统,其交通类型、网络布局和结构、设施规模等各不相同,随各城市的性质、规模、结构形态、地域面积及形态、人口和工作岗位的规模及分布等因素而变化。

(6)城市交通运输系统的发展与城市的发展和土地开发利用是相互作用、不断强化的正反馈关系。在交通便利、可达性强的交通设施(线路、站场、出入口等)附近,土地利用的开发价值较高;而土地开发强度的提高,又扩大了交通线路的运输需求,增加其运营效益,为交通设施的改建、扩建提供了资金条件;交通设施的扩建又扩大了通行能力,可满足更大的交通需求,在交通上允许其周围用地更大的开发密度,如此循环,不断作用。但是,交通设施,尤其是线路的通行能力过大,会引起较大的交通冲击,常使得路段与节点处的通行能力难以协调,易造成交通堵塞。

因此，市域内交通运输系统是一个复杂的集合系统，它由以下4部分组成。

（1）城市道路系统——城市道路的用地面积一般应占城市建设用地面积的8%～15%，而对于规划人口在200万以上的大城市，宜提高为城市建设用地面积的15%～20%。城市人口人均占有道路用地面积宜为7～15m^2（其中，道路用地面积6.0～13.5m^2/人，广场面积0.2～0.5m^2/人，公共停车场面积0.8～1.0m^2/人）。依据道路在路网内的作用、功能要求和交通量状况等，城市道路分为快速路、主干路、次干和支路四级，各级道路在路网内的分布密度如表1-24所示。

大、中城市各级道路的分布密度（km/km^2）规划指标　　　　表1-24

城市规模（万人）	快速路	主干路	次干路	支路
大城市（>200）	0.4～0.5	0.8～1.2	1.2～1.4	3～4
大城市（≤200）	0.3～0.4	0.8～1.2	1.2～1.4	3～4
中等城市	—	1.0～1.2	1.2～1.4	3～4

（2）公共交通系统——包括由各种公共交通方式（公共汽车、电车、轨道交通、出租车、渡轮等）组成的交通线路网、公共交通车站（汽车站、轨道交通站、渡轮码头等）、换乘枢纽、站场设施（停车场、修理厂、调度中心）等。为了减轻城市的交通压力，城市应优先发展公共交通，制订政策和措施鼓励和吸引居民采用公共交通出行。

（3）货运系统——包括货运道路（货运专用车道）、货运枢纽（物流中心）、货运车辆场站等。

（4）城市道路交通控制与管理设施系统——包括交通信号设备（信号灯、交通检测和监测器、信号控制系统）、交通标志和标线、交通隔离设施、公共停车场等。

【复习思考题】

1. 交通运输的发展对经济和社会发展的影响表现在哪些方面？
2. 交通运输系统包括哪几个基本组成部分？按载运工具可分为哪几种方式？
3. 列表比较各种交通运输方式的性能特点和适用性。
4. 什么是综合交通运输系统？
5. 我国铁路通道有哪些？总长有多少？说明这些通道与我国经济发展和生产力布局的关系。
6. 我国国道主干线纵横各几条？总长约多少？
7. 我国主要通航航道"三江两河"是指哪些江河？重庆、宜昌、武汉、南京、上海之间可通航多少吨级的船舶？
8. 我国主要的沿海港口有哪几个？为什么水运的货物周转量在全国货物周转量中的比重占首位？
9. 列出几条国内航空干线及几个主要机场的名称。
10. 城市交通运输系统的特点和组成与城市间交通运输系统有何不同？

第二章
载运工具的运行特性

【学习目的与要求】
　　了解评价各类载运工具的使用性能的通用评价指标；了解轨道载运工具、道路载运工具、水上载运工具、空中载运工具的应用类型、主要使用性能指标及主要运行特性指标。

　　交通运输业是随着各种载运工具的演变和技术更新而得到发展的。各种交通运输方式输送旅客和货物的速度以及能承运的容量，主要取决于载运工具的速度和容量。而各项交通运输工程设施的规划和设计，要考虑并满足这些设施的使用对象——载运工具的运行特性要求。例如，工程设施的几何设计要能容纳载运工具在尺寸和通行能力等方面的使用要求，而工程设施的结构设计则要能承受得住载运工具的作用等。因此，交通运输工程的规划和设计人员，虽然不需要了解和掌握载运工具的设计、制造和使用，但必须了解载运工具的运行特性，以便能规划和设计出满足其使用要求的各项工程设施。本章首先介绍载运工具的类型，而后进一步介绍各类载运工具与工程设施规划和设计有关的一些特性。

第一节　载运工具的类型

　　相应于运输方式的分类，载运工具可分为以下五类。
　　(1) 轨道载运工具——沿固定的轨道行驶，由电力、内燃机或蒸汽作动力的各种车辆。

(2) 道路载运工具——利用汽油、柴油、电或其他能源作动力,通过轮胎在各种道路上行驶的各种车辆,如汽车(货车和客车等)、无轨电车、摩托车等。

(3) 水上载运工具——利用螺旋桨、喷射水流产生的推力在水上行驶的载运工具,如各种螺旋桨船舶、水翼船、气垫船等。

(4) 空中载运工具——利用螺旋桨或高速喷射气流产生的推力而在空中航行的载运工具,如各种螺旋桨飞机、喷气式飞机、直升机等。

(5) 其他载运工具——如各种液体或气体输送管道、索道缆车、行人自动步道、皮带输送机等。

各类载运工具具有不同的使用性能。对于被输送旅客和货物来说,通常希望所乘坐的载运工具具有下述性能:

(1) 速度快;
(2) 容量大(一次装载能容纳的旅客数或货物量);
(3) 费用低(包括建设投资、运营管理、能源消耗等方面的费用);
(4) 安全可靠(事故少、耗损少、准点等);
(5) 对环境污染少(空气、水质、振动和噪声等);
(6) 舒适性好(对客运)等性能。

随着技术的进步和发展,载运工具的速度和容量不断增快和增大。例如,协和飞机的巡航速度达到 2 178km/h,为一般飞机的 2.5 倍;法国高速列车 TGV 采用 25 000hp(1hp = 745.70W)功率的机车实现了 575km/h 的试验速度;空中客车公司建造了可以载运 555 名旅客的飞机 A-380;皇家加勒比公司建造了 158 000t 的邮轮。然而,上述使用性能不可能都完美地体现在某一种载运工具上,因为各项性能的要求有些是彼此抵触的。速度提高同能源消耗增长之间大体上呈现出指数关系,因而,要求速度快,就势必要多消耗能源,从而使运营费用大大增加。另一方面,不同运输对象或运输任务对载运工具的各项使用性能的要求程度也并不完全一样。有的要求容量大,速度可以低些;有的要求速度高,而对容量的要求并不大。如果所需的运输距离短,或者载运的旅客或货物量少,则采用高速或大容量载运工具所能获得的效益并不显著,就没有必要多耗费能源去争取高速或者浪费容量。因此,各种载运工具具有不同的使用性能特点,分别适应于不同运输对象在速度和容量等方面的不同要求。用户可以根据各自的目的和要求,依据效率和效益选择合适的运载工具。

第二节　轨道载运工具

轨道载运工具依靠车辆外部的轨道行驶,轨道起着驱动、支承和导向的作用,而驾驶员的作用仅是控制车辆的行驶速度。其中轮轨接触式铁路钢轮同钢轨之间的滚动阻力约是汽车轮胎在水泥混凝土路面上的滚动阻力的 1/10,磁悬浮铁路消除了滑动、滚动阻力,因而轨道载运工具单位质量的运行阻力最低。同时,其维护工作少,耐久性高,行驶平稳舒适,可适应不利的气候条件,对环境的污染小(蒸汽机牵引除外)。因此,轨道载运工具的使用性能好,运营费用低。然而,其初期投资高,通达性受一定限制。此外,在坡道上行驶不如轮胎式车辆,制动距离长(驾驶时需高度注意安全),小半径转弯时噪声大于轮胎式车辆。

一、应用类型

轨道载运工具广泛地应用于城市间的中长途客货运输,城市内和市郊的公共交通,特别是大容量、快速的公共交通。

1. 有轨电车

由 1 辆、2 辆或有时为 3 辆车辆组成。每辆车有 4～6 个轴,长 14～23m,宽 2.4～2.6m。这种车辆具有较好的动力特性和行驶舒适性,但由于它与公共汽车和汽车共用街道路权,且平交道口多,故运行速度低(通常小于 20km/h),正点率低,单向输送能力一般低于 1 万人/h。因此,我国一些城市在 20 世纪 50、60 年代就基本上拆除了这种工具,而代之以无轨电车或公共汽车。

20 世纪 80 年代以后,一些欧洲国家倡导节能环保型城市交通,经过技术革新后的新型有轨电车又再度得到发展。现代有轨电车的车体更轻、结构更合理、舒适性更好,环保性能更好,平均运行速度为 20～25km/h,单向输送能力可达 1 万人/h 左右。

2. 轻轨车

单向输送能力为 1～3 万人/h 的轨道交通系统称为轻轨交通,所用车辆称为轻轨车。

钢轮钢轨的轻轨车应用最为普遍。可分为 4 轴车、6 轴单铰接车、8 轴双铰接车,可单节运行,也可编组运行。一般车辆长度 14～20m,铰接车辆长度为 20～32m;车辆宽度为 2.4～2.7m。轻轨车加速和减速性能好($1～2m/s^2$,紧急制动时可达 $3m/s^2$),最大速度通常为 60～80km/h,平均运行速度一般为 20～35km/h。平交道口越多,平均运行速度越低。

除钢轮钢轨轻轨车外,轻轨车还有悬挂式独轨车(图 2-1)、跨坐式独轨车(图 2-2)、磁悬浮车(图 2-3)、自动导轨车(图 2-4)、直线电机车(图 2-5)、橡胶轮车、气浮车等。

图 2-1 悬挂式独轨车辆

图 2-2 跨坐式独轨车辆(重庆 2 号线)

3. 地铁车

我国把单向输送能力为 3 万人/h 以上的城市轨道交通系统称为地铁,所用车辆称为地铁车。地铁列车一般由若干节 4 轴电动车辆编组而成,编组数一般为 3～8 辆。每辆车长度为 16～23m,宽度为 2.8～3.0 m。最大速度通常为 80～100 km/h,平均运行速度为 30～50km/h,通过能力为 20～40 对/h,单向输送能力可达 3～7 万人/h。地铁线路的路权为全封闭形式,在市中心区多为地下或高架形式,在市郊多为地面或高架线路形式。这种载运工具,旅客输送能力大,使用性能好,服务水平高。虽然初期投资高,但对于客流量大而集中的城市,其边际费用较其他公共交通要小。

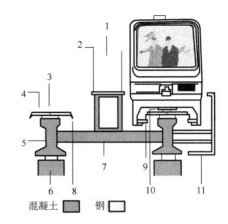

图 2-3 中低速磁悬浮车辆及线路形式(英国伯明翰)
1-人行道;2-栏杆;3-反应轨;4-钢轨枕;5-主梁;6-支柱;7-横梁;8-悬轨;9-磁;10-线性感应电动机;11-护轨遮板

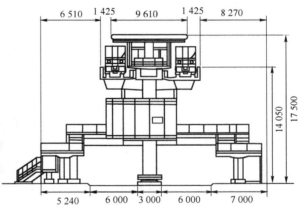

图 2-4 自动导轨车辆及线路形式(日本神户港)(尺寸单位:mm)

4. 市郊铁路列车

市郊铁路列车为城市郊区与中心区之间的通勤和短途旅客提供大运量、高速度、舒适而可靠的服务。列车由若干车身长(我国为 3.105m)、速度高(100～130km/h)的车辆组成,由电动或内燃机车牵引。采用电动机车时,其供电电压通常与干线铁路相同,以减少变电所数目,并与干线铁路列车共线运营。这类列车主要为通勤客流服务,故也称通勤列车。

表 2-1 所示为上述几种运载工具的一些技术和运营特性,以供参考。

图 2-5 直线电机车辆(广州 4 号线)

一些轨道运载工具的技术和运营特性　　　　　表 2-1

项目	有轨电车	轻轨车	地铁列车	市郊铁路列车
车辆长度(m)	14~23	14~32	16~23	20~26
车身宽度(m)	2.2~2.7	2.4~2.7	2.7~3.0	3.05~3.2
车厢容量(人/辆)	100~180	150~250	200~310	140~210
车辆重(kN)	152~190	198~388	190~380	280~590
每列车辆数(辆/列)	1~4	2~6	3~8	3~10
列车容量(人/列)	100~600	300~1500	900~2500	400~2100
最大技术速度(km/h)	60~70	60~80	80~100	80~130
旅行速度(km/h)	12~20	20~30	30~50	40~70
最大加(减)速度(m/s^2)	1~1.9	1~1.7	1~1.4	0.8~1.3
紧急减速度(m/s^2)	2~3.7	2~3	1~2.1	1~1.4
通行能力(列/h)	15~20	20~40	30~40	8~30
单向高峰小时断面流量(人/h)	4000~10000	10000~30000	30000~70000	8000~35000
总功率(kW)	160~260	200~434	270~470	300~530
站间距(m)	250~500	350~800	500~2000	1200~4500
车辆控制	人工/目视	自动/信号	自动/信号	自动/信号
可靠性	低~中	高	很高	很高
安全性	中	高	很高	很高

5. 普通铁路列车

普通铁路列车由机车牵引若干辆挂车组成,其速度低于 200km/h 的旅客列车或 100km/h 的货物列车。旅客列车挂有 12~18 节车辆,分别为软卧车、硬卧车、软座车、硬座车、餐车、行李车和邮政车;每辆车的定员为 32~120 人,车辆自重为 390~450kN,总重为 510~640kN;2010 年旅客列车平均旅行速度为 70.8km/h。货物列车由棚车、敞车、平车、罐车、保温车等车辆组成;每节车辆平均长度为 14m,自重 219kN,总重 773kN,每延米 55.26kN;2010 年货物列车平均旅行速度为 33.4km/h。

6. 高速铁路列车

高速铁路列车一般是指最高运行速度超过 200km/h 的轮轨接触式客运列车。高速轮轨列车由高功率铁路机车牵引若干拖车,或由高速动车组与车辆一起组成。这种列车的最高速度可达到 250~350km/h(2007 年的最高试验纪录为 574.8km/h),平均运行速度可达到 160~250km/h。国际上法国、日本、德国的高速轮轨列车技术比较先进,我国也正在积极研发这种新技术。我国最早(2000 年)研制的高速列车先锋号,其设计的运行速度为 200km/h,2002 年 9 月在秦沈客运线上达到 295km/h 的试验运行速度。近年来研制的中华之星号高速列车,设计速度 300km/h,2002 年年底达到了 321.5km/h 的试验运行速度。2005 年,我国铁道部决定引进国外高速铁路技术,国内外企业合作生产我国高速列车。和谐号 CHR_1、CHR_2、CHR_3、CHR_5 的部分车型是由我国机车车辆企业与加拿大庞巴迪公司、"日本企业联合体"、德国西门子公司、法国阿尔斯通公司合作生产的。通过与国外企业的合作,我国在高速铁路列车的设计、制造方面的技术得以快速提升,同时还增强了高速列车的研发能力。青岛四方股份有限公司研发了 CRH$_6$ 型车,首列动车组于 2012 年 11 月 30 日成功下线,为我国城际铁路提供了更加经济实用的车型。

由于高速轮轨列车的速度快,运量大,能耗低,舒适而安全,对环境污染小,经济效益好,因而成为极有发展前途的一种高效中长途运载工具。表 2-2 列举了国内外一些高速铁路车辆的技术和运行性能情况。

一些高速铁路的车辆技术和运行性能　　　　表 2-2

列车名称	最高运行速度（km/h）	列车编组	总功率（kW）	最大轴重（kN）	列车重（kN）	动车长度（m）	拖车长度（m）	座位数（个）
日本 300 系列	300	动 5 + 拖 6 + 动 5	12 000	111	6 958	25.0	25.0	1 323
日本 500 系列	300	（动 4）×4	18 240	109	6 860	25.0	25.0	1 324
法国 TGV-A	300	动 1 + 拖 10 + 动 1	8 800	170	4 900	22.15	18.7	485
法国 TGV-2N	300	动 1 + 拖 8 + 动 1	8 800	167	4 155	22.15	18.7	545
德国 ICE	250	动 1 + 拖 14 + 动 1	9 600	190	8 000	20.56	26.4	950
德国 ICE1	300	动 2 + 拖 12 + 动 2	9 600	191	8 183	20.62	26.39	669
德国 ICE3	330	动 2 + 拖 4 + 动 2	8 000	147	4 341	20.62	26.39	415
意大利 ETR500	300	动 1 + 拖 10 + 动 1	8 500	180	6 210	20	26	688
中国先锋号 DJF$_2$	200	动 2 + 拖 2 + 动 2	4 800	147	3 430	26.2	25.5	424
中华之星 DJJ$_2$	270	动 1 + 拖 9 + 拖 1	9600	191	6 644	21.7	25.5	700
和谐号 CHR$_1$, A、B、E 型	200～250	动 5 + 拖 3	5 500	157	4 120	26.95	26.6	670
和谐号 CHR$_2$, A、B、C、E 型	200～350	动 4 + 拖 4；动 6 + 拖 2	4 800～8 760	137	3 381	25.0	中车 25.0,头车 27.6	610
和谐号 CHR$_3$, C、D 型	300～350	动 4 + 拖 4	8 800	147	3 724	24.825	中车 24.825,头车 25.86	601
和谐号 CHR$_5$, A 型	250	动 5 + 拖 3	5 500	167	4 420	25.0	中车 25.0,头车 27.6	604
和谐号 CHR$_6$, A、F 型	160～200	动 4 + 拖 4		167	666	24.5	中车 24.5,头车 27.2	座席 586（含站席计 1 502）

注：动——动力车辆；拖——拖车（挂车）。

7. 高速磁浮列车

高速磁浮列车是采用长定子直线同步电机磁力驱动的高速列车,运行速度一般在 300km/h 以上。目前,德国和日本拥有这类技术。德国开发了常导长定子高速磁浮技术（Trans Rapid 系列）,并于 2001 年应用于上海市磁悬浮快速列车示范运营线（30km）,设计最高速度 500km/h,实际最高运行速度 430km/h。日本开发了超导长定子高速磁浮技术（MLX 系列）,于 1989 年决定建设山梨试验线（日本山梨省境川村—秋山村,42.8km）,以此作为磁浮中央新干线的一部分。1997年建成一期工程，全长18.4km，采用新研制的MLX01-901试验车，创造了581km/h的陆路交通工具最高试验速度。表2-3列举了这两种车辆的技术和运行性能情况。

高速磁浮车辆的技术和运行性能 表2-3

列车名称	最高运行速度（km/h）	列车编组数	总功率（kW）	线路上缘最大压力/吸力（kN/m²）	车辆自重/载重（kN）	车辆长度（m）	座位数（个）
上海线 Trans Rapid08	500	4	11 600	9.6/−5.2	端车519/89，中车493/139	端车27.21，中车24.77	端车92，中车126
日本山梨线 MLX01	500	3～5	—	—	整列716/70	端车28.0，中车21.6	端车30～46，中车62

二、车辆类型和基本组成

车辆按有无动力配置，可分为动车、拖车（或称为挂车），即配置动力的车辆为动车，不配置动力的车辆为拖车（挂车）。多个动车与拖车连在一起的列车称为动车组。如果车辆配置动力而不承运旅客则称为机车。

在城市轨道交通系统中，车辆专用于城市客运，通常以动车组的形式出现。最简单的城市轨道车辆，是由车身和装有两根轮轴的底盘所组成，如早期的有轨电车。绝大部分轨道车辆则由车身和转向架所组成。车身内包括驾驶装置、乘客乘坐设备和安置在车身地板下的机电设备；转向架包括轮轴、制动设备、电动机和其他机电设备。车辆通过第三轨或架空受电弓获取电流。这些车辆可以是单个车身的，带有3根、4根或更多轴（绝大多数为4根轴）；也可以由两个或三个车身铰接在一起的铰接车；车门数量随车身长度增加，可设2个、3个甚至5个，参见图2-6。有动力装置的单车身车辆或铰接车，可单独操纵行驶，也可同其他车辆组合成列车。

铁路客货运输列车由机车和若干辆无动力配置的拖（挂）车组成。多个铁路车辆的组合称为车列。在坡度较陡的铁路线路上，可以采用两台或数台机车牵引许多辆挂车组成的列车，以提供较大的牵引力。即便在小坡度线路上，也可采用数台机车或大功率机车牵引尽可能多的挂车，以提高铁路线路的运输能力。

机车按动力装置的不同可分为蒸汽机车、内燃机车和电力机车。蒸汽机车以燃煤或燃油的蒸汽机产生动力，在我国国家铁路网中已淘汰不用。内燃机车由柴油机或燃气轮机产生动力，其传动装置可分别为机械、电力或液压式的。内燃机车的主要优点为它本身是一个完整的动力厂，不需要外界提供动力。电力机车以外部供应的电力作为动力，它通过两种机构获得电流：第三轨上侧或边侧的集电靴或者在架空电线下滑行的受电弓或触轮。前者适用于所用电压较低的场合（需要的电流大）；而后者适用于高压系统，以保障安全。电力机车需要一个由牵引变电所（将电能降压和变流）和输电网组成的电牵引供电系统。因而，所需投入资金较大。但电力机车靠外部供应的动力，其电动机的容量不受内部的限制，而取决于供电系统的动力或温度。这个特点使电力机车可以在短期内有较大的过载容量，以及低速时的高加速度。因而，它被广泛地应用于纵坡较陡的铁路线路，车站间距较短而需要不断加速和减速的市郊铁路线路上。同时，由于它牵引能力大，能源节省，运营成本低，环境污染小，行驶质量高，电力机车成为主要的发展方向。表2-4所列为部分内燃机车和电力机车的主要技术性能数据。

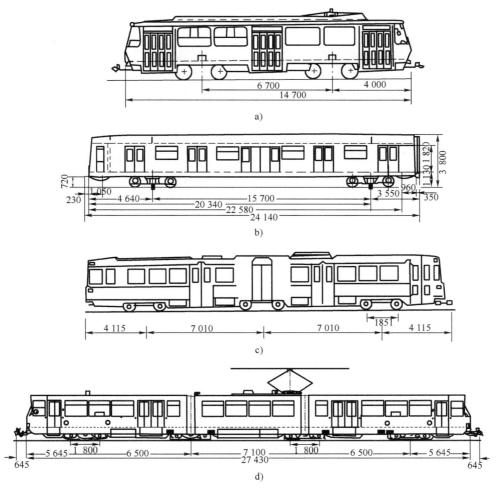

图 2-6 各种轨道式车辆示意图(尺寸单位:mm)
a)4 轴单车身车;b)4 轴 5 门地铁车;c)6 轴铰接轻轨车;d)8 轴铰接轻轨车

部分内燃和电力机车的主要技术性能 表 2-4

项 目	电 力 机 车			内 燃 机 车		
	SS_4	6K	6GF	DF_4(货)	ND_4	ND_5
最大运用速度(km/h)	100	100	110	100	100	118
计算重力(kN)	184	138	138	135	138	135
计算速度(km/h)	51.5	48	51	20	24	22.2
最大计算牵引力(kN)	431.6	362	360	302.1	304.0	360.0
计算起动牵引力(kN)	649.8	494.5	497	401.7	411.0	439.7
动轴轴重(kN)	23	23	23	23	23	23
机车功率(kW)	6 400	4 800	5 300	2 648	2 942	2 942
机车全长(m)	32.8	22.2	23	21.1	23	19.9
制造厂	株洲	日本	法国	大连	法国	美国

三、动力特征

车辆的运动是依靠发动机产生的推动力克服运动中的阻力后得以实现的。对于内燃机来说,发动机所产生的功率通常用马力(hp)表示(1hp = 0.745 7kW,后同)。发动机的马力,由于内部各附件的功率消耗而损失一部分,余下的净可用功率,又因传递到驱动轮过程中的阻力损耗而进一步减少。实际作用在驱动轮上的功率为推动车轮行进的有效功率,而作用在驱动轮轮周上的切向力即为牵引力。牵引力随车辆速度的增加而下降。各机车制造厂通常都提供其相应产品的牵引特征曲线供用户使用(图 2-7 为 NF11 型内燃机车的牵引特性曲线图)。

此外,如果已知发动机的额定功率,则可用下式大致估算牵引力:

$$F = \frac{52.4e\text{HP}}{v} \tag{2-1}$$

式中:F——牵引力,N;

HP——柴油原动机的额定功率,hp,约为总功率的 0.93;

v——速度,km/h;

e——电动机械驱动系统的效率,为 0.81~0.83。

对于电动机来说,所产生的功率以千瓦(kW)表示。电动机在 1 小时内能持续运行而不出现过热的最大功率称为小时功率。而电动机在运行时间不受限制时所能产生的最大功率称为持续功率。小时功率一般比持续功率要大 15%~20%。电动机可以在短时段内超负荷产生比小时功率大 30%~50% 的功率而不招致损坏。各电动机制造厂家也都提供相应的牵引特性曲线(图 2-8 为 SS_4 型内电力机车的牵引特性曲线图,曲线上数字为调压挡位)。同时,也可用下式估算牵引力:

$$F = \frac{0.145\,6eTS}{v} \tag{2-2}$$

式中:T——电动机扭矩,N/m;

S——电枢转数,r/min;

e——传动效率,为 0.95~0.97;

v——机车速度,km/h。

传到轮周上的牵引力不能超过车轮同钢轨接触面上的黏着力;否则,机车驱动轮便会打滑,发生空转。这个牵引力限值称为黏着牵引力,它可由下式确定:

$$F_{\max} = \mu W \tag{2-3}$$

式中:$F_{\max}$——黏着牵引力,kN;

W——传递摩擦力的车轮重,kN,推动计算时为驱动轮重,制动计算时为整个机车重(制动作用于所有的车轮上);

μ——黏着系数,随速度增加而降低,在 0~60km/h 范围内变动于 0.36~0.26(电力机车)或 0.33~0.256(内燃机车)之间。

车辆运动过程中需要克服各种阻力,包括车轮与钢轨行驶表面间的滚动阻力,车辆的空气阻力,坡道上行驶的坡度阻力,曲线上行驶的曲线阻力等。这些阻力包括机车的和机车所牵引车列的。当机车或动车所具有的有效牵引力与阻力相平衡时,车辆能以匀速行驶,而在变速时,还应能有足够的可用牵引力来克服速度变化时的惯性阻力,特别在起动时所需提供的牵引力很大。

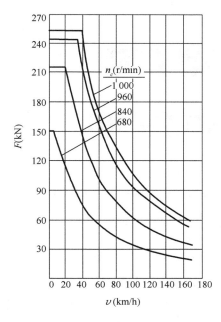

图 2-7　NF11 型内燃机车牵引特性曲线图

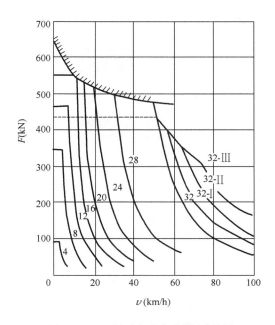

图 2-8　SS$_4$ 型电力机车牵引特性曲线图

第三节　道路载运工具

道路上行驶的车辆有:汽车、无轨电车、摩托车、自行车以及各种专用车和特种车等,其中主要是汽车。本节仅介绍汽车的运行特性,包括车辆的尺寸、重力、功率、加减速性能和运行费用等。

一、类型、尺寸和重力

汽车可分为客车和货车两大类。客车包括小客车、面包车、公共汽车(小型、中型和铰接式)等。货车可进一步分为整车(轻型、中型和重型)和组合车(各种拖挂式)两类(图 2-9)。

1. 小客车

小客车为二轴四轮车辆,可坐 2~6 人,主要作为个人交通工具。按重力和尺寸大小,可分为小型、中型和重型三种。其重力变动于 6.8~18kN 范围内;车身长度在 3.5~5.6m 之间,轴距变动于 2.3~3.1m 之间;车身宽度为 1.6~2.0m,高度为 1.15~1.65m。

2. 面包车

面包车通常由小客车或轻型货车的底盘改装而成,可乘坐 6~15 人。

3. 公共汽车

小型公共汽车通常有 15~25 个座位,供短途运送用,其车身长为 5.5~7.6m,宽为 2.0~

2.5m。中型公共汽车可为二轴或三轴,车身长9~12m,宽2.4~2.6m,约有45个座位,最多可容纳100人以下(包括站立的)。把半挂车固定地连接在二轴中型公共汽车上,便组成铰接式公共汽车。其长度为16~18m,宽度为2.6m,包括站立乘客在内最多约可容纳150人。

图2-9 整车和组合货车示意图

a)整车;b)整车带全挂(一般为4、5或6轴);c)牵引车带半挂(一般为3、4或5轴);d)牵引车带半挂和全挂(一般为5、6或7轴)

4. 整车

整车系指载货区和动力设备安装在共同的车架上不能分开的货车(图2-9a)。整车包括二轴四轮(轻型货车)、二轴六轮、三轴(双后轴)和四轴(三后轴)货车四种。轻型货车的总重力一般小于45kN,二轴六轮货车的总重力大都在45~180kN范围内,而三轴和四轴的总重力可高达260~300kN。

5. 组合货车

组合货车由牵引车或整车同一个或多个挂车组合而成,可称为**拖挂车**。牵引车和挂车通过铰接方式连接,彼此可相对转动,因而也可称为**铰接车**。挂车有两种:前后各有一个或多个轴的**全挂式**,由整车或带半挂车的牵引车拖带,但不把重力转给前面,见图2-9b)和d);后端有一个或多个轴但前端无轴的**半挂式**,其前端放在牵引车或前面拖车的后端上,并把一部分重力转给前面,见图2-9c)。组合货车的总重力一般可达到400~500kN,通常用于长途运输。组合货车可由单拖挂货车、双拖挂货车、三拖挂货车等多种组合形式组成。单拖挂货车可以是牵引车加一辆半挂车,共有3个、4个或5个轴;也可以是整车加全挂车,共有4个、5个或5个以上轴。双拖挂货车由牵引车加半挂车再加上全挂车所组成,共有5个、6个或6个以上轴;也可以是整车加两辆全挂车,共有6个或6个以上轴。三拖挂货车则由牵引车加半挂车后再加上两个全挂车所组成,最多可有16个轴,总重力可达1 150kN。

车辆的尺寸影响到行车对道路的车道宽度、净空和转弯半径等方面的要求,而车辆的重力则影响到对道路路面和桥梁的结构承载能力的要求。为此,一方面在变化繁多的各种车辆中选择一些代表性车辆(称作设计车辆),规定其尺寸和重力作为道路和桥梁设计的依据和标准;另一方面又对各种车辆的尺寸和重力的最大数值以法规形式做出限定。表2-5所列为以小客车、公共汽车或整车和铰接式公共汽车或单拖挂货车作为设计车辆时所规定的主要外廓尺寸。

各国对道路上行驶车辆的最大轴重和总重有不同的限制。单轴最大允许轴重为80~130kN;双联轴最大允许轴重为140~210kN;三联轴最大允许轴重为180~270kN。整车的最大允许总重为240~400kN;半挂车和挂车的最大允许总重为360~500kN。我国规定的单轴最大允许轴重为100kN,双联轴最大允许轴重为180kN,三联轴最大允许轴重为220kN,整车的最大允许总重为400kN,见表2-6。

设计车辆的外廓尺寸(m)   表2-5

车辆类型		总长度			总宽度			总高度		
		中国	欧洲	美国	中国	欧洲	美国	中国	欧洲	美国
小客车、面包车		6(5)	—	5.8	1.8	—	2.1	2	—	2.44
整车、公共汽车		12	12	12.2	2.5	2.5	2.6	4	—	4.27
单拖挂货车	半挂	16	15.5	16.75	2.5	2.5	2.6	4	4	4.27
	全挂	(18)	18	19.8						

注:中国栏中括号内数字为城市道路规范的规定。

道路上行驶车辆的总重和轴重最大允许值(kN)   表2-6

国家		中国	美国各州	加拿大	欧洲各国
轴重	单轴	100	82~102	55(前轴),91	90~130
	双联轴	100(单轮),180(双轮)	145~181	170	160~220
	三联轴	120(单轮),220(双轮)	200	240	200~260
车辆总重		400	330~740	237(3轴),316(4轴),395(5轴),465(6轴),535(7轴)	350~500

二、功率

发动机的功率是衡量汽车性能的一项重要指标,它反映车辆具有的最大加速率和在坡道上行驶时能维持的最大速度。一些代表性汽车出厂时标定的额定功率大致为:

(1)小客车(驾驶员在座的空车质量为1 545kg)——77kW(105hp);

(2)轻型货车(驾驶员在座的空车质量为1 909kg)——129kW(175hp);

(3)二轴六轮货车(驾驶员在座的空车质量为4 545kg)——129kW(175hp);

(4)半挂货车(驾驶员在座的空车质量为11 364kg)——239kW(325hp)。

可用于推动车辆行进的最大功率仅为额定功率的一部分。对于以96km/h行驶的小客车,可利用的功率约为额定值的50%;而对于大型货车,则约为94%。车辆行驶还需要克服各种运动阻力,包括轮胎与路表面之间的滚动阻力、车辆迎风面的空气阻力、在坡道上行驶的坡道阻力、曲线上行驶的曲线阻力和速度变化时的惯性阻力等。因而,为推动车辆行驶所需的功率可按下式计算:

$$P = 0.002\ 687Rv \tag{2-4}$$

式中:P——所需的可利用功率,kW;

R——运动阻力总和,10N;

v——车辆行驶速度,km/h。

运动阻力同车辆的质量大小成正比。因而,用质量功率比(m/P)可以更好地反映车辆的总体性能(加速性能和爬坡时的速度),特别在用于比较不同车辆的性能时。m/P越高,意味

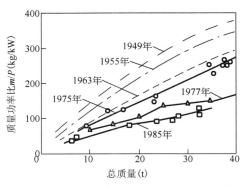

图 2-10 货车质量功率比(m/P)在 1949～1985 年间的变化趋势

着车辆的加速性能越差;而 m/P 低,则表明车辆的性能好,可以有较大的功率来克服运动阻力。

小客车的 m/P 在 20 世纪 70 年代末和 80 年代初出现较大的降低,而随后的变化就很小了。货车的 m/P,由于货车的质量随装载量而变,其变化范围很大。虽然货车的尺寸和质量在不断地增长,但发动机的功率比质量增长得更快。因而,货车的 m/P 在过去 40 年内不断地下降,如图2-10所示。1984 年的一项调查资料表明,货车的平均 m/P 约为 108.2kg/kW,而其中仅有 12.5% 的货车的 m/P 大于 154.4kg/kW。

三、加速性能

汽车的加速性能,对于车辆在双车道公路上行驶时考虑超车区段长度、确定立体交叉处加速车道的最小长度以及设计交叉口信号灯周期等都有重要影响。

表 2-7 为小客车和半挂式单拖挂货车在平坡上加速的最大加速率,包括从零速和不同初速起加速到某个速度时的最大加速率。可以看出,影响加速率最主要的因素是车辆的质量功率比 m/P。随着 m/P 的降低,车辆的最大加速率增加;小客车的 m/P 性能优于半挂车,其最大加速率性能也大大优于半挂车。同时也可看到,随着速度增加范围的增大和起始速度的提高,最大加速率降低。道路纵坡度是影响最大加速率的另一个重要因素。表 2-8 列示了在坡道上的最大加速率数据:随着坡度增加,最大加速率下降;而在较陡的坡道上,半挂车不能加速或保持速度。

平坡道上车辆在不同速度范围内的最大加速率(m/s^2) 表 2-7

车辆类型	质量功率比 m/P(kg/kW)	速度范围(km/h)						
		0～32	32～48	0～48	48～64	0～64	64～80	0～80
小客车	15.4	2.71	2.38	2.59	2.16	2.50	1.92	2.38
	18.5	2.29	1.98	2.19	1.77	2.07	1.58	1.98
	21.6	1.98	1.71	1.89	1.52	1.80	1.34	1.68
半挂车	61.7	0.70	0.64	0.67	0.46	0.61	0.30	0.49
	123.5	0.49	0.40	0.46	0.24	0.37	0.15	0.30
	185.2	0.40	0.30	0.37	0.18	0.33	0.09	0.18
	247.0	0.37	0.27	0.33	0.12	0.21	—	—

坡道上车辆在不同速度范围内的加速率(m/s^2) 表 2-8

速度(km/h)	小客车(18.5kg/kW)					半挂车(123.5kg/kW)			
	平坡	2%	4%	6%	10%	平坡	2%	4%	6%
0～32	2.29	2.10	1.89	1.71	1.31	0.49	0.30	0.09	不能
32～48	1.98	1.80	1.58	1.40	1.01	0.40	0.21	不能	不能

第四节 水上载运工具

水上的主要载运工具是各种船舶。现代船舶以柴油机为主要动力装置，带动螺旋桨推进器产生推动力，使船舶行进。通常在船舶尾部设置舵装置以控制方向，在其首部两侧设锚、锚链等装置以帮助船舶停泊。

一、类型

按载运对象的不同，船舶可分为货船、客船和客货船三大类。货船可进一步分为油船和干货船两类。前者运送液体货物；而后者运送固体货物，可细分为杂货船、散货船、专用货船（集装箱船、滚装船和载驳船等）等。这些船舶，有的在内河航行，受航道条件的限制，其尺寸、吃水深度和载重吨位都较小；有的在沿海或远洋航行，其尺寸、吨位等都要大得多。近半个世纪以来，船舶有较大的发展，特别是货船，向着高度机械化和自动化的大型专用船舶的方向发展。它们虽然在所设计的用途方面有很高的效率，但对运输市场变化的适应能力却降低了。

1. 油船

载运散装液货（包括原油、成品油和各种液化气体等）的专用船舶。油船运输的特点是批量大，运距长。因而，油船往往是大型船舶。20世纪40年代最大的油船可载运16 000t，吃水深10m；到60年代，载质量增长到200 000t，船身长达340m，吃水深18m；而到80年代，最大的油船可装载600 000t。油船的平均航速为13~16kn（1kn=1knot=1.852km/h）。油船的装卸，是通过船上接卸口同岸上的输油管或软管接通后，用油泵进行的。因而，船舶的停泊时间较短（一般很少超过2d）。对于特大型的油船，由于船身长，吃水深，很少有合适的停靠码头，通常在港外的单点泊位（专用浮筒）碇泊，通过管道用油泵装卸液货。

2. 杂货船

杂货船是载运各种桶装、箱装、包装或成捆件的货船。其载质量一般在20 000t以下，平均航速为12~18kn。货物通过船上或岸上的吊杆装卸。现代化的杂货船，其自动化装备的程度很高，平均航速可超过20kn。

3. 散装船

散装船是载运各种不加包装的块状、粉状或粒状干货货船。一些专用的散装船，只载运一种货物，如煤、矿石、粮食等。散货运输通常是批量大的大宗货物，因而其船型较大，货舱的容积大，货舱口也较大，以便于装卸。沿海和近海运输的散装船，其载质量大多在30 000t以下；远洋运输的散装船则多为30 000~60 000t，最大的可超过100 000t。散装船的平均航速为12~16kn。

4. 集装箱船

集装箱船是专门运载集装箱的货船。通过码头上的装卸桥，将集装箱吊放到船上或吊离船舶。由于装卸速度较快，船舶停港的时间较相同载质量的杂货船要短得多。同时，其平均航行速度也较快,一般可达 22~26kn。因而其航行周转的周期较其他船舶要短(也即相同时段内可航行的次数多)。集装箱船的运载能力,除了以载重吨表示外,还用集装箱的载箱数量(以 20 英尺集装箱为标准箱,简称 TEU)表示。按载箱数多少分为第一代、第二代、第三代等(载箱数相应约为 1 000TEU、2 000TEU、3 000TEU 等)。近期的集装箱船已发展到第五代、第六代,载箱数达 5 000TEU 以上,船长达 175m 以上。载运集装箱的船舶,其部分舱位用来装载杂货时,称为半集装箱船。

5. 滚装船

滚装船是由牵引车或者有轮的设备(如叉车等),利用本身的动力,通过船尾或船首的跳板直接进出货舱装卸载货的挂车等。这种方法可以提高船舶的装卸效率,加速其周转,并实现水陆直达运输(也即不需中转装卸)。船舱内有多层甲板,以斜坡车道或升降平台相连;或者部分甲板供放置集装箱用(也即称为半集装箱船)。滚装船特别适用于海上短程横渡运输,以减少海关的延误。

6. 载驳船

载运驳船的船舶称为载驳船。货物(或集装箱)装在驳船上,后者再置放在载驳船的甲板上。到达目的港后,由载驳船上的装卸设备卸下驳船,然后再由推船将驳船送到各个内河港口。载驳船的主要优点是可以利用船上的设备装卸货物,而不需要等待码头空出泊位。同时,还可不通过转驳而直接到达内河港口,其载运能力与集装箱船相近。

7. 客船和客货船

载运旅客的船为客船。我国沿海和长江中下游输送旅客的船舶大多利用下层船舱装载货物,因而称为客货船。目前沿海航行的典型客货船,载质量 7 500t(载客量 900 人,载货量 2 000t),航速 18.1kn。长江中下游客货船的载质量约为 3 500t(载客量 1 200 人,载货量 450t),航速 15kn。

8. 内河货船

内河航道由于水浅、宽度有限、弯曲,都采用吨位小、吃水浅的船舶,并普遍采用由若干艘驳船编组成船队,用推船顶推或拖船拖曳的方式航行。拖驳船队运输比机动货船运输的运量大,投资小,成本低,适用于大宗货物和批量小货种多的货物运输。驳船本身无动力装置,按船型可分为普通驳和分节驳两种。分节驳船体的首尾两端或一端呈箱形。前者称为全分节驳,适用于大宗货物运输。后者另一端为斜削流线型,称为半分节驳,适用于多货种小批量货物运输。分节驳结构简单,造价低,航行阻力小,其载质量可达 3 000t。分节驳(全分节或半分节)编成各种队列,由机动推船顶推行进。推船采用柴油发动机,其功率可达数千马力,因而驳船数可多达 30~40 艘,总载质量高达 50 000~70 000t,平均航速约 8kn。

二、尺寸和吨位

与港口和航道的规划、设计有关的船舶主要尺寸和吨位特性有:船长、船宽、船深、吃水深、船高、吨位和载质量等。

船体首尾两端间的最大水平距离为船舶的总长度,称全长。位于船首和船尾垂线间正中处的船体中横剖面内两侧舷板间的最大水平距离,称为船舶的型宽。该中横剖面上,自上甲板边板的内表面到龙骨上表面的垂直距离,作为船舶的型深。处于水面以下的船体深度为吃水深,船舶在满载状态时的吃水深,称为满载吃水深。自船底基线到船舶最高点的垂直距离为船舶的全高,或称船高。全高减去吃水深,所得到的水面以上的船舶高度,称为桅高度;此高度影响航道上桥梁的净空要求。

船舶的吨位有容积吨位和质量吨位两种。前者为按船舶内部封闭容积以 $2.83m^3$ 作为 1t 表示的吨位数,它用于船舶登记,故又称为登记吨位。而质量吨位则为船舶的载质量,分总载质量(容许装载的最大质量)和净载质量(货物和旅客的质量)两种。两者的差额,对于沿海航线的货船约低于10%,对于远洋航线的货船为10%~15%。表2-9列示了各类船舶的尺寸和吨位的一些参考数据。表2-10则列举了一些集装箱船只的尺寸和吨位。

各类船舶的尺寸和吨位　　　　　　　　　　　　　　　　　　　表2-9

船类	吨位(t)	全长(m)	型宽(m)	型深(m)	吃水深(m)	船类	吨位(t)	全长(m)	型宽(m)	型深(m)	吃水深(m)
油船	1 000	57	9.4	4.5	4.2	杂货船	700	52	8.3	3.8	3.6
	3 000	85	12.8	6.4	5.9		1 000	60	9.3	4.4	4.1
	5 000	102	14.7	7.6	6.9		2 000	77	11.5	5.8	5.1
	10 000	139	19.0	9.9	8.1		3 000	90	13.1	6.8	5.7
	30 000	194	27.2	14.1	10.9		5 000	109	15.3	8.4	6.7
	50 000	226	32.1	16.5	12.5		6 000	117	16.2	9.0	7.1
	70 000	250	35.9	18.4	13.6		7 000	124	17.0	9.6	7.5
	100 000	270	39.0	19.2	14.6		10 000	142	19.0	11.1	8.3
	150 000	291	44.2	23.0	17.9		12 000	152	20.1	11.9	8.8
	200 000	325	47.2	24.5	19.0		15 000	165	21.6	13.0	9.5
	250 000	348	51.8	25.6	20.0		20 000	184	23.6	14.6	10.3
散货船	10 000	140	18.7	10.5	8.1	分节驳	1 000	55~66	10.6	—	2.2~2.6
	30 000	192	27.3	14.5	10.6		2 000	85	10.6	—	3.1
	50 000	222	32.6	16.8	11.9		3 000	86	15.6	—	3.3
	70 000	244	37.8	18.7	13.3	货驳	500	52	11.0	2.2	1.5
	100 000	275	42.0	23.0	16.1		1 200	62	11.0	3.5	2.6
	150 000	313	44.5	24.7	18.0		2 000	82	13.5	3.5	2.8

注:吃水深为满载吃水。

一些集装箱船只的尺寸和吨位　　　　　　　　　　　　　　　　表2-10

船　名	箱位数(TEU)	总吨位(t)	载质量(t)	全长(m)	型宽(m)	型深(m)	吃水深(m)
东方比利时	2 808	39 174	40 972	232.0	32.3	19	10.8
东方飞腾	3 161	40 978	44 452	227.0	32.2	21.1	12.5
东方满地可	4 402	55 994	99 518	281.0	32.3	24.6	10.8
东方香港	5 344	66 046	67 637	262.0	40.0	24.3	14.0
东方亚洲	8 063	89 097	—	308.0	42.8	24.6	14.5
中远宁波	9 500	—	100 000	350.6	42.8	24.6	14.52
中远亚洲	10 062	140 000	110 000	349.0	45.6	27.3	14.5

第五节 空中载运工具

飞机是航空运输的主要载运工具，是 20 世纪初出现的、技术发展最迅速的一种载运工具。

一、类型

按运输类型的不同，民用飞机可分为：
(1) 运输飞机——由航空公司定期航班或非定期航班使用的各种飞机。
(2) 通用航空飞机——为工农业生产飞行、商业飞行、教学飞行等服务的各种飞机。

运输机可按航程距离分为：
(1) 远程飞机——航程约在 8 000km 以上，主要用于洲际飞行；由于航程远，需耗用大量燃料，其机体尺寸和质量都很大（最大起飞质量 150t 以上，最重的可达 350t），所需跑道长度也很长。
(2) 中程飞机——航程在 3 000～5 000km 范围内，适用于洲内和主要航线上飞行，最大起飞质量在 100t 以上。
(3) 近程飞机——航程约在 3 000km 以下，适用于国内主要航线上飞行，其最大起飞质量在 40t 以上。
(4) 短途飞机——航程约在 1 000m 以下，主要用于地方支线和通勤运输的飞行，其最大起飞质量在 40t 以下。

运输机可按其发动机和所产生推力的类型不同而分为：
(1) 活塞式——以汽油发动机为动力，带动螺旋桨旋转以产生推动力的飞机；大部分通用航空飞机采用这种类型。
(2) 涡轮螺旋桨式——以燃气涡轮发动机为动力，带动螺旋桨旋转以产生动力的飞机；部分短程支线和通勤运输飞机，以及少数双发动机通用航空飞机采用这种类型。
(3) 涡轮喷气式——由燃气涡轮发动机向后喷射出高速气流以产生推动力的飞机；早期生产的喷气式运输机采用这种形式，但后来被摒弃不用而代之以涡轮风扇喷气式。
(4) 涡轮风扇喷气式——在涡轮喷气发动机的前部（或后部）加上一个风扇的飞机；目前被除短程飞机外几乎所有运输飞机所采用。

各类运输机中一些常见飞机的主要特性列于表 2-11 中。对机场规划和设计有关的一些飞机特性的发展趋势，在下面作简要介绍。

除了上述各类运输机外，可用于客货运输的还有直升机和短距起降飞机。直升机从旋翼的旋转运动获得升力，以几乎垂直的方向离开地面。它具有在空中停留的能力和在相对小的场地上起降的能力。直升机可以是单组旋翼或双组旋翼，用一台或两台发动机作动力。其最大的巡航速度可达到 240km/h。表 2-12 列出了几种直升机的运行特性。短距起降飞机较常规飞机具有大的爬升能力，可在较短的跑道上起降，但目前还未得到大规模应用。

一些常见运输机的主要特性　　　　　　　　表 2-11

	飞机型号	翼展（m）	机身长（m）	最大起飞质量(t)	载客数（人）	巡航速度（km/h）	航程（km）	场地长度(m)	发动机数和类型
远程	B-787-8	60.1	56.7	219.5	210~250	1 040	15 200	2 821	2TF
	B-777-300ER	64.8	73.9	340.2	365	1 028	13 285	3 260	2TF
	B-747-200B	59.6	70.4	349.6	362~490	937	8 019	3 200	4TF
	DC-10	50.4	55.5	352.0	270~345	924	8 130	3 197	3TF
	A-380-800	79.8	72.7	560.0	555~840	1 089	15 200	2 990	4TF
	A-340-300	60.3	63.7	275.0	335	1 053	13 700	3 275	4TF
	Concorde	25.6	62.2	181.8	108~128	2 178	8 204	3 133	4TJ
中程	A-300	44.8	55.6	150.0	225~345	891	3 371	2 664	2TF
	A-320-200	34.1	37.6	77.4	139	1 003	5 700	2 336	2TF
	A-319	33.8	34.1	64.0	134	1 003	3 250	2 235	2TF
	B-727-200	32.9	40.6	94.3	134~163	917	4 843	3 072	2TF
	B-767-200	47.7	48.6	136.4	210~230	937	4 111	1 722	2TF
近程	B-737	28.4	30.5	52.5	86~125	852	2 371	1 996	2TF
	B-757	38.0	47.4	100.0	178~196	915	2 222	1 884	2TF
	MD-82	32.9	45.0	67.8	155	—	2 222	2 300	2TF
	BAe-146-200	26.3	28.6	40.0	106	776	2 843	1 554	4TP
	Fork-100	28.1	35.5	43.0	97~119	833	2 483	1 500	2TP
	ARJ-21-700	27.4	32.7	40.5	78	955	2 225	1 700	2TF
短程、支线	Dash-7	28.3	24.6	20.0	50~56	441	1 180	1 360	4TP
	Short-360	22.6	22.6	11.8	36	390	696	1 362	2TF

注：航程为最大商务载重时的飞行距离；场地长度为满足飞机起降要求的最大值时的跑道长度。
　　TF——加扇涡轮喷气发动机；TJ——涡轮喷气发动机；TP——涡轮螺旋桨发动机。

几种直升机的运行特性　　　　　　　　表 2-12

直升机机型号	全长（m）	主旋翼直径（m）	高度（m）	尾旋翼直径（m）	乘客数（人）	最大装载（kg）	最大总质量（kg）
Bell-206B	11.83	10.16	2.90	1.59	1+4	766	1 523
Z-11	13.01	10.69	3.14	1.86	2+4	1 080	2 200
B-107	25.34	15.25	5.15	无	3+25	2 273	10 000
S-65	26.90	22.05	7.59	4.88	3+44	7 700	19 091

注：乘客人数中前一个数字为机组人员，后一数字为旅客。

二、飞机尺寸和旅客容量

运输飞机的主要外形尺寸，包括机身长度、翼展（两翼尖间的距离）、纵向轮距（前后起落架之间的纵向距离）、横向轮距（主起落架两侧轮组中心间的横向间距）等（图 2-11），对跑道和滑行道所需宽度，停机坪、机库、维修机坪所需面积等的确定起着决定作用。

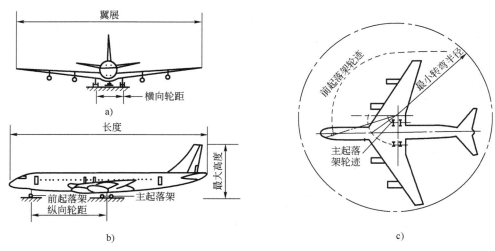

图 2-11 飞机外形尺寸定义
a)正视;b)侧视;c)平面

近 50 年来,运输机的机身长度在逐渐增加,由 30m 左右增加到 60m,特别是 1969 年 B-747-100 宽体飞机的出现,使机身长度有较大的增长,超出了 70m。但随后由于采用机舱内多层面设计,机身长度的增长就近于到顶了(新近出产的 A-380 的机身长度达 73m)。翼展的增长情况与机身长度相似,由 25m 左右增长到 60m 左右,B-747 飞机出现后,最大宽度都在 60m 以下,直到新近出现的 A-380 飞机,翼展宽度超过 60m,达到 79.8m。

飞机尺寸的增大,使旅客容量也相应地得到增加,由 20 世纪 50 年代的不到 100 人,增长到目前宽体飞机的 400 人以上(A-380 飞机的座位为 555 个,最多可容纳 840 人)。旅客容量的增大,可以降低飞机的运输成本,提高空侧方面的运输效率。但另一方面,由于大批量旅客的进出航站楼和行李的处理,造成了陆侧方面的拥挤和不相适应。因此,只能应用于旅客众多,机场较大的繁忙航线。

三、飞机质量和跑道长度

喷气式发动机的出现,打破了普通内燃机的功率阈限,使运输机的总质量得以不断地增加。从 20 世纪 30 年代起,不到 40 年间,运输机的质量由 10t 增加到 350t 以上,增长了将近 35 倍。飞机质量的增大,对跑道和滑行道的道面结构强度的要求也要相应地提高。但对于大型运输机来说,可以通过改善主起落架的造型设计,使这种影响减弱。例如,质量比 B-707-320 大 1 倍的 B-747-SP,其道面结构强度的要求与前者相近。

20 世纪 50 年代,供活塞式飞机起飞所需的跑道长度,最长的达到 2 400m。而随着大型喷气式客机的出现,由于它在低速时的低推力特性,所需跑道长度就增加到 3 600m。而在涡轮风扇喷气机出现后,由于风扇对推力的增强作用,改善了飞机的爬升能力,跑道长度的增长趋势便得到了缓和。

四、巡航速度和航程

飞机以匀速飞行(或称定常飞行)的速度称为巡航速度。自运输机出现后,其巡航速度不断提高。活塞式飞机从1934年的300km/h增加到1950年的顶点560km/h。1952年出现喷气式飞机后,其速度一下增加到800km/h。而后,随着喷气技术的改善,其速度提高到1 000km/h左右。这一速度略低于音速,相应于0.8~0.9倍音速,称为亚音速。1972年出现了超音速的协和型(Concorde)飞机,其速度达到2 320km/h。超音速飞机对于国内航线飞行来说,所节省时间的经济效果并不显著;而即便对于超远距的飞行来说,行程时间节省的边际效果也是下降的。

飞机在中途不加油的情况下能飞行的距离,称为航程。同巡航速度一样,航程也有很大的发展。活塞式飞机所能达到的最大航程在20年间提高了7倍,如DC-7飞机可达到5 000km左右。而喷气式飞机出现后,虽然起初飞得不能像DC-7那样远,但采用涡轮风扇喷气发动机后,航程就得到了提高,一些运输机的航程可达到10 000km,可实现不着陆的洲际直航飞行。

随着运输机速度和旅客容量的增长,飞机的载运能力得到了迅速提高。飞机的平均载运能力以平均运载质量和巡航速度的乘积计。1935年投入使用的活塞式飞机(DC-3)的载运能力为560t·km/h,而到1969年投入使用的涡轮风扇喷气机(B-747),其载运能力增加到61 600t·km/h。也即,在不到40年内飞机的载运能力提高了100倍以上。由此可看出,航空运输业发展的迅速是同载运工具——飞机制造技术的迅猛发展密切相关的。

【复习思考题】

1. 载运工具分为哪几大类?各类载运工具的使用性能有何差异,各适用于哪些场合?
2. 轨道式载运工具有哪些类型?其使用性能有何差异?
3. 动车、拖车(挂车)、机车有何区别?
4. 机车按动力装置分有哪些类型?机车牵引力会受哪些方面的限制?
5. 道路载运工具有哪些类型?
6. 组合货车有哪些类型?其轴数及质量最大可达多少?
7. 一般用何指标反映汽车的总体性能?
8. 汽车最大加速率与坡度之间的关系有何规律?
9. 我国货车的质量功率比(W/P)是增大还是减小?
10. 水上载运工具可以分为哪些类型?试述它们的特点与适用场合。
11. 与航道和港口规划、设计有关的船舶尺寸和吨位特性有哪些?它们分别产生哪些影响?
12. 1万t、10万t的船舶吃水深度大约多少?
13. 运输机按航程可分为哪些类型?
14. 运输机按发动机和所产生推力的类型可分为几种?
15. 运输机的尺寸、质量和巡航速度有哪些发展变化?对机场场道(跑道和滑行道)的要求有哪些影响?

第三章
交通流特性

【学习目的与要求】

掌握交通流三要素(流量、速度、密度)之间的相互关系;了解铁路、道路、水路、航空工程应用中各种速度的名称及其含义;掌握交通流的特性;掌握通行能力的概念;能够应用时间—空间图分析铁路、道路、水路、航空工程设施的通行能力;了解衡量交通流服务水平的指标。

运载工具在交通运输网内运行时,可类比于气体或液体分子在介质内的流动,称作交通流。这种运行可分为两种情况。一种情况是在交通运输网的线路或通道(如铁路区段、道路路段、空中或水上航路等)上行驶,运载工具往往依次鱼贯而行,较少受到外界其他因素的干扰,交通流处于稳态流动状态。这时的交通流特性,通常可用三个主要指标来表征:速度、交通量和交通密度(常称之为交通流三要素)。另一种情况是运载工具通过(驶进和驶出)交通运输网的节点(如各种车站、机场、码头泊位、交叉口和各种"瓶颈"等),或者要求在线路或通道上通行的运载工具数接近或超出其通行能力(或称作通过能力)时。这时,交通流受到阻滞,运载工具的运行出现排队和等待(停靠或停泊位置、上下旅客或装卸货物、通行准许等)。这种交通流处于非稳态流状态,其特性可用排队长度和等待(延误)时间来表征。而排队和等待时间的长短,反映了该交通运输设施的服务水平。

在规划、设计和管理交通运输系统及其工程设施时,必须知道运载工具在交通运输网内的流动特性。一方面通过它来了解和评价交通运输系统或网的性能(如效率和服务水平等),另一方面依据它来确定各项工程设施所需的通过能力或规模。

本章首先介绍交通流的三个基本要素,分析其相互关系。然后,介绍利用时间—空间图分析和估算交通运输工程设施通过能力的基本方法。再次,介绍应用排队论分析和估算排队长度和延误时间的基本方法。最后,讨论如何考虑交通运输设施应具有的合理服务水平。

第一节　交通流要素

速度、交通量和交通密度,是表征稳态交通流特性的三个基本要素。

一、速度

速度是单位距离内行程时间的倒数,是车辆在路段上或交通运输网内运行效率的简单度量指标。在规划和设计工作中进行方案比较时,速度或行程时间常常是一个重要的选择依据。

速度不仅随车辆本身的性能、驾驶员的行为和环境条件等因素而变化,也随交通密度和交通流速率而变化。速度和行程时间具有不同的含义。车辆在行驶过程中某一瞬间(通常为几秒钟)的速度,称为瞬时速度。车辆不受耽搁地连续行驶,驶经某一段路程所用去的时间称为行驶时间,该段路程与行驶时间之比称为行驶速度。行驶时间如包括起动和制动时的加速和减速时间,则该段行程与行驶时间之比称为技术速度。在某段行程中,包括行驶时间、起终点或途中的加速和减速时间、行驶途中的耽搁时间(如交叉口延误、站点停留时间等)在内的时间称为总行程时间;该段路程与总行程时间之比称为平均运行速度,或称旅行速度。

在交通流中,各车辆往往以不同的速度行驶。通常对速度的分布可以采用正态分布的假设。分布的中心以均值表示,而个别车辆速度的离散性用标准差表示,按式(3-1)进行计算:

平均速度

$$v_\mathrm{a} = \frac{\sum\limits_{i=1}^{m}(v_i n_i)}{\sum\limits_{i=1}^{m} n_i} \tag{3-1}$$

标准差

$$\sigma = \sqrt{\frac{\left[\sum\limits_{i=1}^{m}(v_i^2 n_i) - v_\mathrm{a}^2 \sum\limits_{i=1}^{m} n_i\right]}{\left(\sum\limits_{i=1}^{m} n_i - 1\right)}} \tag{3-2}$$

式中:v_i——第 i 级车辆速度;

n_i——第 i 级速度中的车辆数;

m——速度级的数目。

可以采用不同的数据采集方法得到交通流的平均速度。根据在同一瞬间得到的某路段上各车辆的速度(例如,采用空中摄影法),可以整理出速度在空间的分布,或空间平均速度 v_as。或者,也可在某一时段内采用各车辆通过某一特定地点(断面)的速度,得到速度的时间分布,或时间平均速度 v_at。通常,时间平均速度略大于空间平均速度,约在 5% 以内。

二、交通量

交通量 q 为单位时段内通过线路或通道上某断面的车辆数,可用式(3-3)表示:

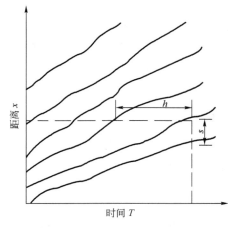

图 3-1 车辆行驶轨迹的时间—空间图

$$q = \frac{n}{T} \quad (3\text{-}3)$$

式中：T——时段，h、d、…；
n——车辆数。

各个车辆在不同时刻的行驶轨迹（行驶距离）可以绘制成如图 3-1 所示的时间—空间图。在图上，同一地点相继车辆经过的时间间隔，称为车头时距 h。各个相继车辆的车头时距并不相同。其平均车头时距 h_a 可用式(3-4)表示：

$$h_a = \frac{\sum h}{n} = \frac{T}{n} \quad (3\text{-}4)$$

同式(3-3)相比，可得到：

$$q = \frac{1}{h_a} \quad (3\text{-}5)$$

也即，交通量为平均车头时距的倒数。

交通量是衡量交通运输设施产量的一项指标，它是对交通运输设施的需求同交通流相互作用的结果。交通量在小时、日或月内的时间变异性，反映了经济和社会对交通运输的需求。交通量的变化方式，对于确定交通运输设施的容量有很大影响。

三、交通密度

交通密度（或称交通集度）k 是某瞬间单位线路长度 L 上的车辆数 n：

$$k = \frac{n}{L} \quad (3\text{-}6)$$

某瞬间相继车辆的空间间距，称作车头间距 s（图 3-1）。路段长度 L 内，各相继车辆的车头间距并不相等，其平均车头间距 s_a 为：

$$s_a = \frac{\sum s}{n} = \frac{L}{n} \quad (3\text{-}7)$$

代入式(3-6)，可得

$$k = \frac{1}{s_a} \quad (3\text{-}8)$$

因此，交通密度为平均车头间距的倒数。

交通密度是交通拥挤程度的度量。由于它与速度和交通量相比，难于在野外测定，所以这一指标的应用不大普遍。

四、交通量—速度—交通密度的关系

如果在交通流中各车辆的行驶速度相同，也即

$$v = \frac{L}{T}$$

则在 T 时段或 L 长度内通过的车辆数 n 为：

$$n = qT = kL$$

所以

$$q = \frac{kL}{T} = kv \tag{3-9}$$

也即,交通量为交通密度同速度的乘积。

通常在交通流中各车辆的速度并不相同。将车辆按速度分组,对于每组速度的车辆有:

$$q_i = k_i v_i$$

则总的交通量为

$$q = \sum_{i=1}^{m} k_i v_i = k \sum_{i=1}^{m} \left(\frac{k_i}{k}\right) v_i = k v_{as} \tag{3-10}$$

式中: m——速度分组数;

v_{as}——平均车速,即各组车速 v_i 乘以该组车辆的密度占总密度的比例(权数)。

由此

$$q = k v_a \tag{3-11}$$

式(3-11)即为表征交通流特性的基本关系式。

上述三要素基本关系式可绘制成图 3-2 所示的关系图。

1. 平均速度—交通密度(v_a-k)关系图

对于大多数运输方式来说,平均速度 v_a 随交通密度 k 增加而下降。也即,平均速度可表示为交通密度的递降函数[图 3-2a)]:

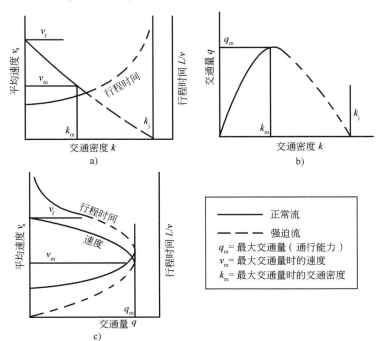

图 3-2 q-v_a-k 基本关系图
a)v_a-k 关系;b)q-k 关系;c)v_a-q 关系

$$v_a = v(k) \tag{3-12}$$

其边界条件为

$$\left.\begin{array}{l} v(0) = v_f \\ v(k_j) = 0 \end{array}\right\} \tag{3-13}$$

式中：v_f——交通密度为零时的速度，称作自由流速度；

k_j——交通堵塞时的交通密度。

各种交通运输方式的 $v_a = v(k)$ 关系式，可通过观测确定。对于道路交通，可用线性函数表示为：

$$v_a = v_f \left(1 - \frac{k}{k_j}\right) \tag{3-14}$$

2. 交通量—交通密度（q-k）关系图

上述函数式代入基本关系式后，可得到：

$$q = kv_a = kv(k)$$

此式可绘制成图 3-2b）。$k = 0$ 和 $k = k_j$ 时，$q = 0$；当 k 在 0 和 k_j 之间时，q 为正值。因此，q 必有一最大值：当 $k = k_m$ 时，$q = q_m$，此最大交通量称为通行能力（或者称作通过能力或容量）。曲线上任一点（k,q）与原点的连线，即为该点的平均速度 v_a。所以，此图可把 q、k 和 v_a 三者相关联，可称作交通流特性基本关系图。

3. 平均速度—交通量（v_a-q）关系图

利用上述关系图，可以转换成 v_a-q 图[图 3-2c)]。

除了最大交通量 q_m 以外，相应于每一个交通量，可以有两种速度。一种速度高于最大交通量 q_m 处的平均速度 v_m，处于这种状态的交通流称作自由流；另一种速度则低于 v_m，这时称为强迫流，在图 3-2 中以虚线表示。

对于不定时行驶的交通运输方式，也即车速可由车辆自己确定，如汽车、自行车等，v_a-q 关系曲线只有上半部有实际意义。如果交通流因事故等原因而受到约束，则车辆被迫以小于 v_m 的速度行驶，但一旦约束撤除，车辆便会加速而恢复到曲线的上半部分。

对于定时行驶的交通运输方式，车辆的速度由调度人员控制，如轨道式车辆，则可能出现上下两部分曲线上任意一点的情况。

第二节 通行能力分析

一、定义

由上节可知，通行能力即为在一定速度要求下的最大交通量。它是一定时段内通过线路某断面的最大车辆数，反映了交通运输设施的"生产能力"，所以又称作通过能力或容量。通行能力同交通量采用相同的计量单位。二者的区别是：交通量反映的是交通流的实际载运工具数,它是对交通运输的需求同所提供的交通运输设施条件之间相平衡的结果;而通行能力则表示在规定的运行条件下交通运输设施所能承担的交通流最大载运工具数或容量。也即,一个是交通运输设施上实际发生的交通状况,另一个则是该交通运输设施潜在的最大可能的能力。

新建或改建交通运输设施时,需要分析和估算设施的通行能力。其主要用途为:

(1)评价现有设施满足交通运输需求的程度,以判别是否需要进行改善,并评价各项改善措施的改善效果。

(2)设计有关交通运输设施时,确定满足预期交通需求和服务水平要求所需的设施规模或尺寸。

二、分析方法

由式(3-5)可知,交通量是平均车头时距 h_a 的倒数,而通行能力是最大的交通量。因而,确定交通流中各车辆的平均车头时距,就可按式(3-5)得到通行能力。例如,对于道路的车道通行能力有:

$$q_m = 3600/h_a (辆/h)$$

而平均车头时距 h_a 可由平均车头间距 s_a(m/辆)和平均行驶速度 v_a(m/s)确定:

$$h_a = \frac{s_a}{v_a} (s/辆)$$

平均车头间距由以下几部分长度(距离)组成:

平均车头间距 = 车辆长度 + 驾驶员制动反应距离 + 制动距离 + 车辆间安全距离

由于制动距离和驾驶员反应距离均与行驶速度有关,平均车头间距、平均车头时距以及车道通行能力便也随行驶速度而变。表3-1所示为小客车在不同行驶速度时按观测并采用上述方法计算得到的平均车头时距和相应的车道通行能力。

不同行驶速度时的平均车头时距和通行能力　　　　表3-1

平均行驶速度(km/h)	30	40	50	60	80	100
平均车头时距(s)	2.33	2.20	2.13	2.00	1.89	1.80
车道通行能力(辆/h)	1550	1640	1690	1800	1900	2000

又如,对于实行列车分方向行驶的双线铁路,线路区间的通行能力与发车间隔 I(即车头时距)成反比,而发车间隔大小依据行车安全条件确定,与列车长度、信号和控制设备的水平、行车速度等因素有关。普速列车在采用自动控制系统时,发车间隔为 75~180s,而采用自动闭塞设备时,发车间隔为 360~420s。

也可以采用绘制时间—空间图的方法分析最小车头时距:将各相继车辆的行驶轨迹线绘在以时间和空间位置为横、纵坐标的图上,由此可直观地确定其最小的车头时距。现举例说明。

示例 3-1　一地铁环线,长 40km。沿线设 20 个站,每站平均相隔 2km。列车全长 100m,平均行驶速度为 70km/h,在每个车站停留 30s。考虑到制动时的安全距离,规定列车间的最小净间距(前车的尾端到后车的头端)为 1km。请分析其通行能力,也即最大可能的服务频率,并确定所需的车辆数。

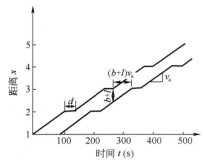

图 3-3 地铁列车运行时间—空间图

按上述条件绘制时间—空间图(图3-3)。图中，d 为列车停靠站台时间，v_a 为平均行驶速度，b 为列车最小净间距，l 为列车长度。

由图可知，最小车头时距为：

$$h_a = d + \frac{b+l}{v_a}$$

由于地铁为定时运行，各列车辆的行驶速度基本保持相同，因而最小车头时距也可认为不变。由此，按式(3-5)确定其通行能力为：

$$q_m = \frac{1}{h_a} = \frac{v_a}{v_a d + b + l} = \frac{70}{70 \times 30/3\,600 + 1 + 0.1} = 41.58(辆/h)$$

车辆在环线上行驶的平均运行速度为：

$$v_a = \frac{L}{行驶一圈的时间} = \frac{40}{40\,170 + 20 \times 30} 3\,600 = 54.19(km/h)$$

按式(3-11)，交通密度为：

$$k = \frac{q_m}{v_a} = \frac{41.58}{54.19} = 0.767(辆/km)$$

为维持地铁线运营，达到容量时所需的车辆数便为：

$$n = kL = 0.767 \times 40 = 30.69 \approx 31(辆)$$

由上例可知，地铁线的容量取决于列车的平均行驶速度、停站的总时间(停站数和每站停靠时间)及规定的列车间最小净间距。

上例属于各车辆的运行速度基本相同的情况。对于交通流中各车辆行驶速度不相同的情况，最小平均车头间距的确定就较为复杂。

示例 3-2 现有一仅供飞机降落的机场跑道。待降飞机在进入跑道入口前的公共通道后，其前后的最小间隔距离为 $\delta_{\min} = 3$n mile (1n mile = 1 852m)。现有三种飞机使用该跑道，各占比例为 20%、20% 和 60%，降落时的速度相应为 $v = 100$kn、120kn 和 135kn (1kn = 1 852m/h)。公共通道的长度为 $\gamma = 6$n mile。试分析该跑道的通行能力。

飞机降落时可能有两种情况：前导飞机的速度 v_i 慢于后随飞机的速度 v_j，前导飞机的速度快于后随飞机的速度。按此两种情况，可绘制成图3-4所示的时间—空间图。

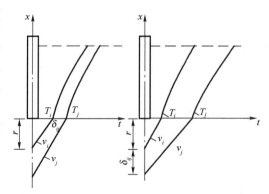

图 3-4 飞机在跑道上降落时的时间—空间图

由图示可看出：$v_i < v_j$ 时，最小车头时距 $h_{ij} = t_i - t_j = \delta_{ij}/v_j = \delta_{\min}/v_j$；

$v_i > v_j$ 时，最小车头时距 $h_{ij} = \delta_{ij}/v_j + \gamma(1/v_j - 1/v_i)$。

平均最小车头时距同两种情况出现的几率有关，也即

$$h_a = \sum_j \sum_i p_{ij} h_{ij}$$

式中：p_{ij}——前导飞机 i 跟以后随飞机 j 的概率。

按不同速度飞机的组成比例，各种跟随情况出现的概率 p_{ij} 可列成矩阵形式：

p_i \ p_j	0.20	0.20	0.60
0.20	0.04	0.04	0.12
0.20	0.04	0.04	0.12
0.60	0.12	0.12	0.36

$= p_{ij}$

相应的各种组合的车头时距，也可按上述两种降落情况分别计算出，并同样列成下述矩阵形式：

v_i \ v_j	100	120	135
100	108	90	80
120	144	90	80
135	164	110	80

$= h_{ij}$

由此

$$h_a = \sum_{j=1}^{3} \sum_{i=1}^{3} p_{ij} h_{ij} = 98.16 \text{s}$$

跑道的通行能力为

$$q_m = \frac{1}{h_a} = \frac{1}{98.16} = 0.0102 (\text{次/s}) = 36.7 \text{次/h}, 取 36 \text{次/h}$$

所以，跑道的通行能力取决于不同速度飞机的组成和规定的飞机间隔距离。此外，飞机的飞行速度和位置不可能控制得绝对准确，总存在一定的偏差，因而会影响到间隔距离的控制，从而影响到通行能力，使之下降。

通过上面两个简单的示例，可以了解到分析和估算交通运输设施通行能力的基本方法。各种车辆在不同交通运输设施上的具体运行状况，要比上述示例题中所述的复杂得多。然而，都可以应用上述基本方法，具体分析各种不同运行情况下的车头时距和平均车头时距，然后得到该设施通行能力的估计。

第三节 排队和延误分析

车辆经过站场、交叉口等各种节点或"瓶颈"时，由于受到这些限制点通行能力的限制，不能以正常的速率通过，从而积存在上游方，形成排队，等待处理（通过）。排队系统可以用如图 3-5 所示的简图表示。在限制点前方有一存储区，供尚未通过限制点的车辆排队等待通行。

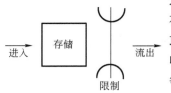

图 3-5 排队系统

这种排队系统在各种交通运输设施中相当普遍,例如,待降飞机在空中盘旋或待起飞飞机停留在等待区等候跑道空出以便降落或起飞,船舶进港等待码头泊位以装卸货物或上下旅客,汽车在收费站前等待缴费或者在交叉口前等待绿灯信号以便通过,火车等待交会或进站台等。

排队等待通行,意味着交通流速率的下降、交通运输网效率和服务水平的降低,也意味着运载工具效率的下降和经济的损失。研究排队特性,主要是分析排队量和长度及等待或延误时间,以便考虑提供排队等待所需的设施或空间,衡量服务水平和经济的损失。可以应用排队论进行排队长度和延误时间的分析。这里用图解方法简单而直观地分析排队参数,以阐述排队的基本概念。

设车辆在 t_1、t_2…时刻分别到达限制点,车辆累计到达数可表示为函数 $A(t)$;而车辆在 t'_1、t'_2…时刻分别离开限制点,累计离开数可表示为函数 $D(t)$。如果把这两个函数曲线绘在同一个坐标系的图上(图 3-6),就可以利用这两条曲线来确定排队长度 Q 和等待时间 W。例如,在时刻 t_i,由到达曲线可知累计到达数为 $A(t_i)$,而由离开曲线可知累计离开数为 $D(t_i)$,则该时刻的排队长度 $Q(t_i)$ 便可按下式确定:

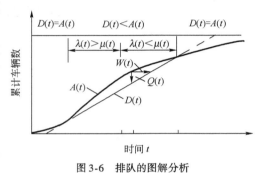

图 3-6 排队的图解分析

$$Q(t_i) = A(t_i) - D(t_i) \tag{3-15}$$

设限制点按先进先出的原则放行车辆。在时刻 t_i 到达的车辆为 j,该车辆离开的时刻可由到达曲线反推出:

$$t'_j = D^{-1}(j)$$

而该车辆在到达时刻[可表示为 $A^{-1}(j)$]同离开时刻之间的时间差,即为等待时间 W_j:

$$W_j = D^{-1}(j) - A^{-1}(j) \tag{3-16}$$

设 t 时刻到达曲线 $A(t)$ 的斜率为 $\lambda(t)$[$= dA(t)/dt$],它是 t 时刻的瞬时到达率;t 时刻离开曲线 $D(t)$ 的斜率为 $\mu(t)$[$= dD(t)/dt$],它是该时刻的瞬时离开率。限制点的通行能力有一定的限度,不能超过某一速率 μ,称作服务率。当存储区内无排队现象,也即到达率 $\lambda(t)$ 低于服务率 μ,则 $D(t)$ 曲线同 $A(t)$ 曲线重合,因为车辆一旦进入即可离开。然而,由图 3-6 可看出,当到达率超过服务率,便出现排队,而在到达率转为等于服务率时,排队长度达到最大,然后逐渐减少,到两条曲线又重合时,排队消失。排队从开始出现到消失期间的车辆总等待时间,可通过叠加该期间 n 辆车的等待时间后得到:

$$W = \sum_{j=1}^{n} W_j$$

此即为,在 $j = n$ 范围内 $D(t)$ 和 $A(t)$ 曲线之间所包的面积。而 n 辆车的平均等待时间便为:

$$W_a = \frac{\sum_{j=1}^{n} W_j}{n} \tag{3-17}$$

该期间(时段 T)在存储区内的车辆总数,也可按 $D(t)$ 曲线同 $A(t)$ 曲线之间所包的面积计,即

$$Q = \int_0^T [A(t) - D(t)] dt$$

而单位时间存储区内的平均排队长度为:

$$Q_a = \frac{\int_0^T [A(t) - D(t)] dt}{T} \tag{3-18}$$

上述两个曲线所包面积相等,因而:

$$nW_a = TQ_a \text{ 或 } Q_a = nW_a/T \tag{3-19}$$

式中,n/T 可解释为单位时间内到达车辆的平均数。因此,在该期间存储区内:

平均排队长度 = 平均等待时间 × 平均到达率

下面通过示例说明之。

示例 3-3 有一路面沥青混合料拌和厂,每天 8:00 开始工作,每 4min 可完成一辆装料车的混合料拌和和装料工作。装料车 7:45 开始到达等待装料,第一小时为每 3min 到达一辆,而后每 5min 到达一辆。按先到先装原则装料。试确定车辆的最长等待装料时间及拌和厂应设置的停车场面积(以容纳多少辆装料车计)。

在时间—累计装料车数坐标图(图 3-7)上,按装料车到达情况绘制到达曲线 $A(t)$,而后按拌和机拌料和装料速度绘制离开曲线 $D(t)$。从图上可看出,最长等待时间出现在 8:45。此时,$W = 36$min,装料车排队长度为 9 辆。因此,拌和厂应备有足够停放 9 辆装料车的场地。

示例 3-4 在一交叉口处,车辆以 360 辆/h 的速率到达信号灯前。信号灯的一个周期为 60s,绿灯时间为 30s,绿灯时车辆通过的速率为 1 200 辆/h。试确定一个信号灯周期内车辆的总延误时间、每辆车的平均延误时间和排队长度。

在坐标图上绘制到达曲线 $A(t)$ 和离开曲线 $D(t)$,如图 3-8 所示。按上文所述,当到达率 $\lambda(t)$ 小于离开率 $\mu(t)$ 而 $D(t)$ 和 $A(t)$ 曲线相交时,离开曲线并入到达曲线。

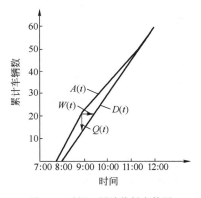

图 3-7 时间—累计装料车数图

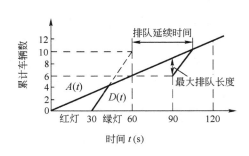

图 3-8 交叉口车辆排队图解

由图可量出,最长的排队延误时间为 42.9s,排队长度为 3 辆。

总排队时间等于到达曲线 $A(t)$ 和离开曲线 $D(t)$ 之间的面积。因而,每一信号灯周期的

总延误时间为

$$W = 0.5(最长排队延误时间 \times 最大排队长度)$$
$$= 0.5 \times 42.9 \times 3 = 64.3(s)$$

每辆车的平均延误时间为

$$W_a = \frac{64.3}{6} = 10.7(s)$$

到达曲线或到达率,可以通过在限制点上方一定距离处(交通流不受阻滞处)设立交通观测站,统计车辆到达情况后整理得到;也可通过需求分析假设得到。离开曲线则同样可以通过在限制点下方设观测站统计得到;或者在限制点或"瓶颈"处的通行能力为已知时,以其斜率作为服务率 μ。

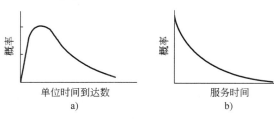

图 3-9 到达和离开的概率分布函数
a)泊松分布;b)负指数分布

车辆的到达或离开通常都是随机的。可以采用某种概率分布函数对调查统计数据进行描述,并进而对排队特性进行数学分析。最简单和最常遇到的情况是,对于车辆到达的概率分布采用泊松分布函数,而对于车辆离开采用负指数概率分布函数(图 3-9)。按这种分布假设可导出下列关系式:

平均排队长度 $\qquad Q_a = \dfrac{\lambda^2}{\mu(\mu-\lambda)}$ (3-20)

平均等待时间 $\qquad W_a = \dfrac{\lambda}{\mu(\mu-\lambda)}$ (3-21)

第四节 服务水平分析

载运工具在交通运输设施上运行,希望交通运输设施能提供快速(运行速度高)、经济(运行费用低)、安全和舒适的运行条件。交通运输设施能满足这种要求的程度,可以用一个笼统的指标即服务水平来表示。服务水平用于描述在交通量低于设施通行能力时交通流的运行状况,或者通过率低于设施最大服务率时交通流的运行状况。对于前一种不间断的交通流来说,度量服务水平的常用指标是运行速度,它综合反映了行驶速度、行程时间、停车频率、运行费用和交通密度等方面的影响。对于后一种间断的交通流来说,则采用总的(或平均的)延误时间来度量服务水平,它综合反映了交通运输效率、经济损失和舒适性等方面的影响。

一、交通量与服务水平

车辆在交通运输设施上的运行状况,除了受交通运输设施物理特性的影响外,主要随交通量大小和其他干扰因素的影响程度而变。对于物理特性已定的设施,如果不考虑其他干扰因素的影响,则其服务水平主要随交通量而变。

图 3-2c)绘示了车辆平均速度同交通量的关系,可看出平均速度随着交通量的减少而增加的规律。图 3-10 中进一步对该关系曲线的上半部,按交通流的运行状况,也即按服务水平

的高低划分为 3 个区间。

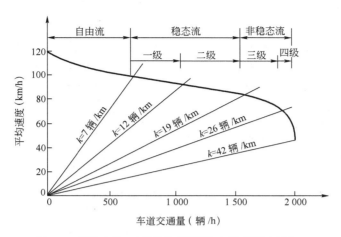

图 3-10　平均速度—交通量关系及服务水平(道路交通流)

1. 自由流区

自由流区交通量很小。交通流中其他车辆的影响极小或没有。约束行驶速度的主要因素是道路的物理特性和法定的限速要求。车辆可在上述限度内按驾驶员所希望的速度行驶,不受或很少受耽搁。这种运行状况常称作"自由流"。

2. 稳态流区

车辆行驶速度开始逐渐受交通状况的影响,随着交通量的增大,驾驶员选择行驶速度的自由度逐渐减小,行驶速度逐步下降。但速度降低不多,仍能保持满意的水平。车流很少受耽搁。

3. 非稳态流区

随着交通量继续增大到接近于通行能力,交通流逐渐从稳态转向非稳态。车辆行驶较大程度地受到交通状况的影响。交通量的波动及对交通的一些暂时限制,都会使行驶速度有很大的降低。驾驶员操纵的自由度很小,舒适性和便利性较低。交通量达到最大(通行能力)时,行驶速度下降到 50km/h 左右,交通流为非稳态,有时还会出现短时间停车。

上述关系曲线的下半部分属于低速度的强迫流区。这时,交通量低于通行能力。行驶的车辆常常由于前方的拥挤或堵塞而经常停车,形成排队和等待。

由上述分析可知,交通运输设施的服务水平随交通量的增大而下降。如果按通行能力来确定交通运输设施所需的规模或尺寸,则该设施的服务水平会由于行驶速度不高、交通运输效率低和舒适性差而不能使人满意。而如果选用较低的交通量作为设计交通量,来确定交通运输设施的规模,则服务水平显然可以很高,但需要投入较多的交通运输设施建设资金。因此,合适的服务水平或设计交通量的选择,需要通过经济的和政策的比较,寻求需求方(使用者)同供应方(建设者)间的合理平衡后确定。美国的公路和城市道路都选用稳定流区的服务水平作为制订设计交通量的依据,公路选用该区的中间状况,而城市道路则选用该区的低限水平。

我国公路将服务水平划分为四个等级:一级和二级服务水平处于稳态流范围;三级服务水

平处于稳态流的上限,接近于非稳态流;四级服务水平处于非稳态流,接近于通行能力。各级服务水平对应的不同交通密度、行车速度和服务交通量,见表3-2。同时,选取二级服务水平下的参数作为高速和一级公路的设计依据;三级服务水平下的参数作为二级公路的设计依据。由此,考虑到服务水平的要求,表3-1中所列的高速公路的车道通行能力便相应降为1 600辆/h(计算行车速度120km/h时)、1 400辆/h(100km/h时)和1 300辆/h(80km/h时)。

我国高速公路服务水平分级及相应的交通参数 表3-2

服务水平等级	交通密度（辆/km）	计算速度120km/h			计算速度100km/h			计算速度80km/h		
		车速（km/h）	V/C	服务交通量（辆/h）	车速（km/h）	V/C	服务交通量（辆/h）	车速（km/h）	V/C	服务交通量（辆/h）
一	≤12	≥94	0.56	1 100	≥81	0.49	1 000	—	—	—
二	≤19	≥86	0.81	1 600	≥75	0.69	1 400	≥69	0.67	1 300
三	≤26	≥73	0.94	1 900	≥66	0.85	1 700	≥64	0.83	1 600
四	≤42	≥48	1.00	2 000	≥46	1.00	2 000	≥45	1.00	1 900

注:V/C即q/q_m,为交通量与通行能力之比。

二、交通量与延误

对于间断的交通流,如汽车在收费口缴费飞机在跑道上起降,船舶在码头泊位上装卸等,其速率主要取决于通过限制点的速率,也即限制点处的离开率或限制点的服务率。如果该处运输设施的规模(通行能力)完全按所需的最大服务率设置,则由于交通运输需求的变化和波动,便会在限制点前出现排队等待和延误,下面用一简例粗略地说明之。

示例3-5 有一码头,预计年吞吐量为146万t/年。到港船舶的平均装载量为5 000t/艘。假设船舶到达的概率可用泊松分布表示,码头装卸(即船舶占用码头的)时间的概率服从负指数分布。请确定码头的装卸能力(可转换为泊位数)。

依据吞吐量和船舶平均装载量,可以确定船舶平均到达率λ:

$$\lambda = \frac{1\,460\,000}{365 \times 5\,000} = 0.8(艘/日)$$

如果码头的装卸能力按船舶平均到达率确定,也即平均服务率μ等于平均到达率λ,即每日平均装卸0.8×5 000 = 4 000(t)。则按式(3-20)和式(3-21),船舶的平均排队长度和平均等待时间都是无限大,说明将出现大量压船现象。如果将装卸能力提高到5 000t,也即平均服务率μ=1.0艘/日,则按上述两式可以计算得到:

$$平均排队长度 = 0.8^2/[1.0 \times (1.0 - 0.8)] = 3.2(艘)$$
$$平均等待时间 = 0.8/[1.0 \times (1.0 - 0.8)] = 4(日)$$

而如果再将每日的装卸能力提高到6 000t,也即平均服务率μ=1.2艘/日,则:

$$平均排队长度 = 0.8^2/[1.2 \times (1.2 - 0.8)]$$
$$= 1.33(艘)$$
$$平均等待时间 = 0.8/[1.2 \times (1.2 - 0.8)]$$
$$= 1.67(日)$$

继续增加装卸能力(也即增加泊位),则船舶的平均排队长度和等待时间将继续减少。

由上述简单示例可知,延误时间随着平均服务率的增加而减少,或者更确切地说,随着到达率同服务率的比值(λ/μ),也即需求量同通行能力的比值的下降而降低。图 3-11 所示为每架飞机平均延误时间随飞机起降需求量同机场跑道通行能力的比值而变化的关系曲线。图中,上下曲线所包的阴影部分为每架飞机平均延误时间的变化范围,适用于通用航空飞机运行占主导的机场;上曲线与虚线曲线所包部分为运输机运行占主导的机场的平均延误时间变化范围。由图 3-11 可看出,需求量同通行能力的比值越大,每架飞机的平均延误时间便越长;而需求量接近于或超过通行能力(比值接近于或超过1)时,平均延误时间更是急剧增加。

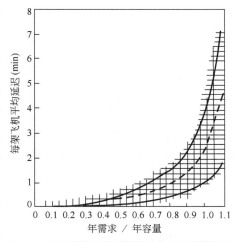

图 3-11 飞机平均延误时间同需求量和跑道通行能力比值的关系

(图中曲线变动范围的上半部分适用于运输机占主导的机场,整个范围适用于通用飞机占主导的机场)

延误使交通运输的效率降低,行程时间增加,并造成经济损失和不舒适。延误时间反映了服务质量和水平。降低延误时间,就需要提高交通运输设施的通行能力,也即增加建设投资。因而,合理服务水平的选取,也需要通过经济的和政策的分析,在需求方和供应方之间寻求双方可接受的折中点。

【复习思考题】

1. 举实例说明两种交通流的特性。
2. 什么是交通流的三要素?他们之间存在什么关系?为何要用他们来表征交通运输网中交通流的特性?
3. 区分各种速度的概念。何为瞬时速度、行驶速度、技术速度、平均运行速度、巡航速度?
4. 何为车头间距和车头时距,它们与交通量和交通密度之间存在什么关系?
5. 当速度与交通密度成线性关系时,交通量是否总是随速度增大而增大?
6. 交通量和通行能力在概念上有何差别?分析交通设施的通行能力有何用途?
7. 举一交通实例分析排队的形成原因及排队长度的影响因素。
8. 各交通运输网的服务水平可用哪些因素或指标来度量?影响这些因素的变量有哪些?

第四章
交通运输工程规划

【学习目的与要求】

　　了解交通运输工程规划的基本思想、思路和主要步骤;了解交通运输工程规划方案形成的主要影响因素;了解交通供给与需求之间的平衡关系;了解交通运输工程规划方案评价的三种基本准则,能够利用这些评价准则进行规划方案的比选。

　　规划是一个展望未来和安排未来的过程,对未来发展的需求进行预测,并提出适应此发展需求的合理或合适的对策和实施计划。

　　交通运输工程规划是对交通运输系统内的各项或多项工程设施的规划,包括交通运输网规划、交通运输站场规划以及交通设施规划。在空间范围上分全国、某区域或某个城市,在时间上分为近期(3~5年),中期(5~15年)和长期(15年以上)。

　　进行工程规划,首先要对交通运输系统及相应设施的现状,它们的性能、服务水平及其对运输需求的满足程度,有充分的了解。同时,又要对经济和社会发展的趋势及其对交通运输发展的需求有恰当的预估。通过两者的对比分析,提出各种使交通运输系统适应经济和社会发展的可行方案,并对这些方案进行技术、经济、环境的可行性评价,以提供充分的分析依据,供决策部门制订各项具体工程实施计划时参考。

　　本章首先介绍交通运输工程规划的特点,而后,简要阐明进行交通运输工程规划的基本方法和过程或步骤。各种交通运输方式具有不同的特点,相应采用不同的规划过程和步骤,这里略去具体的差异和细节,而从方法论的角度说明其一般的过程或步骤;然后,着重对交通运输需求生成的基本概念、分析方法和预测方法以及对规划方案进行评价的有关概念和方法作其进一步阐述。

第一节 规划的特点、方法和步骤

一、规划的特点

交通运输系统的目标,是建立、维护和运营一个系统,它能高效、经济和安全地适应对交通运输的需求。交通运输需求,是一种派生的需求。随着经济(生产)、社会和文化生活的发展,对交通运输的需求不断增长,对原有的交通运输系统、各种交通运输设施的通行能力和服务水平提出了更多、更高的要求。因而,需要不断增加或改善现有交通运输系统的设施,提高其服务水平,以适应发展的需要;否则,便会由于交通运输能力或效率的滞后而制约经济(生产)和社会的发展。

各种交通运输方式的工程设施的建设周期都比较长。因而,需要较早地预计到交通运输系统对交通运输需求可能出现的不适应处,及早提出规划方案,以便及时采取措施增添或改善工程设施,使之不出现交通运输对经济和社会发展的阻滞情况。建设交通运输设施的投资量都很大,它们对土地使用和周围地区的经济开发或发展将会有深远的影响。如果没有妥善地计划和安排,将不仅会造成投资的浪费,而且会带来直接(建设者和使用者方面)和间接(社会其他方面)的经济损失,以及其他不利的社会和环境影响。而规划便是为交通运输设施准备计划的第一步,其目的是提出经济合理地扩充交通运输设施的容量(通行能力)和提高其服务水平的方案,以适应交通运输需求的增长。

进行交通运输工程规划,首先要对现有交通运输系统及其相应设施的现状,他们的性能、状况、服务水平及其对交通运输需求的满足程度,要有充分的了解和掌握。同时,又要对经济、社会和文化发展的趋势及其对交通运输发展的需求,有恰当的预估。因而,规划工作是一个有组织地和合理地采集和分析有关交通运输系统及其各项设施各方面数据和信息的过程。在此基础上,通过把交通运输系统和设施的现状同当前和未来对交通运输的需求进行比较分析,确定系统或有关设施当前和未来的新建或改建的需要,并把可筹集到的资金和其他资源分配给交通运输系统中最需要、最薄弱或改善效果最佳的方案或工程上。

规划工作是综合性的,它需要充分考虑交通运输对经济、社会、文化、能源和环境等方面的关系和影响。因而,交通运输工程规划需同地区的经济发展、社会和文化发展、城市发展、土地使用、环境保护等规划结合起来,把政策、计划、项目方案和实施步骤同社会发展目标、经济目的、资金筹措和技术可行性等结合起来。

规划工作是一项带有政治性的活动,因为它涉及许多部门不同人的利益,对他们有短期或长期的影响。因而,规划过程中存在并且也需要政治介入和公众参与。单靠技术或经济分析无法选出可接受的方案,也无法做出有效的决策。

规划人员只能起到参谋的作用,他们不是决策者。他们的任务是采集数据、分析现状、预估未来、设计方案、制订计划,向有关部门介绍各种可能的解决方案及其后果。他们把分析的结果交给决策者,推荐他们认为最佳的实施方案,由决策人依据他们所提供的报告和分析,并结合其他方面或其他因素的考虑后做出决定。

由于涉及面广,考虑因素复杂,反映历史和现状的数据很难收集齐全,对未来发展的预估难以确切把握,规划工作既要依靠科学分析,又要借助经验和判断。因而,规划工作是定性分析和定量分析的结合,是技术和艺术的结合。

对于未来交通运输需求的预测不可能在较长时期内都很准确,而近期的规划项目在实施后又必然会影响到随后的交通运输发展需求。交通需求与交通供给之间的协调是一种动态平衡。因而,规划工作是连续性的,或者称为滚动式的,需要在付诸实施的过程中不断地定期重新评价和更新。

二、规划的基本方法和步骤

交通运输工程规划采用系统分析的方法,其一般过程为:
(1)弄清系统存在的问题,明确规划的目的和目标;
(2)制订解决所存在问题和实现所提出的目的和目标的规划方案;
(3)分析和评价各个规划方案,选择实施方案;
(4)实施和修订规划。

遵循系统分析的基本思路,结合交通运输工程规划的特点,可把规划过程具体划分为以下六个基本步骤。

1. 现状数据的调查和采集

进行规划的最先一步工作是收集所有与规划工程有关的数据、研究报告、各种相关规划和计划,其目的是对交通运输设施的现状(性能、运营状况、服务水平及其对交通运输需求的满足程度)获得充分的了解和掌握。他们是整个规划工作的基础和依据。在规划过程的随后各个步骤中,都要反复用到这些数据和信息。事实和数据将有助于减少规划工作过程中的主观臆测。而缺乏足够的数据往往是规划工作的主要障碍。所需采集的数据包括以下五个方面。

(1)经济和社会方面——地区的主要经济指标,包括国内生产总值、国民收入等,人口、就业情况、岗位分布等;资源调查,包括矿产、土地、森林、水力等资源的分布、储量、开采和利用情况;工农业生产调查,包括各种重、轻工业和农业生产的布局、产量、当地供应量、外运量、原材料来源等;商业、物资、外贸系统的货物调出和调进量、流向和运输方式;城市职能、性质、布局、发展规划、人口分布、土地利用等。

(2)交通运输方面——调查和收集交通运输设施的类型、等级、物理状况(几何尺寸、结构和材料组成、使用状况等)、运行性质(使用性能和服务水平等)、费用特性(修建、运营和维护费)等;载运工具的类型、保有量、运行特性、运营费用等;各个路段和站场上的客货运输类型和运量、交通量和交通流数据;各交通运输部门现有的计划和曾进行过的规划工作;交通运输对周围环境的污染情况和影响,能源的消耗和当地供应情况。

(3)国家和地区的各种计划和政策——政府有关交通运输的政策和目标;规划部门对未来的展望;拟建和在建的大型工农业、经济和交通运输项目;其他部门的有关发展规划。

(4)自然条件——当地的地形、地质、水文、气象、海象等方面的条件。

(5)分析模型——收集以往在规划工作中曾采用过的各种分析模型和预估模型以及模型参数,对他们的适用性进行分析和评价。

数据采集在规划过程中事实上是连续进行的。进行分析和评价时,往往需要补充收集数据;而后在实施和更新交通运输规划时,还需继续收集新增添的和反映情况变化后的数据。因而,需要为规划工作建立数据库和数据管理系统。

2. 现状诊断分析及目标和政策制定

现状诊断分析是对交通运输系统和设施的现状进行分析和评价,其目的是发现系统和设施存在的问题和不足,对系统和设施适应目前和今后的交通运输需求的能力做出评价,从而为规划目的、目标和政策的制定提供依据。

由交通运输部门会同有关部门组成"会诊"小组,依据调查和采集到的现状数据,对现有交通运输系统和设施的功能和性能以及所存在的问题进行诊断分析和评价,对于改善交通运输系统和设施所面临的各项主要问题的相对重要性做出评估,在此基础上写出存在问题和处置对策的报告。这个报告在制定规划的整个过程中将作为指导规划工作重点的指南。

依据交通运输系统和设施的现状、存在问题和处置对策的分析报告,可以制定交通运输系统和设施发展或改善的目的、目标和政策。目的是定性的方向,目标是达到目的的具体(定量)衡量指标或标准,而政策是实现目标的路线。目的和政策为主管部门采纳后,将用于指导规划方案的制定;而目标则用于对规划方案进行评价,也可用作对项目和计划进行评价时的依据。

3. 供给分析

供给是指交通运输系统的物理实体(包括基础设施和运载工具)所提供的交通运输服务。供给分析即是分析所能提供的服务性能和服务水平。上述第一步所采集到的系统现状数据,为供给分析提供输入和分析基础,而第二步所提出的存在问题报告以及所制定的目的和政策,为供给分析指出分析的重点。供给分析是规划工作的一个技术分析阶段,为规划过程的后续步骤提供输入和分析工具。它主要包括下述几方面:

(1)建立交通运输网络模型——交通运输系统或设施用由节点、连线和接口组成的网络替代,并给予相应的编码;对于网络的每一个组成元素,进行充分的描述(属性数据),包括其物理性质(几何尺寸、结构和材料组成、通过能力等)和目前的使用状况。

(2)分析服务水平——对于网络上的各个节点和连线,分别按车辆类型、货物种类、年内不同时期,提供其相应的运输量和交通量(流向和流量)以及服务水平(交通量—通行能力比、运行速度、交通密度、事故率等)。

(3)分析费用特性——包括设施的修建、运营和维护费用及载运工具的购置、运营和维修费用等。

(4)影响分析——分析现有系统和设施对环境和经济发展的有利和不利影响。

4. 需求分析和需求预测

需求分析的目的是建立交通运输需求同产生这一需求的社会—经济—文化活动和交通运输服务之间的关系模型,以便利用所建立的关系模型来预测对未来交通运输的需求。

需求分析通常可采用下述方法:

(1)建立分区图——将规划区域划分为若干个小区,为每个小区选定一个重心作为该小区生产和消费活动的集散点(市场中心),并说明各小区的人口、社会经济及商品生产和消费活动。

（2）分析货物流的生成和分布——分析每个小区各类货物的生产和消费量,确定其盈余和匮乏量,并进而确定各小区各类货物调出和调进的运输量,建立各类货物的区内和区间货物流的起讫点矩阵;按总的行程距离最短、运行时间最少或费用最小的原则,建立区间货物流分布模型,并依据货物的盈余和匮乏量,确定各类货物的流量和流向。

（3）选择运输方式——当各种货物可以采用不同运输方式时,需建立运输方式选择模型,为每一类货物选定合适的运输方式,并确定其所分担的运输量。

（4）进行货物流分配——在区间和区内货物流可以由多条路线通行时,按最短路径原则建立货物流分配模型,将货物流分配到各条线路上。

（5）转换运输量——利用各类货物的运输量同各种载运工具的载运量之间的转换关系,将各种运输方式或各条路线上的运输量转换为交通量。

（6）旅客流的生成、分布和分配——与上述货物流的分析相似,先对旅客进行分类,分析每个小区各类旅客的流向和流量,利用所建立的客流分布、选择和分配模型,将旅客流量分配到网内各条线路上,并进而转换为交通量。此外,也可在分析影响旅客流的地区社会—经济—文化因素的基础上,直接建立旅客流同地区发展之间的关系模型。

上述需求分析中所采用的步骤和所建立的各种模型,是进行未来需求预测的基础。应用各种预测方法,预测各小区各类货物或旅客在未来年份的调出或调入运输量后,便可利用由基年数据建立的需求模型,相继确定未来年份的运输量分布、各种运输方式和各条线路上的运输量分配,以及相应的各种载运工具的交通量。

把预测到的未来运输需求(交通量)同现有交通运输设施所具有的通过能力相对比,可以分析未来交通运输系统和设施的使用性能状况,然后,依据规划目的和目标所设定的使用性能标准,鉴别出现有系统和设施的不足处或薄弱环节。

5. 方案制订、分析和评价

针对所存在的不足和所设定的目标,提出 3~5 个备选方案供分析比选。

对未来运输需求的预测,是依据原先(基年)的交通运输系统和设施的状况做出的。各个规划方案的引入,有可能会改变货物流或旅客流的流向和运输量,改变一些线路上的交通量。因而,要对每个方案可能带来的变化进行分析,并对各线路的运输量和交通量作相应的调整。

然后,对各个方案进行系统和设施的使用性能分析,包括:

（1）服务水平——交通量—通行能力比、运行速度、延误时间、服务频率、事故率等;

（2）建设费、运营费和维护费;

（3）通过系统和设施改善所能得到的收益;

（4）地区和国家经济发展所能得到的收益;

（5）对土地使用和环境的影响;

（6）财政来源(资金筹措方法)。

在上述分析的基础上,对照规划预定的目标和政策,对每个方案的使用性能、成本、效益、影响和实施的约束等方面进行单独和综合的评价。评价尽可能采用定量的指标,对无法量化的指标可以采用评分的办法做出评价。对不同的指标按影响程度的不同,赋予不同的权值,而后综合成该方案的评价等级,供各方案排序时参考。

6. 编制文件和报告

通过上述各步骤制订出的规划,表述成下列文件和报告:
(1)存在问题及目的、目标和政策的陈述;
(2)规划方案及其评价报告;
(3)所选方案的项目优先排序;
(4)逐年投资计划和实施规划的财务计划;
(5)对滚动(连续)式规划在制度上做出些规定,如协调规划、监督实施、采集数据、统计分析等方面的方法。

下面两节将分别对规划中的两个部分——需求分析和预测以及方案评价的概念和方法,作进一步的阐述。

第二节 需求分析和预测

对交通运输的需求来源于社会—经济—文化活动。交通运输需求分析的目的,在于了解交通运输需求同产生这种需求的社会—经济—文化活动和交通运输服务(交通运输供给)之间的关系,以预估运输流和交通流的变化。

一、需求函数

对交通运输的需求,也即对交通运输设施的使用要求,通常可以用运输量或交通量来度量。但交通运输设施(例如路段)上的实际运输量或交通量并不能完全反映真实的需求。例如,一段交通拥挤的道路,其交通量并不能作为真正的需求,因为,如果增加道路的通行能力,则该路段上的交通量便会出现增长。

有许多因素影响需求,如:生产和消费量、贸易量、人口、收入水平、运价、运行速度或时间、服务频率等。

选择其中某一个因素,例如使用该设施所需付出的费用(运价),建立此因素同使用该设施的车辆数(交通量)之间的关系,此关系称作需求函数。显然,可以预期随着运价的增加,使用该设施的交通量会下降。需求函数的形状如图4-1所示。当运价为 P_1 时,原使用该设施的交通量为 q_1,但当运价增加到 P_2 时,交通量便下降到 q_2(图中曲线 D_1)。

图中的 D_1 曲线代表某些使用者对该设施的需求函数。如前所述,交通运输需求受许多因素的影响(包括使用者特性和交通运输设施特性两方面)。例如,运送高价值货物或收入高的使用者愿意支付较高的运费,可预计他们对该设施的需求会高些。因而,可能有较高的需求函数,如图中的 D_2 曲线,在同样的运价时会有较大的交通量 q_2'。

因此,需求不是一个固定值。它是一个变量,反映了一种关系。需求增加,意味着潜在交通量有可能增加,但并不意味着实际交通量一定增加。

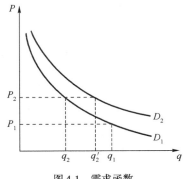

图 4-1 需求函数

二、供给函数

仅知道需求函数,还不足以估计交通运输设施的实际交通量。为此,还必须提供交通运输设施的供给条件,如,这种交通量所需支出的运输费用。在交通运输设施上的交通量同由该交通量所产生的运输费用之间建立的函数关系,即为供给函数。图 4-2 所示为一段公路设施的供给函数,随交通量的增加,路上的拥挤程度和延误时间也增加,车辆运行费和行程时间费等也相应增长。因此,总的运输费用随交通量的增加而增大。

交通运输设施的改善或新建,会导致供给函数的变化。例如,通过设施改善而增加了通行能力或提高了服务水平,行驶费用便可相应降低,如图 4-3 中的供给曲线由改善前的 S_1 变为改善后的 S_2。由于可以以较低的费用通行较多的交通量,对于某一交通量 q 来说,通过设施改善,运输费用将由 P_1 下降到 P_2。

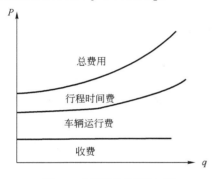

图 4-2 公路设施的供给函数

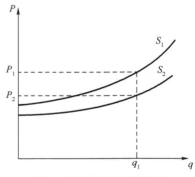

图 4-3 运输设施改善的影响

三、需求—供给平衡

由需求函数可得到在不同运价时可能产生的交通量,而由供给曲线可得到任一交通量时所需的运输费用,则某一设施的实际交通量的估计,可通过需求曲线同供给曲线的组合得到。即,两条曲线的交点可代表该设施将实际发挥什么样的作用,此交点称为供求平衡点(图 4-4)。

需求变化的影响,可利用供求平衡图进行研究。当需求增长,由 D_1 曲线变为 D_2 曲线(图 4-5),同一设施的交通量会由 q_1 增加到 q_2。相应地,供给条件改善,由 S_1 曲线变为 S_2 曲线(图 4-6),对同一需求 D 来说,交通量将由 q_1 增加到 q_2,表明由于运输费用下降而使更多的使用者愿意使用改善后的设施(S_2)。这种因设施改善而引起的交通量增长,称作诱导交通量。

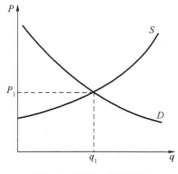

图 4-4 需求—供给平衡

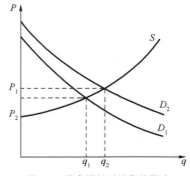

图 4-5 需求增长对平衡的影响

上述交通运输需求同供给条件达到的平衡,含有短期平衡的性质。在交通运输设施改善期间,可能出现同设施改善无关的需求增长,例如当地经济的增长或人口的增长等,使需求曲线由 D_1 变成 D_2(见图 4-7)。这时,平衡点变为 F_2,使设施改善所产生的效果下降(运输费用由预期降低到 P_1 变为降到 P_2)。而在设施改善后,由于服务水平提高,刺激了新的需求增长(例如,加速了邻近土地的开发利用),使需求曲线由 D_2 变为 D_3。这时,新运输系统的服务水平,由于交通量的增长,可能反而比设施改善前降低了(运输费用由 P_2 增加为 P_3)。因此,除了分析需求同供给之间的短期平衡关系外,还要进一步分析交通运输设施(供给条件)改变对社会—经济活动的长期影响,以寻求长期平衡关系。

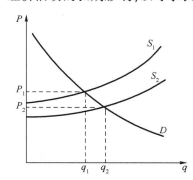
图 4-6 供给条改善对平衡的影响

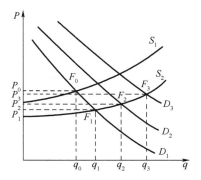
图 4-7 需求和供给的长期平衡关系

四、需求模型

交通运输需求分析的结果,可建立交通运输量或交通量同交通运输系统的性能及社会—经济—文化活动水平之间的关系,这种关系称为需求模型。

1. 需求模型的一般形式

需求模型可采用下述一般形式:

$$V = f(D, S) \tag{4-1}$$

式中:V——交通运输量或交通量;

D——需求变量,如生产和消费量、贸易额、收入、人口等;

S——供给变量,如运价或票价、行程速度或时间、延误时间等。

2. 需求弹性

分析各影响变量对需求的影响,可采用需求弹性的概念。

如果需求模型为:

$$V = f(I, P) \tag{4-2}$$

式中:I——某一需求变量,如收入;

P——某一供给变量,如价格。

则收入弹性(系数)的定义为:

$$e_I = \frac{\partial V/V}{\partial I/I} \tag{4-3}$$

而价格弹性(系数)的定义为:

$$e_P = \frac{\partial V/V}{\partial P/P} \tag{4-4}$$

若$|e|>1$,称为弹性需求,影响变量的变化对需求量有较大影响。

若$|e|<1$,称为非弹性需求,影响变量的变化对需求量的影响不大。

若$|e|=1$,称为单位弹性。

比较各影响变量的弹性系数值,可以知道他们各自对需求量的影响程度。

3. 建立需求模型的基本步骤

需求模型可以按下列步骤建立：

(1) 明确运输量或交通量的度量单位,如旅客数、人公里、t、吨公里、辆/h 等；

(2) 选择有关的需求变量；

(3) 选择合适的供给变量；

(4) 选择需求模型的函数形式；

(5) 收集数据,建立数据库；

(6) 通过多元逐步回归分析,标定需求模型(确定显著性变量和有关参数)；

(7) 分析各变量对需求的影响(灵敏度分析)。

五、需求预测

需求预测是预计未来在交通运输系统或设施中可能会有多少客(货)运输量或交通量。这个需求量是提出适应未来服务水平需要的措施,或者规划交通运输设施所需规模的基础。

较准确地预测未来交通运输的需求是一项很困难的事情。为此提出了许多方法,其中常用的可分为下列三类：经验判断法、趋势推测法和需求模型法。

1. 经验判断法

由一组对交通运输工作和影响交通运输发展趋势的各方面因素较熟悉的专家,依据各人以往的经验和现有的特定条件,对于从各种不同来源或用不同方法提出的预测方案进行判断,在此基础上做出各自的推测。然后,综合成小组的集体推测,编制出对未来运输量或交通量的预测。

目前常用的一种经验判断法称为德尔斐(Delphi)法。这个方法通过调查的方式,向一个由专家组成的专门小组询问一项特定的课题,要求他们对一系列的问题或推断加以评价或排序；然后,将调查结果进行统计整理,用概率分布表述小组的集体意见,使每个成员有机会根据小组的集体评价,对他们原来的评价再次做出评价。这种重新评价的阶段常常要经过几个回合,以求取得较为一致的结果。

用反映专家的广泛的集体经验得出的判断性预测,在许多场合被证明是相当成功的。这主要由于在这样一种过程中可以考虑到大量影响因素。此外,在任何一种其他预测方法中,都应该把专业人员的经验判断包含进去,或者组织专业人员对预测结果做出经验判断。

在应用经验判断法时,常常可以利用以往积累的运输量或交通量同各有关影响因素之间的粗略关系,给经验判断提供一些有用的定量依据或参考,例如：

(1) 弹性系数——利用运输量或交通量的增长速率同某个经济活动影响变量的增长速度之间的比例关系(即弹性系数),预测规划年的运输量或交通量。

(2)产运系数——利用某类货物的产量同某种交通运输方式的运输量或交通量之间的比例关系,由规划年的预计产量估测运输量。

(3)人均出行(乘车)次数——利用这一关系,由预计的人口增长量推测客运量。

(4)按生产量同消费量的余额或缺额平衡,估计某类货物的运输量等。

2. 趋势推测法

趋势推测法是调查以往交通运输活动的历史记载,通过回归分析得到代表历史发展趋势的回归方程,再由此方程外延到预测年份,得到相应的交通运输预测量。采用这种预测方法的一个基本假设是,以往影响交通运输量变化的因素在今后仍将按照原样继续起作用,其增长率和变化趋势也继续保持下去。

回归方程的形式,可以采用直线、指数或数理逻辑(Logistic)曲线,如图 4-8 所示。直线方程表明需求量对时间的变化率为常数,也即每年递增一固定的需求量。指数方程则表现为增长率为一常数,也即每年的需求量递增一固定的百分率。而数理逻辑曲线为 S 形曲线,先是一个年增长量递增的阶段,而后是一个增长量稳定的阶段,最后则是一个增长量递减的阶段。

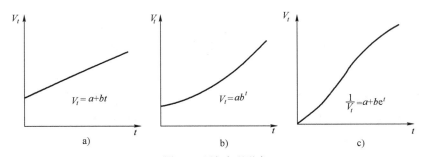

图 4-8 回归方程形式
a)直线方程;b)指数方程;c)数理逻辑(Logistic)方程
(图中,t 为年数,V_t 为 t 年的运输量,a 和 b 为回归常数)

例如,利用我国 1949—1983 年间的运输量统计资料,可以通过回归分析,建立这一期间客运和货运周转量发展规律的逻辑曲线模型:

客运周转量

$$P_t = \frac{20\,000}{1 + e^{146.73 - 0.073t}} (亿人公里)$$

货运周转量

$$P_t = \frac{60\,000}{1 + e^{19\,587 - 0.898t}} (亿吨公里)$$

式中:t——年数。

采用时间序列形式分析历史期内运输量或交通量变化规律的这种趋势推测法,未深入探究影响运输量或交通量变化的内在因素会有怎样的变动,并且回归方程的精度只有在统计范围内才能得到确实保证,因而这种方法较适宜于用作短期预测。

3. 需求模型法

需求模型法是利用本节四中所述方法建立需求模型,通过先对影响需求量变化的各个需求变量和供给变量的变化进行预测,然后再由此预测结果进一步预测运输量或交通量,其预测过程可用图 4-9 表示。

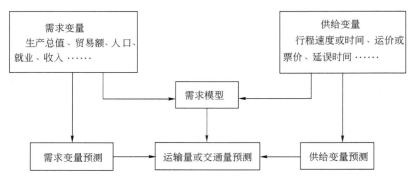

图 4-9　需求模型法预测的过程

这种方法是在建立了影响预测量的诸因素同预测量之间的关系后，分析各影响变量未来的变化对预测量可能会带来的影响，因而是一种较细致和较复杂的预测方法，它可以为我们提供较多的分析信息和判断依据。

第三节　规划方案的评价

对各个备选的规划方案，分别在经济（费用和效益）、服务水平、对环境和社会的影响、财政、政治和实施机制等方面，进行具体深入的分析。而后，依据分析结果，对照规划预定的目的和目标，分别对每个方案做出评价。

评价是一个很复杂的过程。评价时需要考虑很多各具不同特点并采用不同指标表征的因素，有的可以计量，有的无法计量；有的可以用货币量表示，而有的无法用货币计量。最简单的一种评价办法，是采用经验判断。由主管人员依据各自的经验对各方案的分析结果进行比较和选择。这时，专业人员（工程师、规划师或经济师）往往依据项目的费用和效果情况或者项目的技术可行性，对各个方案的选择作出判断；而行政主管往往主要权衡各个方案在政治上的利弊，较少依据技术或经济上的数据做出决定。因而，经验判断法的缺点是由于经济和技术数据应用少而增加人们犯错误的机会，而且也难以总结经验教训。当然，各种方法都包含着经验判断因素和成分，但如果经验判断成了唯一的抉择依据，则融入决策者个人愿望或政治倾（偏）向的机会便越多。为此，较多地采用经济评价的方法，并综合考虑其他非经济因素的影响，可能会得到较为正确的评价意见。

一、经济评价

经济评价方法着重关心方案在经济上的实际得失。对各方案进行费用—效益分析，即对各个方案所需的费用和所能取得的效益进行具体的计算分析，并考虑货币的时间价值，分别折算成现值后，采用不同的指标和方法确定各个方案在经济上的有利程度。

经济评价分为财务评价和国民经济评价两种。财务评价是从财务角度分析和计算项目的财务盈利能力和清偿能力，据以判别项目方案的财务可行性。国民经济评价则是从国家整体角度分析和计算项目对国民经济的净贡献,据以判别项目的经济合理性。财务评价只计算项目本身的直接费用和直接收益(内部效果);而国民经济评价则除了直接费用和效果外还要计算项目的间接费用和间接效益(外部效果),并在计算中使用影子价格。交通运输工程项目都是为国家或地区和公众服务的公共项目,经济评价以国民经济评价为主,而对其中有营业性收入的项目则还要作财务评价。

交通运输项目的费用,主要为工程建设费、设备投资费、维(养)护和改建费、运营费等。而交通运输项目的效益,通常按照与不采用任何措施的原项目进行对比的原则来确定,分析采用该项目方案后在运输(或运行)费用降低、行程时间节约、行程距离缩短、货物周转加快或事故减少等方面的直接效益,以及在交通运输设施沿线或吸引区范围内对于促进地区经济开发(包括资源、产业、市场等)所带来的间接效益。

交通运输项目一般都有很长的使用期。初期投资的数额很大,资金回收期也很长。因而,项目经济评价的分析(计算)期也需长些。一般采用 20~40 年。选取时,应考虑项目的类型、运输量或交通量预测的不确定性、社会折现率、所需的重建周期等因素。在分析期内,不同时期发生的各项费用,都要折算到同一基准时间上,统一用现值表示,以便有相互进行对比的共同基础。折算时所采用的社会折现率,根据国家当前的投资收益水平和国民经济评价的实际情况等考虑确定。

下面分别对效益分析的概念和方法以及评价指标和方法作进一步阐述。

交通运输设施的改善,也即服务水平的变化,对使用者的影响,或者使用者能从中得到的效益,可以应用"支付意愿"概念进行分析。服务水平的变化,如果用货币(例如运价或票价)来反映,则使用者的需求函数可用以表明使用者对不同服务水平所给予的价值。如图 4-10 中所示的需求曲线,选用运价 P 作为服务水平变量。当运价由 P_1 增加到 $P_1 + \Delta P$,则交通量由 V_1 下降为 $V_1 - \Delta V$,这表明第 ΔV 个使用者离开了该设施,他认为使用该设施的"价值"或者他能从使用该设施中得到的效益只值 P_1,所以,当运价增加 ΔP,该设施就不再吸引他了。因此,使用该设施的效益在 P_1 和 $P_1 + \Delta P$ 之间;当 ΔP 足够小时,使用者 ΔV 的效益,也即他愿意支付的价格即为 P_1。

如果对 V_0 以内的使用者收取相同的费用 P_0,则对于交通量为 $O—V_0$ 范围内的所有使用者来说,总的使用者效益为需求曲线下 $O—V_0$ 范围内的总面积,即 $ODEV_0$。对于使用者 V_1 来说,其效益为 P_1。此值超过了他所支付的价格 P_0。此超出部分为使用者 V_1 的盈余,称为消费者剩余。而总的使用者盈余为面积 P_0DE,或称为净效益。

利用上述概念,可以比较交通运输设施改善前后的费用和效益,评价改善方案的可行性。交通运输设施的改善,可通过改变供给函数来反映(如图 4-11 中由 S_0 降为 S_1)。改善前,需求曲线 D,供给曲线 S_0,相应的平衡点交通量 V_0,运价 P_0,总的使用者效益为 ODD_0V_0,净效益为 P_0DD_0。改善后,新的供给曲线 S_1,新的平衡点 D_1,相应的交通量 V_1,总效益为 ODD_1V_1,净效益为 P_1DD_1。可以通过改善前后的效益变化,计算使用者由此得到的效益。

有三种方法可以进行比较(参阅图 4-11)。

(1)总效益观点——按"支付意愿"概念,使用者的总效益为需求曲线下所包含的面积,对于 V_0 来说,为面积 Ⓓ + Ⓐ + Ⓔ;对于 V_1 来说,则为面积 Ⓓ + Ⓐ + Ⓔ + Ⓒ + Ⓑ。所以,当运价由 P_0 降为 P_1,交通量相应由 V_0 增为 V_1 时,使用者的总效益为两块面积之差,即面积 Ⓑ + Ⓒ。

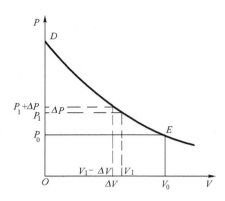

图 4-10 交通需求与运价间的关系

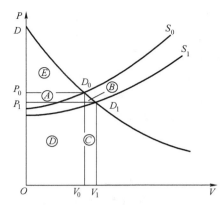

图 4-11 供需平衡的动态关系

当需求曲线在 V_0、V_1 之间近似假设为直线时,则:

$$总效益 = ⑧ + ⓒ = (P_0 + P_1)(V_1 - V_0)/2 \tag{4-5}$$

(2)净效益观点——认为效益应排除掉实际付出的数额。支出额为使用者费用,而盈余额为使用者在超出其实际支出部分所得到的效益。所以,净效益或盈余效益为面积 P_0DD_0 和 P_1DD_1 之差,也即

$$净效益 = Ⓐ + Ⓑ = (P_0 - P_1)(V_1 + V_0)/2 \tag{4-6}$$

(3)使用者费用观点——认为使用者的效益应反映在使用者费用的变化上,因此:

$$使用者效益 = P_0V_0 - P_1V_1 = Ⓐ - ⓒ \tag{4-7}$$

三种方法得到的结果不相同。目前较为常用的是后两种方法。

示例 4-1 现有公路长 10km。由于通行能力不足而在交通高峰期出现交通拥挤。提出的改善方案为增加一个车道。其修建费约为 1 000 万元(现值)。试分析其可行性。

依据对现有公路上交通量—速度关系的研究和车辆营运费用的调查数据,可建立下述形式的供给曲线:

$$P = 6 + \frac{350}{66 - 0.021V}[\text{分}/(\text{车·km})]$$

依据对类似于改善方案实施后状况的现有设施进行的研究和调查,建立改善方案实施后的供给曲线:

$$P = 6 + \frac{350}{70 - 0.017V}[\text{分}/(\text{车·km})]$$

上述两曲线绘示于图 4-12。可以看出,两者出行总时间(交通量小时)很接近。为此,对效益的分析比较,仅考虑高峰小时时段,这时的交通量大。假设每天有两次高峰小时,每年有 300 个工作日。现有设施上的高峰小时交通量为 2 000 辆。应用交通预测技术,估算新设施上的高峰小时交通量为 2 212 辆。利用这两个交通量值作为供需平衡点,可绘出需求曲线 D。假设它们为线性,则可得到需求曲线公式:

$$V = 3\,333 - 66.66P(\text{辆})$$

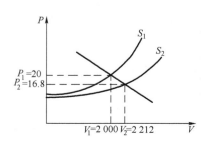

图 4-12 供需平衡示意图

由这一需求曲线和两条供给曲线,可得到改善前后的交

通量 V 和车辆营运费 P：

改善前 $\qquad P_1 = 20, V_1 = 2\,000$

改善后 $\qquad P_2 = 16.8, V_2 = 2\,212$

由于改善措施，高峰小时所产生的净效益为：

$$\begin{aligned} NB &= (P_1 - P_2)(V_1 + V_2)/2 \\ &= 0.5 \times (20 - 16.8) \times (2\,000 + 2\,212) = 6\,723 (\text{分/km}) \end{aligned}$$

使用者效益为

$$\begin{aligned} UB &= P_1 V_1 - P_2 V_2 \\ &= 20 \times 2\,000 - 16.8 \times 2\,212 = 2\,838.4 (\text{分/km}) \end{aligned}$$

全年的总量为上述数值乘以 10km 和一年内的高峰小时数 600h。由此，年净效益为 4 033.8 万元，年使用者效益为 1 703.04 万元。

设若交通运输设施的使用年限为 20 年，20 年内交通量年平均增长率为 5%，则各年的需求函数变为：

$$V_i = 1.05^i (3\,333 - 66.66P)$$

利用各年的需求函数和两条供给曲线，可确定每年的 P_1 和 P_2；然后，计算各年的净效益和使用者效益。设社会折现率为 7%，利用式(4-8)可以计算各年的现值系数，并把各年的效益折算成效益现值。

$$pwf_{i,t} = (1 + i)^{-t} \tag{4-8}$$

式中：i——折现率；

t——年数。

上述计算列于表 4-1 中。由此得到，20 年内的总净效益值为 $7.644\,3 \times 10^8$ 元，比修建费高出很多；但总使用者效益现值则为负值 $-0.244\,6 \times 10^8$ 元，说明此方案不可行。

示 例 4-1 计 算 表　　　　　　　　　　　　　　　　　　　　　　　表 4-1

年	V_1	V_2	P_1	P_2	年净效益 ($\times 10^8$ 元)	年使用者效益 ($\times 10^8$ 元)	现值系数 pwf	年净效益现值 ($\times 10^8$ 元)	年使用者效益现值 ($\times 10^8$ 元)
0	2 000	2 212	20.3	16.8	0.441 2	0.180 7	1.0	0.441 2	0.180 7
1	2 031	2 291	21.0	17.3	0.481 7	0.183 3	0.934 6	0.450 2	0.171 3
2	2 081	2 369	21.7	17.8	0.523 0	0.182 1	0.873 4	0.456 8	0.159 0
3	2 128	2 445	22.4	18.3	0.564 1	0.176 4	0.816 3	0.460 5	0.144 0
4	2 173	2 521	23.2	18.9	0.604 1	0.165 3	0.762 9	0.460 9	0.126 1
5	2 215	2 594	24.0	19.5	0.642 3	0.148 3	0.713 0	0.457 9	0.105 7
6	2 255	2 665	24.8	20.2	0.677 5	0.124 7	0.666 3	0.451 5	0.083 1
7	2 291	2 733	25.6	20.9	0.709 2	0.094 3	0.622 7	0.441 6	0.058 8
8	2 325	2 797	26.4	21.6	0.736 5	0.057 1	0.582 0	0.428 7	0.033 2
9	2 357	2 859	27.2	22.4	0.759 2	0.013 2	0.543 9	0.412 9	0.007 2
10	2 386	2 916	28.0	23.1	0.776 8	−0.037 0	0.508 3	0.394 9	−0.018 8
11	2 413	2 970	28.8	23.9	0.789 5	−0.093 0	0.475 1	0.375 1	−0.044 2
12	2 438	3 021	29.6	24.8	0.797 1	−0.154 0	0.444 0	0.353 9	−0.068 2

续上表

年	V_1	V_2	P_1	P_2	年净效益 (10^8)	年使用者效益 (10^8)	现值系数 pwf	年净效益现值 ($\times 10^8$ 元)	年使用者效益现值 ($\times 10^8$ 元)
13	2 461	3 067	30.4	25.6	0.800 2	−0.219 2	0.415 0	0.332 0	−0.091 0
14	2 482	3 110	31.2	26.4	0.798 9	−0.287 9	0.387 8	0.309 8	−0.111 6
15	2 501	3 150	32.0	27.3	0.793 7	−0.359 2	0.362 4	0.287 7	−0.130 1
16	2 519	3 186	32.7	28.1	0.785 1	−0.432 4	0.338 7	0.265 9	−0.146 5
17	2 535	3 220	33.4	28.9	0.773 6	−0.506 7	0.316 6	0.244 9	−0.160 4
18	2 550	3 250	34.1	29.7	0.759 6	−0.581 7	0.295 9	0.224 7	−0.172 1
19	2 564	3 278	34.8	30.5	0.743 5	−0.656 6	0.276 5	0.205 6	−0.181 6
20	2 577	3 304	35.4	31.3	0.725 8	−0.731 1	0.258 4	0.187 6	−0.188 9
总 计								7.644 3	−0.244 6

对各个方案(包括不采取措施的原项目)的费用和效益分别进行分析计算,并折算成现值后,就可以进行比较,以便确定各个方案的有利程度的指标和方法,常用的有净现值法、内部收益率法等。

(1)净现值(NPV)法——把分析期内不同时期预期支付的费用和得到的效益,按某一预定的折现率 i,统一换算成目前的费用和效益(现值);然后,在等值的基础上,比较效益现值和费用现值,其差额为净现值。

分析期为 n 年的方案 x_1 的费用现值按下式确定：

$$\text{PWC}_{x_1,n} = C_{x_1} + \sum_{t=0}^{n} pwf_{i,t}(R_{x_1,t} + M_{x_1,t} + U_{x_1,t}) \tag{4-9}$$

式中：C_{x_1}——方案 x_1 的修建费；

$R_{x_1,t}$、$M_{x_1,t}$、$U_{x_1,t}$——分别为方案 x_1 在 t 年的改建费、养护费和使用者费用。

方案 x_1 的效益是通过与原项目进行比较后,按使用者费用的节省来确定的。所以,通常采用不采取改善措施的现有设施项目作为基(零)方案 x_0,而按式(4-10)确定比较方案 x_1 的净现值：

$$\text{NPV}_{x_1,n} = \text{PWC}_{x_1,n} - \text{PWC}_{x_0,n} \tag{4-10}$$

选用净现值最高的方案作为优选方案。如果净现值为负的,则说明费用现值超过效益现值,此方案应放弃。

(2)内部收益率法——使费用现值等于效益现值(即净现值为零)时的折现率,便为内部收益率。当收益率大于或等于某个预定的收益率,例如社会折现率,则此方案在经济上是有利的。各个方案中,收益率高的方案显然是优先选取的。

收益率直观地反映投资者可以得到的利益,易于被人接受。净现值法在分析时需事先选定折现率,而折现率的大小对方案优劣的评价结果有很大影响,可是其选择没有很明确的依据可遵循。收益率法回避了这个问题,但是需通过多次试算才能得到,计算工作较复杂。

二、综合评价

经济评价当然是很重要的一个方面。但仍然有不少社会的、政治的或非经济的因素影响很难定量或用货币表示。而这些影响因素有时对于方案的抉择起着重要的作用,往往需要在评价时考虑在内。对于这些难以量化的影响因素,可以采用由有经验的人员组成的小组进行评分或评级的方法。先按评分人的经验和影响因素的变化范围,协商制订一个评分或评级标准,而后按评分人的经验和倾向,确定各影响因素的相对重要性,并赋予相应的权系数。依据这个商定的标准,评分人便可按各影响因素在各个方案中的实际情况给予评分。综合各人的评分结果和各影响因素的权系数,便可得到每个方案的综合评分或评级数。然后,各个方案就可按其综合评分或评级数进行排序,以供决策者参考。

下面通过例题具体说明进行评价的过程。

示例 4-2 某一项目共有 4 个方案。对每一个方案都在经济、财务、环境影响、政治支持、影响区范围等方面作了评价。经济方面的评价,采用费用和效益分析,以内部收益率作为指标;财务方面的评价则以资金获取可能性的估计作为指标,用概率形式表示;对环境的影响,以占用耕地的数量作为评价指标;取得政治支持方面的评价,以经过主要居民点的数目作为指标;影响区范围则以面积计。各个方面的评价,都设法选用了定量的指标,其结果列示于表 4-2。然而,各项评价指标采用不同的度量单位,无法将它们直接综合成相互可进行比较的综合指标。为此,先设法使各评价指标的度量单位统一化。一种方案是采用百分制,将各个综合指标的最佳水平值定为 100 分,而把其他方案的指标值按它占最佳值的比例确定其相应的分数值。如,方案Ⅳ的内部收益率最高,达 78%,便将它定为 100 分,则方案Ⅲ的收益率的度量变为 $(47/78) \times 100 = 60.3$(分)。按这种方法换算后得到的标准化度量,列示于表 4-3 中。

示例 4-2 计算表(1) 表 4-2

评价指标	方案Ⅰ	方案Ⅱ	方案Ⅲ	方案Ⅳ
内部收益率(%)	50	65	47	78
资金获得可能性(%)	90	80	85	30
占用耕地(亩)	400	350	500	600
经过主要居民点数(个)	20	30	15	40
影响区范围(km²)	60	50	70	80

示例 4-2 计算表(2) 表 4-3

评价指标	方案Ⅰ	方案Ⅱ	方案Ⅲ	方案Ⅳ	权系数
内部收益率(%)	64.1	83.3	60.3	100	0.40
资金获得可能性(%)	100	88.9	94.4	33.3	0.30
占用耕地(亩)	87.5	100	70	58.3	0.05
经过主要居民点数(个)	50	75	37.5	100	0.15
影响区范围(km²)	75	62.5	87.5	100	0.10

对于各个评价指标的相对重要程度,由评分小组的成员分别给予评定后,汇总成相应的权系数,如表 4-3 所示。利用这些权系数,可将每个方案的 5 项评价指标值汇总成一个综合指标值,其结果列于表 4-4。这样,就可以按综合指标值的大小对各个方案进行优先排序。由表中可看出,方案Ⅱ的评分值最高,排序为第一。

示例 4-2 计算表(3)　　　　　　　表 4-4

项　目	方案 I	方案 II	方案 III	方案 IV
加权总评分数	75.015	82.49	70.315	77.905
评分优序等级	3	1	4	2

【复习思考题】

1. 交通运输工程规划的特点有哪些？
2. 系统工程分析问题的基本思路是什么？
3. 交通运输工程规划的基本步骤和内容是什么？各步骤之间有何联系？
4. 为什么说交通运输工程的需求是派生的需求？影响需求的因素有哪些？
5. 什么是交通运输设施的供给条件？影响供给的因素有哪些？
6. 交通运输工程规划进行需求分析时大体经历哪几个阶段？各阶段要达到什么目的？
7. 建立需求模型的目的和用途是什么？说明建立需求模型的一般步骤。
8. 列出交通需求 D 对经济指标 E 的弹性系数表达式。
9. 需求预测方法有哪几大类？比较各类预测方法的特点和适用性。
10. 说明经济评价和财务评价的区别。
11. 什么是总效益？什么是净效益？什么是使用者效益？比较这三种效益概念的差别及这三种效益分析方法的差别。
12. 规划方案经济评价的方法有哪些？
13. 规划方案综合评价与经济评价相比有何特点？

第五章 轨道工程

【学习目的与要求】

了解轨道交通系统类型及速度分级;了解普通铁路线路等级划分、主要技术标准及其基本概念;了解铁路线路平面、纵断面设计的要点;了解铁路路基与轨道结构的基本构成、主要类型及典型横断面布置图式;了解铁路车站的类型、基本构成、功能及典型布置图式。

轨道工程包括城市间的铁路工程和城市内的各种轨道交通工程,主要由线路、站场和附属工程三部分组成。线路是列车所行驶的轨道式通道,由轨道结构及支撑它的路基、涵洞或桥梁、隧道等建筑物组成。铺筑线路,要先依据列车行驶要求,结合地形和地质条件,进行线路平面、纵断面和横断面的布局和几何设计,并提供坚固而稳定的路基、桥隧和轨道等构造物。站场一方面是货物和旅客出入轨道运输系统的交接点或界面,另一方面也是列车进行整备、检查、解体、编组等作业的场所。附属工程包括信号、电力供应和给水排水等交通控制、运营管理和供应设施。本章主要介绍线路和站场部分。

第一节 系统类型及设计准则

一、系统类型

轨道交通系统按服务范围、行车速度可划分为高速轨道交通、普通铁路和城市轨道交通三类。

1. 高速轨道交通

高速轨道交通是指满足长距离、高速度的轨道交通干线。高速轨道交通可分为高速磁悬浮交通、高速铁路及快速铁路三类。高速磁悬浮交通的设计行车速度可达 430km/h 以上；高速铁路均为客运专线，设计行车速度为 250~350km/h；快速铁路有客运专线及客货共线两种，行车速度为 200~250km/h（客运专线为 250km/h，客货共线的客车为 200km/h、货车为 120km/h）。

2. 普通铁路

普通铁路是指满足长距离、中速度运输的铁路，包括铁路干线（连接各省区或各城市）、地方铁路（为某一地区服务）及专用铁路（为某一企业服务）。普通铁路的设计行车速度一般在 80~160km/h，客货混合运行，我国现有的铁路大部分为普通铁路。

3. 城市轨道交通

城市轨道交通是指利用车辆在固定导轨上运行、主要为城市区域客运服务的交通系统。这类系统的站距短（0.6~3km）、设计行车速度较低（60~120km/h）、通行能力较大（20~40 对/h）。

二、设计准则

各种轨道交通系统满足不同的使用要求。为适应不同的功能要求，对于各种轨道交通的设计应规定一些基本的设计准则，通常称为主要技术标准，以指导各项具体设计指标的确定。轨道交通系统的设计准则包括：设计行车速度、线路等级、设计运量、正线数目、限制坡度、最小曲线半径、牵引种类和机车类型、控制方式（闭塞方式）、到发线有效长等。

1. 设计行车速度

设计行车速度是列车在某种设计特征（主要是轨道线路几何特征）的路段上行驶所能保持的最大安全行车速度。它依据系统类型、线路等级、设计运量等因素决定，对线路几何特征（平面、纵断面、横断面）的设计和车站的分布等有很大的影响。表 5-1 为各类轨道交通系统的设计行车速度。

各类轨道交通系统的设计行车速度(km/h)   表 5-1

系统类型和等级	高速轨道交通			普通铁路				城市轨道交通	
	高速磁悬浮	高速铁路	快速铁路	Ⅰ	Ⅱ	Ⅲ	Ⅳ	地铁	轻轨
设计行车速度	430~500	250~350	200~250（120）	160、140、120(≤120)	120、100、80(≤120)	100、80(80)	80(80)	80~120	60~80

注：括号内为货车的最高运行速度。

2. 线路等级

在普通铁路网中,依据铁路在路网中的作用、性质、旅客列车设计行车速度及其所承担的近期年客货运量的大小,将普通铁路划分为四个技术等级,见表 5-2。

普通铁路线路等级和相关主要技术标准   表 5-2

等级	路网中作用	设计运量($\times 10^6$t)	最高行车速度(km/h)		限制坡度(‰)			最小曲线半径(m)	
			客车	货车	平原	丘陵	山区	一般地段	困难地段
Ⅰ	骨干 非骨干	≥20 <20	120~160	80~120	6	9~12	12~15	1 200~2 000	800~1 600
Ⅱ	联络、辅助地区性	≥10	80~120	80~120	6	9~15	15~20	600~1 200	500~800
Ⅲ	地区性或企业性	5~10	80~100	80	6	12~18	18~25	400~600	350~550
Ⅳ	地区性或企业性	<5	80	80	6	12~18	18~25	400	350

注:1. 限制坡度根据地形及机车类型进行选择,内燃机车取小值,电力机车可取大值。
2. 曲线半径根据速度和地形困难程度进行选择,速度低时取小值,速度高时取大值。特殊困难条件下,在列车进、出站等必须减、加速地段有充分技术经济依据时,可采用与行车速度相匹配的曲线半径。

3. 设计运量

设计运量是指线路设计年度的预测客货运量,它是确定线路设计能力的重要参数。轨道交通设计年度分为初期、近期、远期。初期一般为运营后第 3 年,近期为第 10 年,远期为 20~25 年。铁路的远期采用 20 年,城市轨道交通的远期采用 25 年。

普通铁路的设计运量采用第 10 年客货运量,即运营第 10 年预测的重车方向年货运量加上年客运量折算值,每对旅客列车按 1.0×10^6t 货运量折算。不同的设计运量影响线路等级,进而影响坡度、曲线半径等许多标准的选择,见表 5-2。高速轨道交通设计采用第 20 年的预测高峰小时单向最大断面客流量。

城市轨道交通线路具有明显的早晚高峰特征,因而采用远期的高峰小时单向最大断面流量作为设计运量。《城市快速轨道交通工程项目建设标准》将远期线路高峰小时单向最大断面流量分为高运量、大运量、中运量三级,相应地配置 A、B、C 型车辆。A、B、C 三种车在宽度上有明显差异,分别为 3.0m、2.8m、2.6m,见表 5-3。

城市轨道交通线路运能及相关技术特征   表 5-3

线路运能分类	Ⅰ(高运量)	Ⅱ(大运量)	Ⅲ(中运量)
线路类型	地铁	地铁	轻轨
单向高峰小时最大断面流量(万人/h)	5~7	3~5	1~3
适用车型	A	B(或 A)	C(或 B)
列车最大长度(m)	185	140	100
线路形式	全封闭	全封闭	半封闭/全封闭
最高速度(km/h)	≥80	80	60~80
适用城市(万人)	>300	>200	>100

4. 正线数目

在高速轨道交通及城市轨道交通建设中,为了实现高密度发车,一般都是一次建成双线,即线路的正线数目为2股,列车分上下行单向行驶。

在普通铁路建设中,对于客货运量小的线路只考虑修建单线,而对客货运量增长快的线路则需建设双线或预留双线。对于近期年客货运量不小于 3.5×10^7 t 的平原线或丘陵线,以及大于 3.0×10^7 t 的山区线,宜一次修建双线;对于远期客货运量不小于 3.0×10^7 t 的线路则宜预留双线。一条单线铁路的通过能力,按目前常采用的半自动闭塞情况计算,最多可达到 42~48 对列车。如果扣除旅客、零担、摘挂列车对数和储备能力后,实际能通过的货物列车仅为 20~25 对。每对货物列车在重车方向的年输送能力,随机车类型(牵引能力)和路线限制坡度而定。表 5-4 所示为单线铁路在不同限制坡度时 3 种机车的年输送能力。

单线铁路的输送能力($\times 10^9$ N) 表 5-4

货车对数（对）	限制坡度（‰）	内燃机车 DF 型	内燃机车 DF_4 型	电力机车 SS_1 型（小时制）
25	6	146.9	270.4	293.5
	12	85.7	141.8	158.3
	15	69.2	115.4	128.6
	20	49.4	85.7	95.6
20	6	131.9	216.3	234.8
	12	68.6	113.4	126.6
	15	55.4	92.3	102.9
	20	39.5	68.6	76.5

如果预计远期的运量增长很快,单线的通过能力在较短期间就会饱和,则可考虑采用预留双线。而如果初期的运量很大,单线铁路不能满足运输需求时,应考虑按双线设计。双线铁路的建设投资要比两条单线的投资小,但其通过能力则要比两条单线的能力之和大得多。例如,双线铁路配备自动闭塞,如列车间隔时间按 8min 计,则通过能力可达每天 180 对,约为单线的 4 倍。同时,双线铁路的列车运行速度比单线的高,而运营费用要比单线的低。

第二节 线路平纵断面设计

一、线路平面

铁路线路在空间的位置用线路中心线(路基顶面中点连成的线)表示。线路中心线在水平面上的投影即为线路平面。线路平面由直线和曲线所组成,而曲线又包括圆曲线和插在圆曲线和直线之间的缓和曲线两种。

铁路线路设计概略平面图见图 5-1。

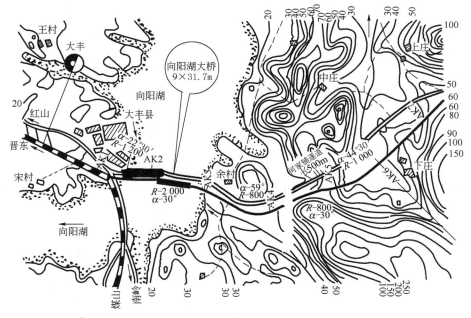

图 5-1 铁路概略平面图

平面设计时,对直线、圆曲线、缓和曲线有一定的要求。对直线段,需要考虑位于相近的两个曲线终点和起点之间的直线(称为夹直线)长度;对圆曲线段,需要考虑最小曲线半径及半径的合理选取;对缓和曲线,需要考虑缓和曲线的线形及长度。

列车以一定的速度在曲线上行驶时,车辆会受到离心力的作用。离心力的大小同速度的平方成正比,同曲线半径成反比。离心力的作用,一方面影响到列车行驶的平稳性,另一方面使外侧车轮轮缘紧压外轨内侧面而加剧其磨损。同时,由于动轮踏面在曲线段会发生横向滑动,而曲线范围内的外轨较内轨长,车轮又会产生纵向滑动,这些滑动会引起车轮同钢轨间的黏着系数下降,使牵引力减小。因而,列车在小半径曲线上需限速行驶。曲线半径越小,限速值便越低。表 5-5 为不同曲线半径时的限速。同时,根据各级铁路旅客列车最高行车速度的要求,规定了圆曲线的最小半径,如表 5-2 所示。

圆 曲 线 限 速 表　　　　表 5-5

曲线半径 R(m)	200	250	300	350	400	450	500	550	600	700	800
货车限速($4.0\sqrt{R}$)(km/h)	55	60	65	75	80	85	85	90	95	105	110
客车限速($4.3\sqrt{R}$)(km/h)	60	65	70	80	85	90	95	100	105	110	120

曲线半径也不宜过大。太大的曲线半径,对节省工程量作用不大,但增加了路线测设、施工和养护的困难,因此普速铁路的最大曲线半径不宜超过 12 000m。

在线路设计中,曲线半径应根据具体的地形、地质、障碍物、建筑物等情况合理选用。在地形较为平坦或地物限制(控制点)较少的一般地段,应尽可能采用大的曲线半径。而在地形困难地段,为减小工程量,可选用较小的曲线半径。

由于曲线半径大小影响到曲线段所用钢轨的曲率大小,因而曲线半径一般都采用标准半径:12 000m、10 000m、8 000m、7 000m、6 000m、5 000m、4 500m、4 000m、3 500m、3 000m、2 800m、

2 500m、2 000m、1 800m、1 600m、1 400m、1 200m、1 000m、800m、700m、600m、550m、500m、450m、400m 和 350m。困难条件下，可采用上述半径间 10m 整倍数的曲线半径值。

由于直线段的曲率半径为无限大，在直线和一定曲率半径的圆曲线之间需插入一段曲率半径逐渐变化的缓和曲线，使作用其上的离心力平稳过渡；同时，缓和曲线还实现外轨超高的逐渐过渡。缓和曲线线形有螺旋线、三次抛物线、五次抛物线、一波正弦曲线等，常用的线形是三次抛物线。在一定的缓和曲线线形下，缓和曲线长度对行车安全、旅客舒适度均有影响。在不同的圆曲线半径及最高行车速度下，对缓和曲线最小长度有不同的要求，一般为 60~190m，具体数值请参见有关规范。

在两个相邻曲线之间的直线段应有足够的长度，为列车进出曲线段提供平稳的行驶条件。正线上夹直线长度随速度不同(80~160km/h)可在 30~130m 中选择(表5-6)；城市轨道交通正线上夹直线长不应小于 20m，相当于 1 节车辆的定距长，即 1 节车辆不会同时位于两个(缓和)曲线上。在车站、车辆段等辅助线上，由于速度很低，夹直线长度可以缩短，具体标准请参见有关规范。同样，两缓和曲线之间的圆曲线长度也不能太短，具体数值如表5-6所示。

普速铁路正线夹直线或圆曲线最小长度(m) 表5-6

列车最高行车速度(km/h)		160	140	120	100	80
夹直线最小长度(m)	一般	130	110	80	60	50
	困难	80	70	50	40	30

高速轨道交通的平面曲线半径、缓和曲线长度等要求比普速铁路高得多。例如，设计速度为 350km/h 时，正线平面曲线半径一般不小于 7 000m(困难段 5 500m)，缓和曲线长度一般不小于 540m(特殊困难段 430m)。

城市轨道交通的行车速度较低，其最小曲线半径可达 250~350m，缓和曲线长度为 40~85m。

二、线路纵断面

沿路线中心线在铅垂面上的投影即为线路纵断面。线路纵断面由坡段和连接坡段的竖曲线组成。竖曲线一般为圆曲线，在高速轨道交通中，竖曲线还分为竖(向)圆曲线和竖(向)缓和曲线。

铁路线路设计概略纵断面见图5-2。纵断面设计中，对坡度的最大值、坡段的最小长度、相邻坡度的代数差、竖曲线线形及半径等都有一定的要求。

铁路线路设置纵向坡度(上坡或下坡)主要是为了适应地形起伏而减少工程量，有时在路堑地段可以改善排水功能。列车在上坡道上行驶时，其质量平行于坡道方向的分力便成为车辆行驶的阻力，称为坡道阻力。在上坡道上，纵坡越大，其坡道阻力也越大，而机车克服坡道阻力后所剩余的牵引力就越少。这就影响到机车所能牵引的列车质量，也直接影响到线路的运输能力。铁路线路在某区段上限制货物列车质量的坡度，称作限制坡度。一般情况下，路线各坡段的坡度不大于限制坡度。限制坡度定得越小，则所能牵引的列车质量越大，线路的运输能力越大。如果地形起伏较大的话，则相应的工程费用也越高。机车类型反映了它所具有的牵引能力，在选择时应结合在一起考虑。如果要求的运输能力较大，则选用大功率的机车和较小的限制坡度。在运输能力一定的条件下，选用大功率机车就有可能采用较大的限制坡度。因而,应结合地形情况、机车类型、所要求的运输能力以及邻接铁路的牵引质量等因素,通过分析比较来选定合适的限制坡度。铁路线路设计规范规定的各级铁路的最大限制坡度见表5-4。

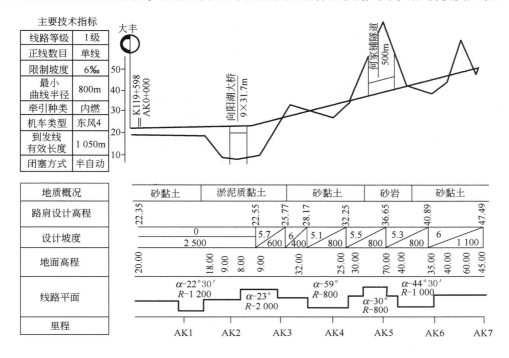

图5-2 铁路概略纵断面图

当地形起伏较大,按所规定的限制坡度设置路线会引起很大的工程量时,可考虑采用两台或多台机车牵引方案。这时,由于牵引力增大,线路限制坡度可以提高(称作加力牵引坡度)从而使线路长度缩短,工程量减少。加力牵引坡度值根据牵引质量、所采用的机车类型和机车连接方式确定。在采用相同类型的机车进行双机牵引时,相应于各种限制坡度的加力牵引坡度最大值可参表5-7选用。受列车制动条件的限制,各级铁路的加力牵引坡度最大值,对于内燃牵引不得超过25‰,电力牵引不得超过30‰。

不同牵引种类的加力牵引坡度(‰) 表5-7

坡度限制(‰)		4	5	6	7	8	9	10	11	12	13	14	15	16
双机牵引坡度	内燃牵引	8.5	10.5	12.5	14.5	16.0	18.0	20.0	21.5	23.5	25.0	25.0	25.0	25.0
	电力牵引	9.0	11.0	13.0	14.5	16.5	18.5	20.0	22.0	24.0	25.5	27.5	29.0	30.0
三机牵引坡度	内燃牵引	13.0	15.5	18.5	21.0	23.5	25.0	25.0	25.0	25.0	25.0	25.0	25.0	25.0
	电力牵引	14.0	16.5	19.0	21.5	24.0	26.5	29.0	22.0	30.0	30.0	30.0	30.0	30.0

圆曲线范围内的曲线阻力所引起的坡度折减值 Δi(‰)可按式(5-1)确定:

$$\Delta i = 600/R \qquad (5-1)$$

当曲线长度小于货物列车长度时：
$$\Delta i = 10.5 \sum \alpha / L \tag{5-2}$$

式中：R——曲线半径，m；

$\sum \alpha$——坡度折减的坡段长度内圆曲线的偏角总和，(°)；

L——坡度折减的坡段长度，m。

在小半径曲线范围内由于黏着系数下降可能使得计算黏着牵引力小于计算牵引力。当曲线地段的计算黏着牵引力小于计算牵引力时，需要进行黏降引起的坡度折减。我国现在使用的各类机车，主要是电力机车会出现这种情况，相应的折减值可参考表5-8。

电力牵引铁路小半径曲线的黏降坡度折减值(‰)　　　表5-8

曲线半径 (m)	最大坡度 (‰)							
	4	6	9	12	15	20	25	30
450	0.20	0.25	0.35	0.45	0.55	0.70	0.90	1.05
400	0.35	0.50	0.65	0.85	1.05	1.35	1.65	1.95
350	0.50	0.70	1.00	1.25	1.50	2.00	2.45	2.90

注：1. 当采用表列数值间的最大坡度或曲线半径时，其相应的坡度折减值可采用线性内插值。

2. 黏降折减不可替代曲线折减。

列车在驶经各个变坡点时，会产生竖向的附加力和加速度，从而影响行车的平稳性。为此在纵断面设计时要考虑最小坡段长度、相邻坡段的坡度代数差以及竖曲线设置。

铁路设计中，一般情况下，坡段的长度宜不短于远期列车长度的一半，并取50m的整倍数；两相邻坡段的最大坡度代数差，应考虑不使车辆间车钩断裂、行车平稳、机车不脱轨和不脱钩等因素，尽量采用低值，其规定值参见表5-9。

铁路相邻坡段最大代数差(‰)　　　表5-9

铁路等级		Ⅰ、Ⅱ				Ⅲ、Ⅳ			
到发线有效长度(m)		1 050	850	750	650	850	750	650	550
最大坡度差	一般	8	10	12	15	12	15	18	20
	困难	10	12	15	18	15	18	20	25

竖曲线的设置规定如下：

(1) 设计速度为160km/h的地段，当相邻坡段的坡度代数差大于1‰时，需设置圆形竖曲线，其半径为15 000m。

(2) 设计速度小于160km/h的地段，当相邻坡段的坡度代数差大于3‰(Ⅰ、Ⅱ级铁路)或4‰(Ⅲ、Ⅳ级铁路)时，应设置圆形竖曲线，其半径分别为10 000m、5 000m。

设计速度越高，线路的竖曲线半径越大。京沪高速铁路的设计速度为350km/h，其竖曲线半径为25 000m。高速磁浮线路的设计速度为500km/h，不仅要设置20 000～40 000m的竖缓和曲线，而且要设置回旋线形的竖曲线缓和曲线。

在城市轨道交通中，由于承载质量小、运距短，坡度已不是限制列车牵引质量的主要因素，也不存在机车增减的情况，所以把线路允许设计的最大坡度值就称之为最大坡度，而不称为限制坡度，也不存在加力坡度。

在设计纵断面时，线路坡度在满足排水及高程控制要求的前提下，应尽可能平缓，一般在

20‰以下。正线允许的最大坡度值,主要受行车安全(与制动设备性能有关)、旅客舒适度、运营速度等方面的影响,一般不大于30‰,在困难地段(例如,深埋线路上升至地面以上时),若有适当理由,则允许将正线坡度设计到35‰。辅助线的最大坡度不大于40‰。随着各种城市轨道交通车辆的改进,允许的最大坡度值也在增大。例如,新型的直线电机列车允许的正线设计最大坡度可达60‰。

位于地下的坡段还有最小坡度的要求。因地下隧道常有地下水,为便于排水,区间不能设计成平坡,而要设计成不小于3‰的坡度。在能解决排水问题的地段,可不受此条件限制。隧道内的车站站台段线路应设单一坡度,坡度值宜采用3‰,困难时可设在2‰~5‰的坡道上,坡度太大不利于列车起停,坡度太小不利于隧道排水。特殊情况下,站台也可设在平坡上,但需设置一定坡度的排水沟,以保证排水。

城市轨道交通线路的坡度代数差等于或大于2‰时,也要在变坡点处设置圆形竖曲线,只是半径比铁路小得多。地铁规范规定:对区间正线,竖曲线半径一般取5 000m,困难情况下取3 000m;车站两端因行车速度较低,其线路的竖曲线半径可取3 000m,困难情况下可取2 000m。对辅助线和车场线,竖曲线半径可取2 000m。

由于允许的坡段长度较短,而允许的坡度值又较大,因而实际设计时常会出现两条竖曲线重叠或相距很近的情形。为了避免或减轻列车同时位于两条竖曲线而产生的振动叠加,地铁规范规定,两条竖曲线之间的夹直线不宜小于50m。

第三节 路基和轨道

一、路基

路基是轨道线路承受轨道和列车荷载的地面基础结构物。按照地形条件及路线平面和纵断面设计要求,路基横断面可以修筑成路堤、路堑和半路堤半路堑三种基本形式。其主要组成元素如图5-3所示。

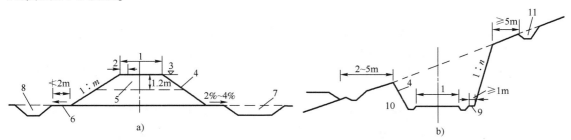

图5-3 路基横断面形式
a)路堤;b)路堑
1-路基面宽度;2-路肩;3-路肩高程;4-边坡;5-基床;6-护道;7-取土坑;8-排水沟;9-平台;10-弃土堆;11-截水沟

铁路路基顶面的宽度,根据铁路等级、轨道类型、道床标准、路肩宽度和线路间距等因素确定。表5-10中所列为区间直线上的铁路路基面宽度数值。其中,路肩宽度对于Ⅰ、Ⅱ级铁路的路堤不得小于0.6m,路堑不得小于0.4m;对于Ⅲ、Ⅵ级铁路均不得小于0.4m。而在区间单线曲线路段上,由于需要设置曲线超高而加厚道床厚度,在曲线外侧的路基宽度应随超高度的不同而适当加宽,其加宽值见表5-11。

铁路路基面宽度值(m)　　　　表5-10

铁路等级	轨道类型	单线						双线					
		非渗水土			岩石、渗水土			非渗水土			岩石、渗水土		
		道床厚度	路基面宽度		道床厚度	路基面宽度		道床厚度	路基面宽度		道床厚度	路基面宽度	
			路堤	路堑		路堤	路堑		路堤	路堑		路堤	路堑
Ⅰ	特重型	0.50	7.4	7.1	0.35	6.6	6.2	0.50	11.6	11.2	0.35	10.6	10.2
	重型	0.50	6.4	7.1	0.35	6.6	6.2	0.50	11.6	11.2	0.35	10.6	10.2
	次重型	0.45	7.1	6.7	0.30	6.3	5.9	0.45	11.2	10.9	0.30	10.3	9.9
Ⅱ	次重型	0.45	6.7	6.3	0.30	5.9	5.5						
	中型	0.40	6.5	6.1	0.30	5.9	5.5						
Ⅲ、Ⅵ	中型	0.40	6.1	6.1	0.30	5.5	5.5						
	轻型	0.35	5.6	5.6	0.25	5.0	5.0						

铁路平面曲线路段路基加宽值　　　　表5-11

铁路等级	曲线半径 R(m)	路基外侧加宽值(m)	铁路等级	曲线半径 R(m)	路基外侧加宽值(m)
Ⅰ、Ⅱ	$R \leq 800$	0.5	Ⅲ	$R \leq 600$	0.5
	$800 < R \leq 1\,000$	0.4		$600 < R \leq 800$	0.4
	$1\,000 < R \leq 1\,600$	0.3		$800 < R \leq 1\,000$	0.3
	$1\,600 < R \leq 6\,000$	0.2		$1\,000 < R \leq 2\,000$	0.2
	$6\,000 < R \leq 10\,000$	0.1		$2\,000 < R \leq 5\,000$	0.1

在用非渗水性土修筑路基时,为迅速排除降落在路基面上的雨水,以免浸湿路基土而降低其强度,路基顶面需设置路拱。单线路基做成梯形的形状,拱高0.15m,顶宽2.1m;双线路基采用三角形路拱,拱高0.20m。用渗水性土和岩石修筑的路基,其顶面可以不设路拱,做成水平面。

在路基有可能被淹没的地带,其路肩高程应高出设计水位加波浪侵袭高度和壅水高度后至少0.5m。设计水位的洪水频率标准,Ⅰ、Ⅱ级铁路为1/100,Ⅲ、Ⅵ级铁路为1/50。

为保证路基的整体稳定性,路堤的基底应稳固,堤身边坡的坡度应不陡于表5-12中的规定值。路堑边坡则应根据工程地质条件、边坡高度等因素,综合考虑后选定,表5-13列出一些范围以供设计时参照。

为了消除或减轻地面水和地下水对路基的危害作用,使路基处于干燥状态,需采用地面和地下排水措施,将降落在或渗入路基范围内的地面或地下水,拦截、汇集、引导和排离出路基范围外。这些排水设施有:侧沟、排水沟、截水沟(图5-3)、渗(暗)沟等。

铁路路堤边坡坡度表　　　　　　　　　　　　　　　　　　　　　表 5-12

填料名称	边坡高度(m)			边坡坡度		
	全部高度	上部高度	下部高度	全部高度	上部高度	下部高度
一般细粒土	20	8	12	—	1:1.5	1:1.75
漂石土、卵石土、碎石土及粗粒土(细砂、粉砂、黏土质砂除外)	20	12	8	—	1:1.5	1:1.75
硬块石	8	—	—	1:1.3	—	—
	20	—	—	1:1.5	—	—

铁路路堑边坡坡度表　　　　　　　　　　　　　　　　　　　　　表 5-13

类型和性质		边坡坡度
一般均质黏土、砂黏土、黏砂土		1:1 ~ 1:1.5
中密以上的中砂、粗砂、砾砂		1:1.5 ~ 1:1.75
黄土		1:0.3 ~ 1:1.25
碎石或角砾土卵石或圆砾土	胶结和密实	1:0.5 ~ 1:1.25
	中密	1:1.25 ~ 1:1.5
岩石		1:0.1 ~ 1:1

二、轨道

轨道起着引导车辆行驶方向,承受由车轮下传的压力,并把它们扩散到路基或桥隧结构物上去的作用。轨道主要由钢轨和连接零件、轨枕和扣件、道床以及道岔等部分组成(图 5-4)。轨道的强度和稳定性,取决于钢轨类型、轨枕类型和密度、道床类型和厚度等因素。根据主要运营条件,如近期的运量和最高行车速度,将轨道分为特重、重型、次重型、中型和轻型 5 个等级,分别对这些影响因素规定了不同的要求。表 5-14 为对铁路正线线路轨道类型所规定的标准。其中,年通过总质量是根据近期运量调查,把净载、机车和车辆(包括旅客列车)的质量都计算在内后得到的量;单线铁路按往复的总质量计算,双线按一条线的通过总质量计算。

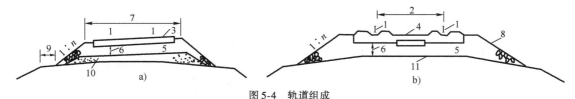

图 5-4 轨道组成
a) 曲线线路木轨枕道床;b) 直线线路钢筋混凝土轨枕
1-钢轨;2-轨距;3-木轨枕;4-钢筋混凝土轨枕;5-道床;6-道床厚度;7-道床顶宽;8-道床边坡;9-路肩;10-砂垫层;11-路基面

1. 钢轨

钢轨要支承和引导机车和车辆的车轮,它必须具有足够的刚度,以抵抗动轮作用下的弹性挠曲变形;并具有一定的韧度,以减轻动轮的冲击作用,不致产生折断。此外,它还应具有足够的硬度,以抵抗车轮的压陷和磨损作用。我国生产的标准钢轨有:75kg/m、60kg/m、50kg/m、43kg/m 等数种。标准长度有 25m 和 12.5m 两种。

铁路正线线路轨道类型标准 表 5-14

项目	运营条件		轨道结构					碎石道床厚度		
	年通过总质量	路段设计速度	钢轨	轨枕				非渗水土路基		岩石、渗水土路基
				混凝土枕		防腐木枕				
				型号	铺轨根数	型号	铺轨根数	双层道砟	双层底砟	单层道砟
单位	×10⁶ t	km/h	kg/m	—	根/km	—	根/km	cm	cm	cm
特重型	>50	160~120	75 或 60	Ⅲ	1 667	—	—	30	20	35
重型	25~50	160~120	60	Ⅲ	1 667	—	—	30	20	35
		≤120	60	Ⅲ 或 Ⅱ	1 667 或 1 760	Ⅰ	1 840	30	20	35
次重型	15~25	≤120	50	Ⅱ	1 667 或 1 760	Ⅰ	1 760~1 840	25	20	30
中型	8~15	≤100	50	Ⅱ	1 600 或 1 680	Ⅰ	1 680~1 760	20	20	30
轻型	<8	≤80	50 或 43	Ⅱ	1 520 或 1 640	Ⅱ	1 680	20	15	25

两节钢轨的末端用两块鱼尾板夹住,并用螺栓拧紧。连接处,两节钢轨之间应预留适当的缝隙,以便温度变化时可以自由伸缩。接头的形式,按其相对于轨枕的位置,可分为悬空式和承垫式两种。前者为接头处在两根轨枕间,具有较好的弹性;而后者的接头位于轨枕上,按接头承垫在单根或双根轨枕上,分为单枕承垫式和双枕承垫式。同时,按接头在两股轨线上的相对位置,也可以分为对接式和错接式两种,其差别在于两条钢轨的接头是否在同一横断面上。接头是线路上的薄弱环节,机车车辆通过时会产生跳动。因而,对接式可使机车车辆避免通过错接接头时产生的左右摇晃。目前广泛采用的是悬接而又对接的形式。

为减少接头对行车舒适性的不利影响,可采用长钢轨(一般为 1~2km,超常无缝线路可达 20km 以上)铺设。在长钢轨两端的伸缩区内,用高强度扣件把钢轨扣紧在轨枕上,使之几乎没有相对移动。

两条钢轨间的标准轨距为 1 435mm。当车辆在曲线上行驶时,轴距固定的双轴转向架的前轴外轮轮缘和后轴内轮轮缘紧靠着两股钢轨。这就要求轨距增大。曲线半径越小,要求的加宽值便越大。据分析,曲线半径大于等于 350m 时,轨距可以不增加;曲线半径在 350~300m 之间时,轨距应增加 5mm;曲线半径小于 300m 时,则轨距需增加 15mm。在直线地段,轨道上两股钢轨的顶面应保持为同一水平,在 500m 以上的直线段内,其偏差不能超过 4mm。而在曲线路段,为平衡离心力,轨道应设置超高。新建铁路的外轨超高值 h(mm)可按式(5-3)确定:

$$h = 7.6v_{\max}^2/R \tag{5-3}$$

式中:$v_{\max}$——最高行车速度,km/h;
R——曲线半径,m。

普通铁路曲线外轨最大超高不得超过 150mm;单线铁路上下行车速度相差悬殊时,不得超过125mm。外轨超高在缓和曲线段全长范围内线性递减(或递增)顺接。如果未设缓和曲线,则按不大于2‰的递减(或递增)率在直线段顺接。

2. 轨枕和扣件

轨枕位于钢轨和道床之间。它一方面作为钢轨的支座,承受由钢轨传来的竖向力、横向力和纵向力;另一方面又将其扩散传给道床;同时,它还起着固定轨距,保持钢轨的方向和位置的作用。因而,钢轨应具有足够的强度、弹性和耐久性。

轨枕有木枕、钢筋混凝土枕和钢枕三种。木枕具有弹性好、易于加工、便于运输和铺设、更换方便及成本低的优点,但使用寿命短,并需消耗大量木材,只在站场等个别地段采用。目前我国大量采用的是钢筋混凝土轨枕,其耐久性好,使用寿命长,主要缺点是质量大(每根为220~250kg)、弹性差、损坏了难于修补。在中低速磁浮铁路中一般采用钢枕。

铁路轨枕的长度一般为2.5m。每公里铺设的数量随运量的增大而增多,各级轨道的轨枕数量列示于表5-14。

钢轨同木枕的连接零件为垫板和道钉。垫板垫在钢轨和木枕之间,以扩散钢轨下传的压力;而后用道钉将钢轨和垫板固定在木枕上。混凝土轨枕采用70型扣板式扣件或弹条Ⅰ型扣件将钢轨扣牢在轨枕上。

列车运行时产生的作用于钢轨上的纵向水平力,会使钢轨沿着轨枕甚至带动轨枕作纵向移动,使轨道出现爬行。爬行往往会引起接缝不匀和轨枕歪斜等现象。为了防止爬行,除了加强中间扣件的扣压力和接头夹板的夹紧力外,还在易发生爬行地段增设防爬设备。防爬设备主要有穿鞘式防爬器和弹簧防爬器两种,目前主要采用前一种。

3. 道床

道床是铺设在路基顶面上的道砟层。其作用是把由轨枕传来的车辆荷载均匀地传布到路基面上,阻止轨道在列车作用下产生位移,并缓和列车的冲击作用。同时,还具有便于排水以保持路基面和轨枕干燥,以及便于调整线路平面和纵断面的作用。

主要线路应采用碎石道砟道床。困难时,中型轨道也可采用筛选卵石,轻型轨道和次要线路可选用其他各种道砟材料。

路基为渗水性土时,宜采用双层道床,其他情况采用单层道床。道床的厚度依据传到路基面的荷载应力不会使之产生永久变形并保持轨道稳定的要求来确定。各类轨道所需的道床厚度,列示于表5-10中。

单线铁路正线道床顶面宽度、边坡坡度值,按表5-15中的规定值选用。在曲线半径 $R \leqslant$ 600m 的路段上,道床的顶宽应在曲线外侧增加 0.1m。混凝土轨枕的端部埋入道床的深度为15cm,其中部60cm范围内,道床顶面应低于轨枕顶面3cm。

单线铁路正线道床顶宽和边坡坡度 表5-15

轨道类型	旅客列车设计行车速度(km/h)	道床顶面宽度(m)		道床边坡坡度
		无缝线路	非无缝线路	
特重型、重型	≤160	3.40	3.10	1:1.75
重型、次重型	≤120	3.30	3.00	1:1.75
中型	≤100	3.30	3.00	1:1.75
轻型	≤80	—	2.90	1:1.50

4. 道岔

道岔是铁路线路和线路间连接和交叉设备的总称,其作用是使机车车辆由一条线路转向另一条线路,或者越过与其相交的另一条线路。道岔大都设在车站区。

最常用最简单的线路连接设备是普通单式道岔,或称单开道岔。它由转辙器、转辙机械、辙叉、连接部分和岔枕所组成,见图5-5a)。转辙器包括两根尖轨和两根基本轨,起引导机车车辆转向的作用。转辙机械用来操纵尖轨的位置,有手动和电动两种。辙叉设在两条钢轨的交叉处,由一副辙叉和两根翼轨组成,其作用是使运行在一条钢轨上的车轮能越过另一条钢轨。辙叉有固定式和可动式两种。采用固定式辙叉,需在辙叉两侧设置护轨,以防车轮脱轨。连接部分包括两根直轨和两根曲线导轨。除了单开道岔外,还有双开、三开、交分道岔等,可供多个方向转向。

常用的交叉设备为菱形交叉,见图5-5b)。它由两个锐角辙叉和两个钝角辙叉组成。由于没有转辙器,车轮只能在原来的线路上通过交叉后继续前进,而不能转线。

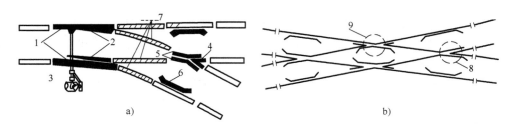

图5-5 单开道岔和菱形交叉
a)单开道岔;b)菱形交叉
1-基本轨;2-尖轨;3-转辙机械;4-辙叉;5-翼轨;6-护轨;7-连接部分;8-锐角辙叉;9-钝角辙叉

第四节 站 场

站场包括各种铁路车站和作业场。货物和旅客通过站场出入铁路运输系统,在车站办理承运、装(上)车和卸(下)车、交付手续。而列车在各种作业场进行编组、解体、转运、整备、检修等作业,并在车站进行接车和发车作业。为执行上述任务,站场需设置各种相应的设施,它们随站场的类型和作业要求而异。

一、站场的类型和分布

车站按运输对象的不同,可分为货运站、客运站和客货运站。而按技术作业特性可分为中间站、区段站、编组站。

(1)中间站——一条铁路通常分为若干个区间,在区间的分界点上设置的车站称为中间站。设置中间站的主要目的,是为了使一个区段内能同时行驶多对列车以保证线路有必要的通过能力。因而,其主要任务是办理列车的通过、会让和越行;同时,它还承担少量的客货运业务;部分中间站则还有摘挂调车作业。

(2)区段站——在机车牵引区段的分界点设置的车站。其主要任务是办理通过列车的技术作业,即机车的更换、整备和修建等,为此均设有机务段或折返段。区段站一般都靠近中等以上城市,因而有较大数量的客货运业务。有的区段站还有列车编组作业。

(3)编组站——办理大量货物列车的解体、编组作业的专业技术站。一般不办理客货运业务。

(4)客运站——位于客运量较大的城市,专门办理旅客运输业务的车站。位于城市的区段站或中间站,还往往兼办客货运业务,可称作客货混合站。

(5)货运站——主要办理货物装卸作业以及专门办理货物联运或换装作业的车站。

(6)铁路枢纽——在几条铁路干线交叉或接轨的地点,往往是大城市和大工矿区,有着大量的客货运业务和列车编解工作。单一的车站不能满足运输的需要,而需设置几个专业车站或联合车站(客运站、货运站和编组站),除了办理列车转运和客货运业务外,还办理各干线车流的交换、货物的中转和旅客的换乘等作业。

各类车站的分布,首先要满足各级铁路规定的远期货运和客运输送能力的要求,同时,也要满足列车技术作业的要求,注意区间通过能力的均衡性。区段站的分布主要考虑车流组织和技术作业要求、机车类型、机车交路制度及机车乘务组的合理连续工作时间等因素。中间站的分布主要依据通过能力的要求。在人口稠密、货运量大的地区,单线的站间距离不宜小于8km,双线的站间距离不宜小于15km;而在人口稀少、货运量小的地区,单线的站间距离不宜大于20km,双线的站间距离不宜大于30km。为了方便客货运输,这些车站的位置应尽量同城乡居民点和工矿区相配合。同时,由于车站占地面积大,车站位置应选择在地形平坦、地质条件好的地方,以免影响运营安全和增加工程量。

据我国铁路统计资料,在货物车辆一次全周转时间中,车辆在车站作业和停留的时间约占65%以上,其中在技术站(主要是编组站)的作业和停留时间占30%以上。因而,加速车辆在车站(特别是编组站)的作业,对于降低运输成本,提高运输效率,有着重要的意义。

下面对各类车站的作业内容、设备情况和布置方案作简要的介绍。

二、中间站

中间站设在单线或双线铁路线路上,其主要作业有:
(1)列车的接发、通过、会让和越行;
(2)旅客的乘降和行李、包裹的收发和保管;
(3)货物的承运、交付、装卸和保管;
(4)零担、摘挂列车向货场甩挂车辆的调车作业。

为完成上述作业,中间站除了同区间直接连通的正线外,一般设有下列设备:
(1)供办理列车接发、会让、待避和零摘作业的到发线,其数量可根据运量(列车对数)确定;单线铁路的列车对数≤12 对时设 1 条到发线,13~24 对时设 2 条,>24 对时设 2~3 条;双线铁路设 2~3 条。
(2)客运设备,包括站台、跨线设备(天桥或地道等)、旅客站房、站前广场等。
(3)货运装卸作业设备,包括办理装卸作业的货物线、存车线、货物仓库、货物站台、站房和装卸机械等;仅有零担货物,作业量不大的中间站,可利用到发线和旅客站台进行装卸作业,并将零担仓库设在旅客站台上。
(4)在货物装卸作业量大、品种复杂时,根据运量和调车作业需要而设置的牵出线。
(5)机车整备设备,如蒸汽机车的给水设备等。

中间站的布置,按到发线的相互位置可分为横列式和纵列式两类。

(1)横列式——其特点是到发线横向排列,如图5-6所示。这类布置具有站坪长度短、工程投资省、便于车站值班员管理、到发线使用灵活和站场布置紧凑等优点,得到较为广泛的采用。

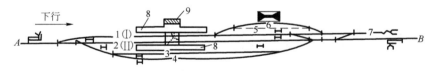

图5-6 横列式中间站布置图
1(Ⅰ)、2(Ⅱ)-正线;3、4-到发线;5、6-货物线;7-站台;8-旅客站房;9-货场

(2)纵列式——其特点是到发纵向排列,并向逆运转方向错移一个货物列车到发线的有效长度,如图5-7所示。这类布置的优点是有利于组织列车不停车会车,从而提高区间通过能力;但所需站坪长度较长,且摘挂列车的调车作业不便,因而较少采用。

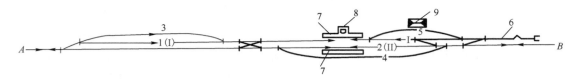

图5-7 纵列式中间站布置图
1(Ⅰ)、2(Ⅱ)-正线;3、4-到发线;5-货物线;6-牵出线;7-站台;8-旅客站房;9-货场

三、区段站

区段站是路网上各牵引区段的分界点,其主要作业有:

(1)旅客运转业务——旅客列车的接发,旅客乘降,行李、包裹和邮件的承运、保管、装卸交付等;有些站还办理旅客列车的始发和终到作业。

(2)货物运转业务——货物列车的接发,整车和零担货物的承运、交付、装卸和保管等,区段和零摘列车的编组作业,本站作业车向货场或专用线的取送和转线等。

(3)机车业务——更换货物列车的机车和乘务组(个别情况也更换旅客列车的机车),机车的整备、检查和修理。

(4)车辆业务——办理列车日常技术检查业务,车辆摘车或不摘车修理业务等。

为完成上述作业,区段站一般设有下列设备:

(1)客运设备——包括旅客列车到发线、旅客站房、站台、跨线设备(天桥、地道等)等。

(2)货运设备——货物列车到发线、编组线、牵出线等。

(3)货物装卸作业设备——货物装卸线、货物站台、仓库、堆放场和装卸机具等。

(4)机务设备(机务段)——有的区段有配属机车(称作基本段),承担机车检修和整备作业,有的不配属机车(折返段),仅担任整备作业。

(5)车辆设备——列车检修所、站修线、车辆段等。

区段站在作业内容和数量方面较中间站复杂,在设备方面也较中间站多。上述五个组成部分在区段站内的布置形式,随干支线的数目、运量和运输性质、车站作业的特点、城镇规划、地形和地质条件等因素而变化。根据上下货物列车到发场(线)和客货运转设备的相互位置,可将布置形式划分为三种:横列式、纵列式和客货纵列式。

(1)单线或双线铁路横列式——上、下行客货列车到发场和调车场(编组场)为横向排列,如图 5-8 所示。横列式区段站的优点是站坪短、占地少、布置紧凑、设备集中、定员较少和管理方便、便于将来发展。其缺点是下行列车机车出入段走行距离较远(单线铁路),或作业复杂、交叉干扰较多(双线铁路)。新建单线铁路一般采用横列式布置,双线铁路在旅客列车对数不多时一般也采用横列式布置。

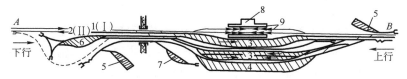

图 5-8　横列式区段站布置图(双线)

1(Ⅰ)、2(Ⅱ)-正线;3-到发场(线);4-调车场(编组场);5-货场;6-机务段;7-车辆段;8-站房;9-站台

(2)纵列式——上、下行客货列车到发场分设在正线两侧,并且逆运转方向全部成纵列错开的纵向布置,如图 5-9 所示。一般仅在作业量较大的一个到发场方向横列布置一个双方向共用的调车场(编组场);如果双方向改编列车数量均较多,也可考虑上、下行分设调车场。纵列式可以减少客货列车的进路交叉,使机车出入段走行距离较短,其通过能力也较大。但缺点是站坪长度大、占地多、设备分散、车站定员较多、管理不便。因而,单线铁路区段站一般不宜采用纵列式;而双线铁路区段站如有运量较大的线路引入,旅客列车对数较多时,可考虑采用或预留纵列式。

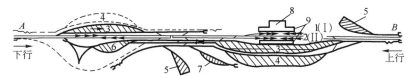

图 5-9　双线铁路纵列式区段站布置图

1(Ⅰ)、2(Ⅱ)-正线;3-到发场(线);4-调车场;5-货场;6-机务段;7-车辆段;8-站房;9-站台

(3)客货纵列式——将旅客列车和货物列车运转场分开,纵向顺序布置,如图 5-10 所示。这种布置的优点是客货运设备分别集中,作业干扰少,管理方便,站坪长度也较纵列式短。一般在改建既有横列式车站时由于发展受限制而采用。此时,将原有车场改为旅客列车运转场,而另建货物列车运转场,从而形成客货纵列式。

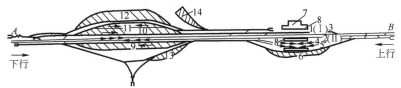

图 5-10　双线铁路客货纵列式区段站布置图

1(Ⅰ)、2(Ⅱ)-正线;3、4、5-到发线;6-客车车底停留线;7-站房;8-站台;9-上行通过车场;10-下行通过车场;11-上、下行到发场;12-调车场;13-机务段;14-货场

四、编组站

编组站主要办理大量货物列车的解体和编组作业。区段站和编组站都是铁路运输的技术作业站,其作业的种类大致相同,但前者只办理通过车流,改编作业量较小,只解体和编组一部

97

分区段和沿零摘挂列车;而编组站则除了办理通过列车外,主要办理大量改编车流,解体和编组各种直达、直通、区段、沿零摘挂以及小运转列车。

为完成上述作业的需要,编组站应设置下列主要设备。

(1)改编列车到发设备——包括到达场、出发场或兼办改编列车到达和出发的到发场。

(2)改编列车调车设备——主要包括驼峰、牵出线、调车场和调机等。驼峰是将铁路线路设计成纵向具有适当起伏坡度,以便在调车时能利用车列的重力,使它自动地溜到编组场的线路上。它是主要用于改编列车解体作业的调车设备,可根据需要修建成简易式、非机械化、机械化、半自动化和自动化驼峰。牵出线设在调车场尾部,是主要进行编组作业的调车设备。调车场由供解体车辆停留、结集和编组的线路(称为调车线)组成。

(3)无改编通过列车作业设备——主要是通过车场。

(4)机车设备——供机车进行整备作业和检修用的设备,以及各种配线。

(5)车辆设备——供到发车辆进行检查和修理的设备。

(6)站内外连接线路设备——包括进出站线路、站内联络线、机车走行线等。

编组站可划分为三类:

(1)在整个铁路网上具有重大作用的路网性编组站,它分布在若干主要铁路干线的交会点上,其间距一般在1 000km左右。

(2)在局部铁路网上具有重大作用的区域性编组站,它分布在路网性编组站间的主要铁路干线交会点,其间距或路网性编组站之间的距离一般在600km左右。

(3)分布在大宗货流集散地的地方性编组站,主要为当地工矿、港湾、过境交接车辆服务,它同相邻编组站之间的距离一般为300km以内。

编组站根据各项设备的布置特征可分为:上下行合用或分用一套调车系统(编组场、驼峰和牵出线)的单向编组站,上下行各有一套办理列车到发、编解作业的配线设备的双向编组站;上下行到发场和编组场并列布置的横列式,到达场、编组场和出发场顺序布置的纵列式,到达场和出发场有的同编组场纵列而有的同编组场横列的混合式编组场。

图5-11所示为单向横列式编组站的布置示意图。编组场设在两个到发场之间,各主要车场都是并列的,因而也称为一级三场式。在这种布置方案中,上下行正线外包编组站,并分别同各该方向的到发场相连通。编组场两端各设两条牵出线。一端修建驼峰,主要承担解体作业,另一端牵出线则承担编组作业;或者两端均修建简易驼峰,可同时进行解体和编组作业。

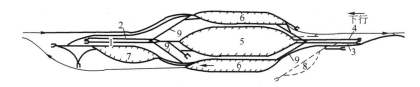

图5-11 单向一级三场横列式编组站布置图
1、2、3、4-牵出线;5-编组场;6-到发、通过车场;7-机务段;8-车辆段;9-连接线

两到发场和编组场两端牵出线之间共铺设四条连接线,供改编列车转场用。单向一级三场横列式布置的优点是:占地短而少,工程费用省,修建快;设备集中,车场少,便于管理,定员少;调车设备的分工有较大的灵活性。其缺点是到发场两端咽喉作业较繁忙,交叉干扰多,影响编组站的通过能力。改编列车的解体和编组都需要牵出转线,在站内两次折返走行,影响调

98

车效率和改编能力。这种布置方案一般适用于双向改编车流较均衡,解编作业量不大的中型编组站,其解编能力为每日 3 200～4 700 辆。

图 5-12 所示则为单向混合式编组站的布置方案。上下行两方向共用的到达场顺序布置,上下行出发场分别并列在编组场的两侧。这种布置也称作二级四场式。在到达场同编组场之间设有驼峰,承担上下行全部改编列车的解体作业。编组场尾部设有两条牵出线。同一级三场横列式相比,这种布置由于到达场同编组场纵列,解体列车时均不需牵出转线,因而提高了驼峰作业效率和改编能力。它适用于作业量较大的编组站,其解编能力为每日 3 500～5 000 辆。

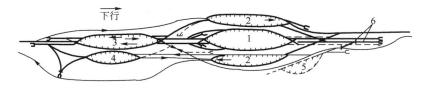

图 5-12 单向二级四场混合式编组站布置图
1-编组场;2-出发、通过车场;3-到达场;4-机务段;5-车辆段;6-牵出线

在解编作业量大而采用横列式或混合式不能满足需要时,可选用单向三级三场纵列式布置方案。其主要特点是上下行两方向共用一套到达场、编组场和出发场,三个车场顺主要车流方向依次纵列布置。这种方案站坪长、用地多,工程量和投资大,通常用于路网编组站,其解编能力为每日 6 500～8 000 辆。

如果编组站作业量很大,而一个单向编组站的解编能力有困难时,可考虑采用双向编组站,或者在一个枢纽内设置两个单向编组站。

五、客运站

客运站位于客流量较大的大城市,专门办理旅客运输业务和旅客列车的到发、通过作业,有的车站还办理旅客列车车底的技术作业。客运站通常设置下列设备:

(1) 配线——到发线、机车行走线和机待线、车辆停留线和其他股道;
(2) 旅客站房;
(3) 旅客站台;
(4) 跨线设备(天桥、地道);
(5) 雨棚;
(6) 行李和邮件装卸设备;
(7) 站前广场;
(8) 客车整备场——设在始发终到客车数量很大的客运站,备有供旅客列车车底停留、检查、修理和整备等作业用的设备。

客运站根据客流量大小和性质、铁路枢纽总布置、地形条件、城市规划和车站附近交通布局等情况进行布置。其布置方案可分为尽头式、通过式和混合式三类(图 5-13)。

尽头式客运站的优点是同城市主要干道的交叉干扰较少,车站较易于布置在市区中心边缘,便于旅客往来;占地少,工程费用较省。其缺点是列车的各种作业集中在一个咽喉区,车站通过能力较小。通过式客运站的优点是有两个咽喉区,可分别办理接发车作业,通过能力较大,运营条件较好。但它一般不便于布置在市区内,同市区道路的交通也常有交叉干扰。混合式客运站对于一部分长途旅客列车的到发线采用通过式,而另一部分到发线则采用尽头式,供市郊列车用。其分工较明确,但灵活性差,线路使用效率低。

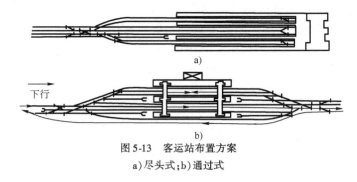

图5-13 客运站布置方案
a)尽头式;b)通过式

六、货运站

专门办理货物装卸作业和货物联运或换装作业的货运站,大多设在大城市和工业区,是铁路枢纽内的一个专业车站。它主要办理货物的接收和交付、装卸和保管、换装和联运等货物作业。

货运站通常具有下列设备:

(1)运转设备,包括各种用途的股道,如到发线、编组线、牵出线、走行线、货物线、存车线和起重机走行线等;

(2)货物堆场和仓库、站台和雨棚、堆放场地和仓库等;

(3)装卸不同货物的设备;

(4)办公和生活用房;

(5)排水设备和消防设备。

货运站按其与枢纽内铁路线的衔接位置的不同,可分为尽头式和直通式两类;同时,按其车场同货场的相对位置的不同,又可分为横列式和纵列式两种。图5-14所示为各种货运布置方案的示意图,其特点与客运站中所述的相似。

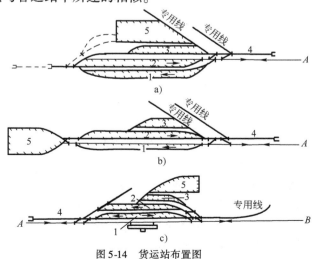

图5-14 货运站布置图
a)尽头式(横列);b)尽头式(纵列);c)直通式
1-到达场;2-编组和发车场;3-编组场;4-牵出线;5-货场

【复习思考题】

1. 轨道交通系统有哪些主要类型?
2. 轨道交通线路的设计准则主要有哪些?
3. 铁路设计"近期"和"远期"分别是多少年?城市轨道交通设计近远期分别是多少年?
4. 铁路等级按什么标准划分?
5. 铁路线路在直线与圆曲线之间要配置什么曲线?为什么?
6. 什么叫限制坡度?为什么叫作限制坡度?
7. 什么叫坡度折减?为什么要坡度折减?坡度折减有几种?
8. 为什么在曲线路段上路基要加宽?
9. 轨道和轨枕有哪几种类型?它们的性质有什么差别?
10. 道床起什么作用?
11. 分析单开道岔和菱形道岔在构造上的差别。
12. 铁路站场有哪几种类型?各起什么作用?
13. 中间站有哪些类型?其主要作业内容有哪些?一般需要配备哪些设备?图示其布置形式。
14. 铁路区段站上的主要作业内容有哪些?一般需要配备哪些设备?图示其布置形式。
15. 铁路编组站的功能是什么?其主要作业内容有哪些?可分为几种类型?图示其布置形式。

第六章 道路工程

【学习目的与要求】

了解道路系统类型及分级;了解道路设计准则、主要技术标准及其基本概念;了解道路路线平面、纵断面设计的要点;了解道路路基与路面结构的基本构成、主要类型及典型横断面布置图式;了解道路平面交叉口、立体交叉口的设计要素及典型布置图式。

道路(公路和城市道路)是主要供汽车行驶的工程结构物,由路线、构造物(路基路面、桥梁、涵洞和隧道)以及交通工程和沿线附属设施组成。道路路线是指道路在地面上的位置及其形状和尺寸,其设计内容依据交通运输任务、车辆行驶要求和沿线地形地质条件,按快速、经济和安全的原则,在规定的控制点(必经的地点)之间选定路线的布局并设定其位置,确定路线平面、纵断面和横断面的各项几何要素,进行道路的平面交叉和立体交叉设计等。路基路面、桥梁、涵洞和隧道是道路工程的主体构造物,其设计、修筑和养护须能保证在设计使用期内安全耐久地承受行车荷载的作用。交通工程和沿线附属设施包括交通安全和管理设施、服务设施(服务区等)、绿化、照明、管理设施(收费站、养护管理房屋)等。

第一节 道路分级和设计标准

一、道路分级

不同类型和等级的道路组成整个道路网,各条道路在路网中担负不同的使命,具有不同的功能,发挥着不同的作用。按照道路在路网中的地位、交通的性质和任务以及所承担的交通量,可将道路分为四类。

(1)高速道路——满足车辆长距离、快速行驶要求的主干线道路,其出入口完全受到控制,同其他道路无平面交叉,对向行车道之间设置分隔带,在各类道路中具有最高的服务水平和安全性。

(2)干线道路——承担重要集散中心(各个重要城市或城市内各主要区)之间大量长途车流的道路,它们组成道路网的主要骨架,并具有较高的服务水平。

(3)集散道路——连接地方道路(或支路)和干线道路网的道路,起着将各个地区的车流汇集和输送到干线道路,或者将干线道路的车流分散到各个地区的作用。

(4)地方道路(或支路)——直接为小区内部居民交通运输需求服务的道路,行程距离较短,交通量较小。

以上述道路的功能分类为基础,我国交通部和建设部分别对公路和城市道路进行了分级。

我国公路按使用任务、功能要求和所适应的交通量水平分为五个等级:高速公路、一级公路、二级公路、三级公路和四级公路。高速公路和一级公路为汽车分向、分车道行驶的专用公路,二级、三级和四级公路都为汽车和其他车辆共用(混合交通)的公路。各级公路所适应的交通量列于表6-1。

公 路 分 级　　　　　　表6-1

等　　级	高　　速			一　　级		二级	三级	四　级	
设计交通量预测期(年)	20			20、15		15	15	≤15	
双向车道数	8	6	4	6	4	2	2	2	1
交通量AADT(千辆/日)	60~100	45~80	25~55	25~55	15~30	5~15	2~6	<2	<0.4
出入口控制	完全控制			部分控制		—	—		
设计行车速度(km/h)	120、100、80			100、80、60		80、60	40、30	20	

注:1. AADT为各种车辆折合成标准车(小客车)的年平均日交通量(双向)。
　　2. 一级公路为干线公路、集散公路时,设计交通量预测期分别为20年、15年。
　　3. 根据地形条件和是否为干线公路,按表选择合适的设计行车速度。
　　4. 高速公路和二级公路的特殊困难路段,设计行车速度经论证可采用60km/h和40km/h。

我国城市道路相应地分为快速路、主干路、次干路和支路四类(表6-2)。快速路为仅供汽车行驶的道路,中央分隔,出入口完全控制。对于主干路,采用机动车与非机动车分隔行驶的形式。主干路和次干路的出入口采用信号控制。

应根据路网规划、道路的功能要求、使用任务和要求以及远景交通量大小,经综合论证后选定道路的等级。

城市道路分级 表6-2

类别	快速路	主干路	次干路	支路
设计交通量预测期(年)	20	20	15	10~15
出入口控制	完全控制	信号控制		—
设计行车速度(km/h)	100、80、60	60、50、40	50、40、30	40、30、20

注:条件许可时,设计行车速度尽量采用高值。

二、设计标准

各级道路需满足不同的使用要求。为适应不同的功能要求,对于各级道路的设计应规定一些基本的设计标准,以指导各项具体设计指标的制定。这些设计标准主要考虑以下几个方面。

1. 设计行车速度

道路设计行车速度(或设计速度)是规定道路的物理特征和运行特性的一项基本控制标准。它是车辆在具有某种设计特征(主要是道路几何特征)的路段上行驶时所能保持的最大安全行车速度。设计行车速度的选择,主要依据道路的等级(功能要求)和地形条件。道路几何特征(平面、纵断面、视距和横断面)的设计,在很大程度上依赖于所采用的设计行车速度。而设计行车速度越高,几何设计的标准和难度越高,道路的修建费用也越高(特别在地形复杂的地段)。然而,依据过低的设计行车速度修建的道路,如果需要进行改善提高,往往会耗资巨大,甚至因不可能实施而被迫将已有路线废弃。

各级公路和城市道路所推荐的设计行车速度,分别列于表6-1和表6-2中的末行。

2. 设计车辆

路上行驶着不同类型的车辆,各具不同的尺寸和性能。道路的车道宽度和高度净空应能容纳下这些车辆的通过。因而,车辆的尺寸和运行(驾驶)特性,会影响到车道和构造物几何尺寸(宽度、转弯半径、建筑限界等)的确定。设计时,从车辆组成中选取占主要组分的车辆作为代表车辆,以这些车辆的尺寸和驾驶特性要求作为设计控制。我国公路和城市道路设计规范选取三种类型的车辆:小客车、货车(大型车)和半挂车(铰接车)作为设计车辆,代表路上行驶车辆的主要组分;并依据这三类车辆的尺寸变化情况,规定了相应的标准尺寸,作为设计时的控制指标。表6-3列出了有关的规定值。

公路和城市道路设计用的设计车辆外廓尺寸(m) 表6-3

车辆类型	长度	宽度	高度	前悬	后悬	轴距
小客车	6(6)	1.8(1.8)	2(2)	0.8(0.8)	1.4(1.4)	3.8(3.8)
货车(大型车)	12(12)	2.5(2.5)	4(4)	1.5(1.5)	4(4)	6.5(6.5)
半挂车(铰接车)	16(18)	2.5(2.5)	4(4)	1.2(1.7)	2(3.8)	4+8.8(5.8+6.7)

注:括号外和括号内数值分别为公路和城市道路的设计车辆外廓尺寸。

不同车辆组成的交通量,按规定的折算系数折算成标准车(小客车)的交通量。各种车辆对标准车的折算系数,由车辆宽度与其平均行驶速度的比值推算得到。城市道路的车辆折算系数为:大型客车2.0、大型货车2.5、铰接车3.0。

3. 设计交通量

设计交通量及其分布特性是设计的基本控制因素之一,因为它是选择道路等级和确定所需车道数的一项主要依据。

设计时,按规定的远景设计期预测该时的交通量。要求的设计期,随道路等级的降低,变动于 10~20 年之间。公路技术标准和城市道路设计规范中的规定见表 6-1 和表 6-2。预测值是标准车的年平均日交通量(AADT),它是一年中通过路段某一断面的双向交通量的总和除以一年的天数所得到的平均值。

依据交通流特性分析得到的不同行车速度下的车道小时通行能力(表 3-1),需按照各级公路的使用特性和要求(设计行车速度、服务水平、出入口控制、分向分车道行驶等),相应折算为车道设计小时交通量,并表述为各级公路的年平均日适应交通量,列示于表 6-1 中。按远景设计期标准车的 AADT 预测值,参照表 6-1 所列各级公路的适应交通量,便可选用相应的公路等级。对于高速公路,AADT 预测值为 25 000~55 000 辆时,可选用双向四车道;AADT 预测值为 45 000~80 000 辆时,可选用双向六车道;而 AADT 预测值为 60 000~100 000 辆时,可选用双向八车道。

城市道路设计采用设计小时交通量来确定所需的车道数。设计小时交通量是设计年限主要方向的设计高峰小时交通量,可以按下式确定:

$$N = k \cdot \delta \cdot AADT \tag{6-1}$$

式中:k——设计高峰小时交通量与年平均日交通量 AADT 的比值系数,变动于 0.095~0.145 范围内,平均可取为 0.11;

δ——主要方向交通量同断面(双向)交通量的比值系数,平均可取为 0.6。

城市道路的交通流受交叉口及行人和非机动车的严重影响(如交叉口间距、交叉口交通组织方式、信号灯管制方式、机动车与非机动车和行人的分隔措施等),其车道设计交通量需考虑这些因素的影响,按道路的具体情况,对车道小时通行能力进行比公路更为复杂的修正和更大的折减。

4. 出入口控制

出入口控制是限制车辆在指定出入口以外的地点出入道路的路界。出入口控制的方式和数量,对于行驶质量和行车安全有很大的影响。

高速公路、快速路和收费道路应采用出入口完全控制的措施。这些道路同其他道路和铁路都不能采用平面交叉。路界的边界应设置禁入栅栏。由于出入口得到完全控制,便能保证路上车辆的行驶速度和行车安全。

其他等级道路设计成出入口为部分控制。在交通量大、车速高的干线道路上,应限制平面交叉点的数量,减少与支线的交叉。即便是低等级道路,设计时也应考虑限制出入口的数量。

5. 安全性

在任何情况下,设计的一个基本目的是使道路具有最大的安全性。设计准则和标准都把安全作为一项重要因素来考虑。与道路路线设计有关的安全性因素是:

(1) 出入口控制——这是对道路安全贡献最大的一项措施,出入口完全受控制,可以大量减少交通事故。

(2) 交叉口——车流产生冲突的地点,交通量、交通控制的方式、对左转车辆的保护措施等是影响交叉口安全的重要因素。

(3) 横断面——车道和路肩的宽度对交通安全有影响,其宽度越小,事故率往往越大。

(4) 线形——平曲线(特别是小半径曲线)上的事故率要比直线段上的大好几倍。

(5) 视距——交叉口、小半径曲线或窄桥处的视距如果受到限制,便容易产生交通事故。

(6) 交通量——交通量小的道路,车辆碰撞的几率小,发生的大多是单个车辆事故;交通量大的道路,出现的常是多辆车辆的追尾事故。

第二节　道路路线设计

路线设计是确定道路在地面上的位置及其形状和尺寸,其设计内容为:依据交通运输任务、车辆行驶要求和沿线地形地质条件,按快速、经济和安全的原则,在规定的控制点(必经的地点)之间选定路线的布局并设定其位置,确定路线平面、纵断面和横断面的各项几何要素,进行道路的平面和立体交叉设计等。

一、平面设计

受地形和障碍物的限制,道路的平面线形需由直线和曲线组成。曲线的主要部分通常采用圆曲线,而在直线和圆曲线之间插入缓和曲线(图6-1)。车辆以一定的速度在圆曲线上行驶时,会产生离心力。此离心力有使车辆向外侧倾倒的倾向。离心力的大小同车速的平方成正比,而同圆曲线半径成反比。因而,可按照车辆不会因离心力作用而倾倒以及该级道路的设计行车速度的要求,计算确定圆曲线半径的限制值。

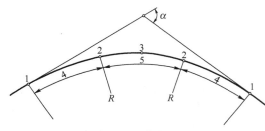

图6-1　平曲线组成

1-缓和曲线起点;2-缓和曲线终点(圆曲线起点);3-圆曲线中点;4-缓和曲线长;5-圆曲线长;R-圆曲线半径;α-路线转角(圆曲线中心角)

为了平衡离心力对车辆的外倾作用,可以把道路的横断面做成向曲线内侧单向倾斜(图6-2)。这种倾斜称作超高。设置超高后,由于平衡了一部分离心力的作用,在一定的设计行车速度条件下,圆曲线半径的限制值可以适当降低。然而,超高横坡度不能设置得过大,否则会引起车轮在路面上的横向滑移。公路规定的最大超高值为:高速公路和一级公路10%,二级公路、三级公路和四级公路8%,但积雪和严寒地区不得大于6%。城市道路的规定为:设计行车速度为100km/h和80km/h时,最大超高值为6%;设计行车速度为60km/h和50km/h时,最大超高值为4%;设计行车速度为40km/h、30km/h和20km/h时,最大超高值为2%。

因而,在设计规范中,对于平曲线最小半径规定了三种限值:不设超高时的平曲线最小半径、设最大超高时的平曲线最小半径(或称极限最小半径)以及超高低于最大值时的平曲线最小半径(或称一般最小半径或推荐最小半径)。公路和城市道路规范对这三种最小半径的规定值,分别列于表6-4和表6-5。路线设计时,应尽可能采用大于或等于表列的一般或推荐最小平曲线半径;在受地形或其他条件限制而不得已时,方可采用极限最小半径。

在直线段和一定半径的圆曲线之间,需插入一段其曲率半径逐渐过渡的缓和曲线(回旋线,见图6-1),使车辆受到的离心力,

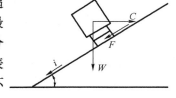

图6-2　曲线超高

W-车重;C-离心力;F-侧向摩阻力;i-超高横坡

各级公路平面、纵断面和视距主要设计指标的设计标准 表 6-4

等级		高速公路			一级公路			二级公路		三级公路		四级公路
设计行车速度(km/h)		120	100	80	100	80	60	80	60	40	30	20
最小平曲线半径(m) 极限 一般 不设超高		650 1 000 5 500	400 700 4 000	250 400 2 500	400 700 4 000	250 400 2 500	125 200 1 500	250 400 2 500	125 200 1 500	60 100 600	30 65 350	15 30 150
平曲线最小长度(m)	一般值	600	500	400	500	400	300	400	300	200	150	100
	最小值	200	170	140	170	140	100	140	100	70	50	40
缓和曲线最小长度(m)		100	85	70	85	70	50	70	50	35	25	20
最大纵坡(%)		3	4	5	4	5	6	5	6	7	8	9*
合成坡度(%)		10.0	10.0	10.5	10.0	10.5	9.5	10.5	9.5	10.0	10.0	10.0
最小坡长(m)		300	250	200	250	200	150	200	150	120	100	60
最小竖曲线半径(m) 一般(凸形) 一般(凹形)		17 000 6 000	10 000 4 500	4 500 3 000	10 000 4 500	4 500 3 000	2 000 1 500	4 500 3 000	2 000 1 500	700 700	400 400	200 200
竖曲线最小长度(m)		100	85	70	85	70	50	70	50	35	25	20
停车视距(m)		210	160	110	160	110	75	110	75	40	30	20

注：* 在积雪冰冻地区或高程超过 2 000m 时，最大纵坡不得大于 8%。

各级城市道路平面、纵断面和视距主要设计指标的设计标准 表 6-5

设计行车速度(km/h)	100	80	60	50	40	30	20
平曲线最小半径(m) 极限 一般 不设超高 不设缓和曲线	400 650 1 600 3 000	250 400 1 000 2 000	150 300 600 1 000	100 200 400 700	70 150 300 500	40 85 150 —	20 40 70 —
圆曲线最小长度(m)	85	70	50	40	35	25	20
缓和曲线最小长度(m)	85	70	50	45	35	25	20
最大纵坡推荐值(%) 极限值(%) 合成坡度(%)	3 4 7	4 5 7	5 6 6.5	5.5 6 6.5	6 7 7	7 8 7	8 8 8
坡段最小长度(m)	250	200	150	130	110	85	60
竖曲线最小半径(m) 一般(凸形) 一般(凹形)	10 000 4 500	4 500 2 700	1 800 1 500	1 350 1 050	600 700	400 400	150 150
竖曲线最小长度(m) 一般值 极限值	210 85	170 70	120 50	100 40	90 35	60 25	50 20
停车视距(m)	160	110	70	60	40	30	20

注：在严重冰冻地区，最大纵坡推荐值和合成坡度不得超过 6%。

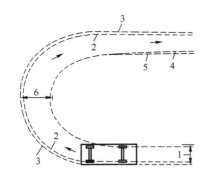

图 6-3 车辆在平曲线上的转弯行驶轨迹
1-直道上车厢宽;2-左前轮轨迹;3-前悬轨迹;4-右后轮轨迹;5-后悬轨迹;6-弯道上车厢宽

由直线段上的零均匀地变化到圆曲线上的某一相应值。当公路或城市道路的圆曲线半径分别超过不设超高或不设缓和曲线的最小半径值(表6-4和表6-5)时,由于离心力的变化量不大,可以不设置缓和曲线。设缓和曲线时,其长度会影响车辆在缓和曲线上离心力的变化率,也即影响乘客的舒适性,因而,缓和曲线所需的最小长度随设计行车速度而增长,其规定值列于表6-4和表6-5中。

车辆在曲线上行驶时,其前后轴车轮有不同的行驶轨迹。为保持后轴内侧车轮的外缘仍行驶在路面边缘内,圆曲线路段的路面宽度需加宽(图6-3)。所需的加宽值随车辆尺寸的增大和曲线半径的减小而增加。双车道公路的加宽值见表6-6;城市道路每条车道所规定的加宽值见表6-7。

缓和曲线段的路面加宽,则由接近直线段处的零逐渐变化到接近圆曲线处的加宽值,称作加宽缓和段。

双车道公路圆曲线段的路面加宽值(m)　　　　　表 6-6

加宽类别	汽车轴距加前悬(m)	圆曲线半径(m)							
		<250~200	<200~150	<150~100	<100~70	<70~50	<50~30	<30~25	<25~20	<20~15
1	5	0.4	0.6	0.8	1.0	1.2	1.4	1.8	2.2	2.5
2	8	0.6	0.7	0.9	1.2	1.5	2.0	—	—	—
3	5.2+8.8	0.8	1.0	1.5	2.0	2.5	—	—	—	—

城市道路圆曲线段每个车道的路面加宽值(m)　　　　　表 6-7

设计车辆	圆曲线半径(m)								
	250~>200	200~>150	150~>100	100~>60	60~>50	50~>40	40~>30	30~>20	20~>15
小客车	0.28	0.30	0.32	0.35	0.39	0.40	0.45	0.60	0.70
货车	0.40	0.45	0.60	0.70	0.90	1.00	1.30	1.80	2.40
铰接车	0.45	0.55	0.75	0.95	1.25	1.50	1.90	2.80	3.50

二、行车视距

驾驶员在驾驶过程中看见前方障碍物或车辆而采取停车或避绕(超越)时,车辆所行驶的道路长度,称为行车视距,它是为保证行车安全必须考虑的一项设计因素。

行车视距有三种,如图6-4所示。

1. 停车视距

驾驶员看到前方障碍物后,采取紧急制动所需的距离。它包括驾驶员做出反应采取制动措施的行驶距离、车辆减速到完全停止所行驶的距离以及同障碍物之间的安全距离三部分。分析时,驾驶员的视线高度取为1.2m,障碍物的高度取为0.1m。

2. 会车视距

两辆对向行驶的车辆在同一条车道上采取紧急制动所需的距离。它包括双方驾驶员做出反应所需的行驶距离、双方车辆减速到停止所行驶的距离以及两辆车辆间的安全距离。可以推论,会车视距约为停车视距的两倍。

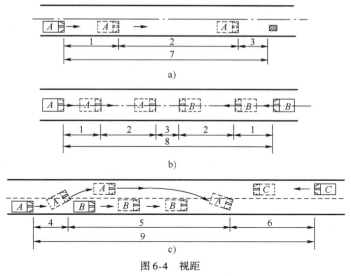

图 6-4 视距
a)停车视距;b)会车视距;c)超车视距

1-驾驶员制动反应距离;2-制动距离;3-安全距离;4-驾驶员做出超越判断和驶向对向车道的距离;5-在对向车道上加速行驶以超越前车并返回原车道的距离;6-对向车辆在超越车从加速超越到完成超越期间的距离;7-停车视距;8-会车视距;9-超车视距

3. 超车视距

在双车道道路上,车辆超越同一车道上的前车而不同对向车辆相撞所需的行驶距离。它由四部分距离组成:驾驶员做出超越判断并进行加速以驶向对向车道所行驶的距离,在对向车道上加速行驶以超越前车并返回原车道所行驶的距离,对向车辆在超越车从加速超越到完成超越期间所行驶的距离,超车完成时超越车同对向车之间的安全距离。

公路设计规范规定,对于不可能出现对向车辆相遇的高速和一级公路采用停车视距;其他等级公路采用会车视距;而对于对向行驶的双车道公路,应结合地形对部分路段按超车视距要求。城市道路规范规定采用停车视距,而对于有会车可能的路段则采用会车视距。

车辆在弯道上行驶时,驾驶员的视线如受弯道内侧的树木、建筑物、路堑边坡或其他障碍物遮挡,则应将这些障碍物清除掉。清除的范围可采用图解法绘出视距包络线后确定(图6-5)。

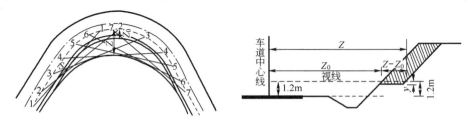

图 6-5 平曲线上视距包络线和障碍物清除断面图示

1-1、…、7-7-视距 s;Z-横净距;Z_0-至障碍物间距;$Z-Z_0$-清除宽度;y-视线(1.2m 高)下清除高度

三、纵断面设计

道路的纵断面随着地形的起伏而变化。它由直线坡度段和相邻坡度段间插入的抛物线形

或圆形竖曲线所组成。车辆在纵向坡度段升坡行驶时,需克服坡度阻力。随着纵坡度的增大,坡度阻力相应增加,而车辆克服坡度阻力后所剩余的牵引功率便减小,因而车辆所能达到的速度便降低。车辆在维持一定行驶速度的条件下所能克服的坡度阻力,同车辆的爬坡性能有关。小客车的爬坡能力要比货车和半挂车或铰接车大得多。确定道路纵坡最大限值时,主要选货车、半挂车或铰接车作为代表车型。同时,随着纵坡的增大,车辆的燃油消耗也增加。纵坡值如果定得过大,则车辆的行驶速度会过低,燃油消耗会过多,从而增加运输成本;纵坡值如果定得过小,则在地形起伏较大时会造成填挖工程量过大而增加建设投资。因而,纵坡度的选用和最大限值的规定,需对运营与建设两方面综合论证确定。公路所规定的最大纵坡度限值,随公路等级提高和地形变平坦而降低,具体数值见表6-4。城市道路规定了两个最大纵坡度限值(表6-5),一般情况下采用推荐值;当受条件限制而不得已时,方可采用极限值。

车辆在弯道坡度段上行驶时,除纵向坡度外,还受到横向坡度的影响。纵向和横向坡度合成的斜向坡度要比单个纵向坡度大。因而,除限定纵向坡度外,还要对合成坡度做出限定,以限制弯道上的纵坡值。此外,在重丘山岭地区,如采用连续的大纵坡,则车辆会由于发动机功率降低过多而影响行车速度和安全。为此,对大纵坡段的长度给以限制,并要求设置一定长度的缓和坡段(其坡度不大于3%)。

在两个相邻的纵坡段之间要插入竖曲线,以保证车辆行驶的平顺和舒适,同时也为了保证行车安全所需的视距要求。竖曲线常采用二次抛物线(公路)或圆曲线(城市道路),二者差别不大。对于凸形竖曲线,所需设置的竖曲线半径大小和竖曲线长度,主要依据行车平稳的要求以及保证视距的要求确定,如图6-6所示,驾驶员的视线高度为1.1m,停车视距时要能看见前方地面0.15m高的障碍物,超车视距时要能看清对向车辆1.4m高的车顶。而对于凹形竖曲线,所需设置的竖曲线半径大小和竖曲线长度,除了考虑限制车辆在凹形竖曲线上行驶时产生的离心加速度值(行驶舒适性)外,还需考虑夜间行驶时车辆前照灯照射的灯光视距要求(图6-7),以及车辆穿过跨线桥时净空对视距的影响等因素(图6-8)。公路和城市道路设计规范规定的凸形和凹形竖曲线的最小半径和最小长度限值,分别列于表6-4和表6-5。

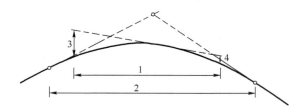

图6-6 凸形竖曲线上的视距
1-视距;2-竖曲线长;3-驾驶员视线高;4-障碍物高

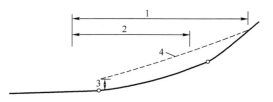

图6-7 凹形竖曲线上的前照灯视距
1-视距;2-竖曲线长;3-前照灯高;4-前照灯光束

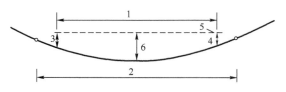

图6-8 跨线桥下的视距
1-视距;2-竖曲线长;3-驾驶员视线高;4-障碍物高;5-构造物下边缘;6-桥下净空

为了保证行驶的平稳,减少驾驶时变换排挡的次数,并有足够距离以设置竖曲线和相邻竖曲线间的切线长度,纵坡段的变化不能过多,变坡点之间的间距不能过短,竖曲线的长度也不宜过短。为此,设计规范对纵坡段最小长度和竖曲线最小长度都做出了限定。

四、横断面设计

道路横断面由行车道、中间带(公路)或交通分隔带(城市道路)、路肩(公路)或人行道(城市道路)、道路边缘带(边沟、边坡、路边等)单元组成。横断面设计,主要是按道路等级和功能要求,在公路路界或城市道路规划红线范围内选择断面形式,布置组成单元,确定各组成部分的尺寸(宽度)。

1. 公路横断面

行车道宽度取决于每个车道的宽度和车道数。车道宽度随车辆的宽度和它到路面边缘间的安全距离要求而定,一般变动于3.5~3.75m范围内,大部分情况采用后者,条件困难时方取用低值(如山岭区)。

所需的车道数取决于设计交通量和车道的实际通过能力。对于高速公路和一级公路,一般为双向四车道,设计交通量超过其通过能力时,可按双数增加。其他等级公路一般为双向两车道。四级公路在交通量少时也可采用单车道,而间隔适当距离设置错车道。

高速公路和一级公路应设置中间带,将双向的车流分隔开。高速公路也可设置成分离式横断面,即将双向车流分开,分别在不同的水平面上,也可在同一水平面。中间带由两条分设在不同方向行车道左侧的路缘带以及中央分隔带组成。在中央分隔带上设置必要的安全、防眩或导向设施。

公路行车道的两侧需设置路肩,作为对路面结构的侧向支承,并可供车辆在紧急情况时偶然停留。高速公路和一级公路,在路肩宽度内设置右侧路缘带;当路肩的宽度小于2.5m时,应设置应急停车带,供车辆因故障或其他原因临时停留用。应急停车带的宽度为3.5m,有效长度不小于30m,设置间距不大于500m。采用单车道的四级公路,需间隔适当距离设置错车道,其宽度不小于6.5m,有效长度不小于20m。

路基顶面的宽度为上述各部分宽度的总和。各级公路各部分宽度的规定尺寸汇总列于图6-9中。

2. 城市道路横断面

城市道路的快速路,其横断面布置与高速公路相同。其他类型道路上除了行驶各种汽车外,还有大量非机动车,同时还要设置人行道。为了分隔开不同的交通流,以提高各种车流的通过速度,城市道路的横断面常布置成图6-10中所示的单幅、双幅、三幅和四幅等形式。单幅路适用于非机动车较少的次干路和支路。每个方向的车道数为两个以上,而非机动车较少时,则采用设中间分隔带的双幅路形式。如果非机动车数量大,则可设立两侧分隔带,把机动车和非机动车分隔开,从而形成三幅路。而在机动车和非机动车数量都很大时,可同时设立中间分隔带和两侧分隔带,组成四幅路横断面。

机动车的行车道宽度一般采用3.5~3.75m(设计行车速度<40km/h时,取3.5m)。非机动车道的宽度一般取1m(自行车)或2m(三轮车)。车道数按设计交通量和车道实际通行能力确定。设在行车道中央的中间带最小宽度,按设计行车速度大小,分别设为3.0m、2.5m和

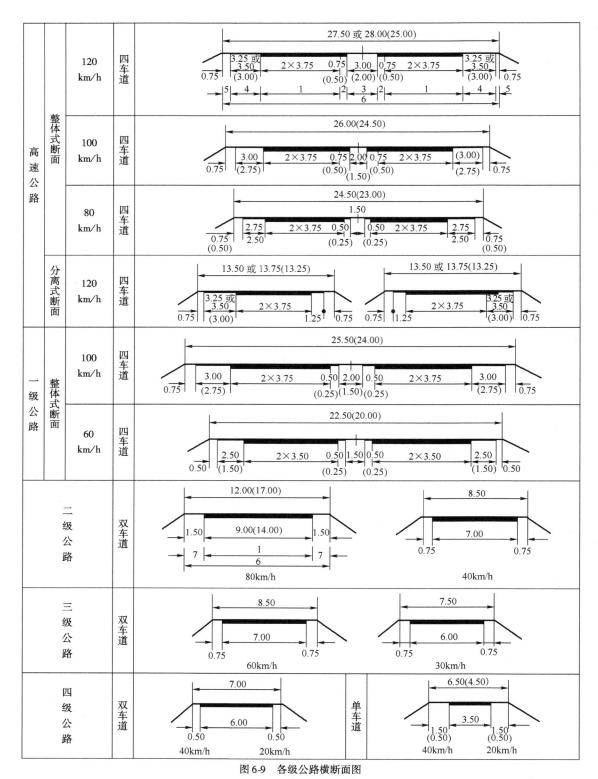

图 6-9 各级公路横断面图
（括号内数值为困难或特殊情况下的限值）
1-行车道；2-左侧路缘带；3-中间带；4-硬路肩；5-土路肩；6-路基宽；7-路肩

2.0m;设在机动车道和非机动车道之间的分隔带最小宽度相应为 2.25m、2.25m 和 2.0m。

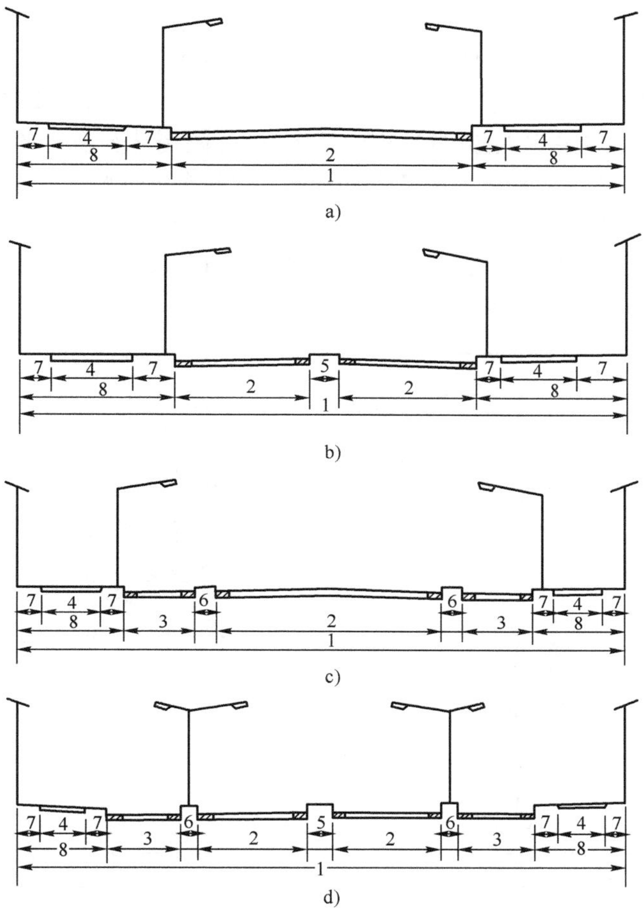

图 6-10 城市道路横断面布置图
a)单幅路;b)双幅路;c)三幅路;d)四幅路
1-红线宽;2-行车道;3-非机动车道;4-人行道;5-中间分隔带;6-两侧分隔带;7-绿化带或设施带;8-路侧带

行车道两侧为路侧带,由人行道、绿化带和设施带组成。人行道宽度按高峰小时行人流量确定,其最小宽度在大城市为 3~5m,中、小城市为 2~4m。绿化带的净宽度视绿化栽种品种而异,可变动于 0.8~5.0m 之间。设施带内设置行人护栏、照明灯柱、信号灯柱、标志牌等,其宽度视需要变动于 0.25~0.50m(行人护栏)之间或 1.0~1.5m(杆柱)之间。

五、平面交叉设计

两条或多条道路在同一地点接合或相互穿越时,称为交叉。如果交叉出现在同一平面上,属于平面交叉;不在同一平面上的交叉,则称作立体交叉。

平面交叉可以按照交叉道路的条数及相交的角度和位置,分为三条路相交的 T 形(正交)或 Y 形(斜交)交叉,四条路相交的正交、斜交或错开交叉,五条或五条以上道路相交的交叉以及环形交叉等形式。

车辆通过平面交叉口时会遇到的主要问题是,可能同其他方向行驶的车辆发生冲突而降低行驶速度或者酿成行车事故。车辆间的冲突可按方式和严重程度依次分为分流(分为不同的流向)、汇合(合为同一个流向)和穿越(与其他流向相交)三种形式,如图6-11所示,三条路交叉的冲突点有9个(其中穿越点3个);四条路交叉的冲突点有32个(其中穿越点16个);而五条路交叉时,冲突点增加到了80个(其中穿越点增长到50个)。交叉口设计的主要目的和任务便是采取措施减少冲突点,降低冲突的严重程度,限制冲突发生的频率,使冲突区内的冲突形式单一化,以提高行驶质量和保障行车安全。这些措施主要有五类:

(1)在交叉口设置交通信号灯控制——由于限制部分方向的车辆通行,冲突点可以大大减少;例如,设信号灯控制的四条路交叉,其冲突点便可由不设时的32个降低到10个,特别是左转车流的穿越点可由12个减少到2个(图6-11)。

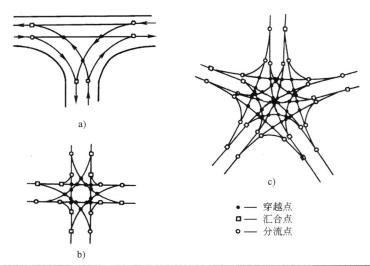

冲突点类型	3条路交叉	4条路交叉	5条路交叉
分流点	3(2或1)	8(4)	15(4)
汇合点	3(2或1)	8(4)	15(6)
左转穿越点	3(1或0)	12(2)	45(4)
直行穿越点	0(0或0)	4(0)	5(0)
冲突点总数	9(5或2)	32(10)	80(14)

注:括号内数字为设信号控制时的冲突点数。

图6-11 交叉口区域内的冲突点
a)三条路交叉;b)四条路交叉;c)五条路交叉

(2)采用各种渠化交通措施——采用路面标线、设置分隔带和交通岛(导流岛)等措施,将对向车流、直行和左右转车流、机动车和非机动车流、车流和人流等分隔开,使之各行其道,互不干扰;并且,可以限制车道宽度和车流方向,以缩小交叉区的范围,控制车速和防止超车,使斜交穿越的车流变为直角相交(图6-12)。

(3)增设转弯车道——在左转或右转车辆多时,可在邻近交叉口的路段内分别增设左转或右转专用车道,以保证直行车道的通行能力(图6-13)。

(4)减少交叉道路的条数和合理布置交叉的形式以减少交叉口的冲突点。

(5)交通量大时,采用立体交叉。

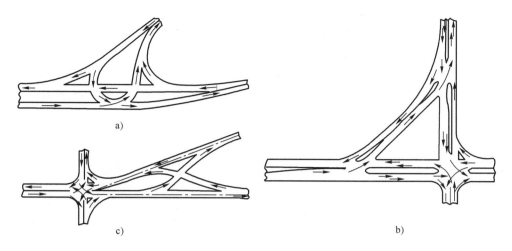

图 6-12 交叉口渠化交通组织
a)三条路交叉;b)四条路交叉;c)五条路交叉

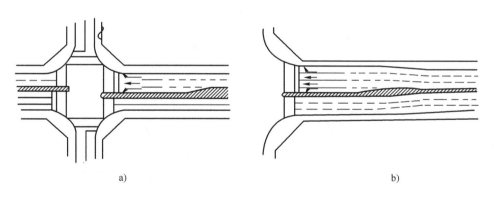

图 6-13 增设左转弯车道
a)中央分隔带宽时;b)中央分隔带窄时
(图中阴影部分为中央分隔带)

六、立体交叉设计

立体交叉是避免交叉车辆冲突和提高交叉口通行能力的最有效的方法。当然,工程的复杂性、所需的投资量以及所占用的土地面积都要大得多。

立体交叉的形式,随交通量和交通流方向的要求、交通控制的类型和方式、地形和可利用土地等因素而变,可以多种多样。

1. 分离式立体交叉

在相交道路的交叉点处,仅修建一座立交桥,保证直行方向的交通互不干扰,相交道路上、下之间无匝道连通。这种立交形式简单、占地少、工程量小,适宜于直行交通量大、转弯车辆不多的场合。一般采用完全分离、两层立交和三层立交三种形式。

(1)完全分离式——相交道路上、下之间不能互相连通,只保证直行交通不受干扰,这种形式主要用于公路与铁路相交或者高速公路、一级公路与低等级公路或其他道路相交。

(2)分离式两层立交——与次要道路相交的主要道路,左转交通较少时,可在交叉口处修建一座跨线桥或地道桥,供直行车辆通行,而保留右转车道供转弯车辆行驶,并允许左转车辆与次要道路的直行车辆作平面交叉(出现8个穿越点),见图6-14a)。

(3)分离式三层立交——两条主要道路相交时,可分别采用跨线桥和地道桥供直行车辆行驶,而左转车辆在跨线桥和地道桥中间的层面上作平面交叉(穿越点减少为4个),见图6-14b)。

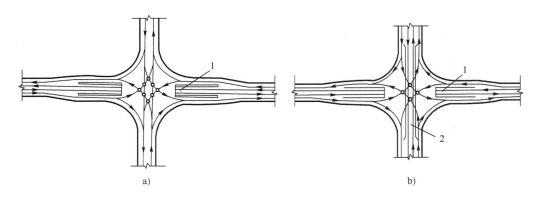

图6-14 分离式立体交叉
a)分离式两层立交;b)分离式三层立交
1-地道桥;2-跨线桥

2. 互通式立体交叉

除修建立交桥外,还设置连接上、下道路的匝道,使转弯车辆通过匝道与直行车道互相沟通,以确保各个方向的车流行驶通畅。这种立交的平面设计和交通组织较为复杂,占地多,工程量大,但交通功能好,适宜于交通量大的高速道路。按各个行驶方向的交通量大小和地形、地物条件的不同,可采用不同形式的互通式立交,其基本形式有三类。

(1)菱形立交(图6-15)——最简单的一种互通式立交。设置4个匝道供转弯车辆行驶,左转车辆在次要道路的匝道端部转弯,在此形成3个穿越点。这种形式所需的土地少,造价低,转弯车辆的绕行路程短,适用于次要道路的交通量和左转车辆较少的交叉口。

(2)苜蓿叶形立交(图6-16)——通过采用匝道(交织路段)消除所有的穿越冲突点。匝道用一个分流点和随后的一个汇合点替代一个穿越点,所以每条直行路上有两个出口和入口点。第一个出口点设在立交构造物之前的300~600m处,供车辆右转出去;第二个出口紧接在立交构造物后,供车辆左转到另一条道路。左转进入车辆的入口设在构造物前。在接近构造物出入口之间设置匝道,它是苜蓿叶形立交设计的关键部分。虽然这种形式消除了左转车辆的穿越冲突点,但它需要较长的绕行路程、较高的运行费用和较大的占地面积。

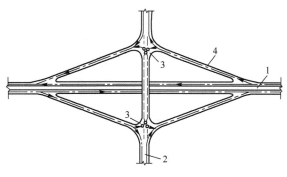

图6-15 菱形立体交叉
1-主要道路;2-次要道路;3-穿越点;4-右转匝道

(3)定向形立交(图6-17)——为各个方向的车流都设置直接连通的定向匝道,保证交通的便捷、通畅和安全,是互通式立交的最有效的形式。然而,这种立交布局复杂,需要较多的跨线构造物和占用较多的土地。

图6-16　苜蓿形立体交叉
1-跨线桥;2-右转匝道;3-左转匝道

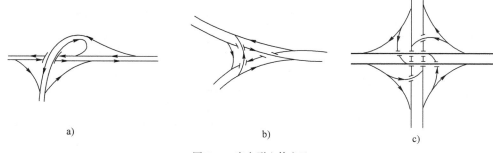

图6-17　定向形立体交叉
a)T形立交;b)Y形立交;c)十字形立交

第三节　路基和路面

路基和路面是道路的主要结构物。

路基是基础结构物,为实现车辆在道路上行驶提供基本条件,并且支承路面结构以承受车辆荷载的作用。路基由土质或石质材料组成,断面形式可分为路堤、路堑和半填半挖三种基本类型,其组成元素与铁路路基相同(见第五章图5-3)。各级公路的路基顶面宽度,见图6-9。各项路基设计内容,与铁路路基相近。因而,本节主要介绍路面。

一、路面使用性能要求

路面直接经受行车的作用,并受到环境因素(温度和降水)的不利影响。其性能对于车辆的行驶质量(速度和舒适性)、经济性(运行费用)和安全性有着直接和重要的影响。为此,对

路面的使用性能提出以下要求:

(1) 表面平整——使车辆在一定速度下行驶时不出现难以接受的颠簸和振动,并降低车辆运行费用。

(2) 经久耐用——不出现使结构整体性受到破坏的断裂或裂缝、影响车辆行驶平稳性的过大变形、表层材料的耗损或散失等损坏;能满足预定的设计使用期内车辆荷载重复作用次数的要求。

(3) 抗滑性能好——路表面具有足够的抗滑能力,以保证行车安全。

(4) 噪声低——途经居民区的道路路面,应降低轮胎—路表面的滚动接触噪声,减少对环境的噪声污染。

二、路面结构组成和类型

路面是由不同材料组成的多层次复合结构。为侧向支持行车道路面结构,在其外侧设有路肩。路肩也是多层次的复合结构。为排除降落到路面上的地表水,行车道和路肩的表面设置向外侧倾斜的横坡(1%~2.5%)。为排除路面结构内的渗入水,可设置内部排水系统。直接位于路面结构下的路基部分称作路床。图6-18是一种典型的路面结构横断面。

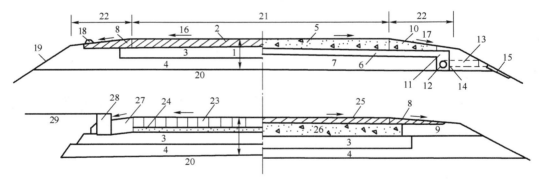

图6-18 路面结构横断面

1-路面结构;2-沥青面层;3-基层;4-垫层;5-水泥混凝土面层;6-排水基层;7-(不透水)垫层;8-路肩沥青面层;9-路肩基层;10-路肩水泥混凝土面层;11-纵向集水沟;12-纵向集水管;13-横向排水管;14-反滤织物;15-坡面冲刷防护;16-行车道横坡;17-路肩横坡;18-拦水带;19-路基边坡;20-路床;21-行车道宽度;22-路肩宽度;23-块料面层;24-垫砂层;25-沥青上面层;26-连续配筋混凝土下面层;27-平石;28-侧石;29-人行道

各类路面的结构层次可分为面层、基层和垫层三个基本层次。

1. 面层

直接外露地表,承受行车荷载作用和环境(水和温度)影响的路面结构层次。它应具有足够的结构强度及良好的温度稳定性、水稳定性,并耐磨、抗滑和平整。

按面层所用材料的不同,可分为沥青面层、水泥混凝土面层、复合式面层、块料面层和粒料面层五类。

(1) 沥青面层——由不同粒径的级配集料和沥青组成的混合料,经拌和、摊铺和碾压而成;或者由碎石和沥青分层撒(洒)铺和碾压而成。面层通常分为两层。上层称为磨耗层,需采用优质材料以满足耐磨、抗滑、平整、低噪声等表面性能的要求。用作磨耗层的沥青混合料类型有:密级配沥青混凝土、沥青玛蹄脂碎石、开级配沥青磨耗层(或多空隙沥青排水层)和沥青表面处治。下层称为联结层,起提高面层结构性能(抗剪切、抗疲劳开裂等)、改善平整度、阻止表面水下渗等作用,主要采用密级配沥青混凝土。

(2)水泥混凝土面层——由不同粒径的级配集料和水泥组成的混合料,经拌和、摊铺和振捣压实,或加入钢筋或钢纤维等加劲材料后,形成普通水泥混凝土、碾压混凝土、钢筋混凝土、连续配筋混凝土、钢纤维混凝土、预应力混凝土等不同种类的混凝土面层。

(3)复合式面层——由上述两种不同类型和性质的面层组合成上(沥青)、下(水泥混凝土)面层。

(4)块料面层——由模压混凝土预制块或块石铺砌而成的面层。

(5)粒料面层——由不同粒径的级配碎石或砾石粒料,经拌和、摊铺和碾压而形成的面层。

面层所需厚度,视道路等级、交通繁重程度、面层类型和材料性质等因素而定。表6-8和表6-9所列为沥青面层及水泥混凝土面层的常用厚度参考范围。

沥青面层厚度参考范围   表6-8

道路等级	面层类型	设计年限(年)	设计期内设计车道标准轴载累计作用次数($\times 10^6$)	厚度参考范围(mm)
高速公路、一级公路快速路、主干路	沥青混凝土沥青玛蹄脂碎石开级配沥青磨耗层	15	>25	>180
			25~12	180~160
			12~8	160~130
			8~4	130~100
二级公路主干路或次干路	沥青混凝土	12	4~2	100~80
			2~1	80~50
三级公路、次干路或支路	沥青表面处治	8	<1	40~20
四级公路、支路		6		30~10

注:路面设计以重100kN的单轴荷载作为标准轴载,各级轴载的作用次数相应换算为标准轴载作用次数。

水泥混凝土面层厚度参考范围   表6-9

道路等级	设计年限(年)	设计期内设计车道标准轴载累计作用次数($\times 10^6$)	厚度参考范围(mm)
高速公路、一级公路快速路、主干路	30	≥20	≥260(高速)或≥250(一级、主干)
		20~1.0	270~230
二级公路主干路或次干路	20	≥20	≥240
		20~1.0	250~220
		1.0~0.03	240~210
三、四级公路、支路		1.0~0.03	230~200
		≤0.03	≤230

注:路面设计以重100kN的单轴荷载作为标准轴载,各级轴载的作用次数相应换算为标准轴载作用次数。

2. 基层

基层是路面结构的主要承重层,把由面层传下来的应力扩散到路基。它应具有足够的强度、刚度(扩散荷载的能力)和稳定性。

基层可选用下述材料修筑而成:

(1) 沥青碎石或沥青贯入碎石；
(2) 贫水泥混凝土或碾压混凝土；
(3) 水泥或石灰—粉煤灰稳定粒料或土，石灰稳定土；
(4) 各种粒料（碎石、级配碎石或砾石、天然砂砾等）。

基层所需厚度视交通繁重程度、所选用基层材料的性质和面层类型而定，变动于80～500mm范围内。基层厚度大时，可分设两层，分别称为上基层和底基层。上基层和底基层可采用相同材料或分别采用不同材料。

3. 垫层

其主要作用为改善路床的湿度和温度状况，以保证面层和基层的强度稳定性和抗冻胀能力；并扩散由基层传来的荷载应力，以减小路床所产生的变形量。因而，通常在冰冻地区和路基水温状况不良时设置垫层。垫层材料主要有：

(1) 各种粒料（碎石、级配碎石或砾石、天然砂砾、工业废渣等）；
(2) 石灰或石灰—粉煤灰稳定土。

季节性冰冻地区的垫层厚度，按路面结构的最小防冻厚度要求确定。其他地区的垫层厚度，通常在150～250mm范围内。

路面类型、结构层次和组成材料的选择以及结构层厚度的确定，依据道路等级、交通繁重程度、路基承载能力、材料供应情况、当地环境（气温和降水等）、施工条件（设备、工艺、施工期限等）、资金筹措等多项因素，综合考虑和分析后做出决定。

三、路肩和路面排水

设置在行车道路面两侧的路肩或人行道，也要有一定的强度以承受车辆荷载的偶然停留或行人的作用。其结构由面层和基层组成。对于轻交通道路，可用级配良好的砾石或碎石作为路肩面层材料；中等交通的道路，则宜铺设沥青表面处治作面层；重或特重交通道路，宜采用沥青混合料或水泥混凝土作面层。面层下，应按照道路等级或交通繁重程度设置稳定粒料或粒料基层。

路面和路肩表面需修建成直线形或抛物线形路拱，以迅速排除降落在路表面的水，减少降水沿路面裂缝或接缝的下渗。路拱的横坡度随路面透水性的增加而加大，水泥混凝土和沥青混凝土的平均横坡为1%～2%；其他沥青类面层为1.5%～2.5%；粒料面层为2.5%～3.5%。路肩的横坡要比路面的横坡大1%～2%。

在降水量大的地区，为迅速排除渗入路面基层或垫层内的水分，以免积滞在路槽内降低基层或垫层的强度和稳定性，可在路面结构内部设置排水设施，如排水基层和纵向边缘排水系统（纵向集水沟和管），如图6-18上部右侧图所示。

第四节 道路排水和桥涵构造物

一、道路排水

为了迅速排除降落在道路路界内的地表水，将公路上侧方的地表水和地下水排泄到公路的下侧方,以防止道路路基和路面结构遭受地表水和地下水的浸湿、冲刷等破坏作用,需设置各种拦截、汇集、疏导、排泄等地表和地下排水设施,组成道路排水系统。

道路排水可划分为五种类型(图6-19)。

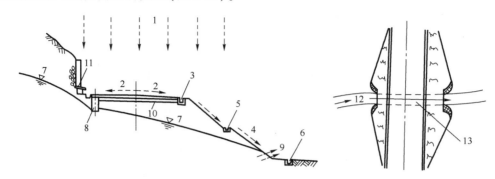

图6-19 道路排水的类型

1-降水;2-路面表面排水;3-边沟;4-坡面排水;5-排水沟;6-坡脚排水沟;7-地下水位;8-地下排水渗沟;9-涌水;10-排水基层;11-挡土墙墙背排水;12-溪流;13-横断排水构造物

(1)路界表面排水——设置沟渠、管道、进水口和集水井等设施,汇集和排除道路用地范围内的地表水,包括路界范围内(行车道和路肩、中间带及路基坡面和自然坡面)的地表径流、可能进入路界的道路毗邻地带的地表水以及由相交道路流入路界的地表排水等。

(2)横向穿越排水——道路跨越河流、溪沟、渠道、洼地时,设置桥梁或涵洞等构造物,将道路上游侧的地表径流引排到道路下游侧。

(3)地下排水——设置渗沟等设施,拦截、降低、疏干、排除可能危及路基稳定或影响路基路面结构强度和抗变形能力的含水层地下水。

(4)路面结构内部排水——设置排水基层或垫层和纵向边缘排水沟,排除通过裂缝、接缝、面层空隙下渗到路面结构内部,或者由路基或路肩渗入并滞留在路面结构内的自由水。

(5)构造物排水——排除构造物(桥梁、隧道、支挡结构物等)的表面径流,或者渗入其内部的自由水。

二、桥梁和涵洞

道路跨越河流、溪沟、渠道、洼地时,需设置桥梁或涵洞等排水构造物。按跨越水面的宽度,选择不同跨径的单孔或多孔桥梁或涵洞构造物。这些构造物可按单孔跨径或多孔跨径总长度进行分类,见表6-10。高速公路和一级公路上的各类桥涵及其他等级公路上的小桥和涵洞,其位置选择、线形及其与公路的衔接,应服从路线布局的要求。二级、三级和四级公路上的特大桥、大桥和中桥的桥位,可综合考虑路线走向要求及河道水流和地质情况,进行比选。桥梁和涵洞的孔径尺寸应能满足排泄规定设计频率时的设计流量。各级公路各类桥涵的设计洪水频率要求见表6-10。不同设计频率时的设计流量通过水文调查和分析后确定。

桥梁结构应能经受住车辆荷载的作用。结构设计时所考虑的车辆荷载,分为计算荷载和验算荷载两种。计算荷载以汽车车队表示,其中有一辆主车和一辆重车;验算荷载以履带车或平板挂车表示。计算荷载和验算荷载按荷载大小分为若干个等级(表6-11)。各级公路桥梁对设计荷载分别提出了相应的荷载等级要求(表6-12)。

桥梁和涵洞按跨径分类及设计洪水频率要求 表 6-10

桥涵分类	多孔跨径总长 $L(m)$	单孔跨径 $L_0(m)$	各级公路的设计洪水频率				
			高速	一级	二级	三级	四级
特大桥	$L \geq 500$	$L_0 \geq 100$	1/300	1/300	1/100	1/100	1/100
大桥	$100 \leq L < 500$	$40 \leq L_0 < 100$	1/100	1/100	1/100	1/50	1/50
中桥	$30 < L < 100$	$20 \leq L_0 < 40$	1/100	1/100	1/100	1/50	1/50
小桥	$8 \leq L \leq 30$	$5 \leq L_0 < 20$	1/100	1/100	1/50	1/25	1/25
涵洞	$L < 8$	$L_0 < 5$	1/100	1/100	1/50	1/25	不作规定

各级车辆计算荷载和验算荷载(kN) 表 6-11

指标	汽车—10		汽车—15		汽车—20		汽车—超20		履带—50	挂车—80	挂车—100	挂车—120
	主车	重车	主车	重车	主车	重车	主车	重车				
总重	100	150	150	200	200	300	200	550	500	800	1 000	1 200
前轴	30	50	50	70	70	60	70	30	—	2×200	2×250	2×300
中轴	—	—	—	—	—	—	—	2×120				
后轴	70	100	100	130	130	2×120	130	2×140	—	2×200	2×250	2×300

各级公路车辆荷载等级要求 表 6-12

公路等级	高 速	一 级	二 级	三 级	四 级
计算荷载	汽车—超20	汽车—超20 汽车—20	汽车—20	汽车—20	汽车—10
验算荷载	挂车—120	挂车—120 挂车—100	挂车—100	挂车—100	履带—50

【复习思考题】

1. 我国公路、城市道路是怎样分类和分级的?其主要依据和指标是什么?
2. 什么是公路和城市道路的设计行车速度?它对道路设计有什么影响?
3. 公路及城市道路的设计交通量为何种交通量?影响设计交通量的因素有哪些?
4. 与道路路线设计有关的安全性因素有哪些?
5. 分析比较道路与铁路路线设计的异同点。
6. 道路平面设计主要考虑哪些方面的要求?
7. 公路设计规范中对于平曲线规定哪几种最小半径限值?设计时如何选用?
8. 曲线的加宽缓和段及超高缓和段是指什么?
9. 什么是停车视距、会车视距、超车视距?路线设计时如何选用?
10. 何为合成坡度?为什么曲线路段要设超高?
11. 道路纵断面设计主要考虑哪些方面的要求?

12. 什么是缓和坡段？一般在什么情况下设置？
13. 道路横断面一般包括哪些组成部分？城市道路横断面有哪几种路幅形式？
14. 交叉口冲突点个数按什么规律增长？
15. 采用哪些措施可以减少交叉口的冲突点？各种措施适用于何种场合？
16. 立交分哪几种类型？比较各类立交的特点和适用场合。
17. 路面使用性能主要包括哪些方面？
18. 路面结构有哪些层次？各层次应具备何种性能要求？
19. 路面面层按组成材料的不同可分为哪些类型？各具什么特点？
20. 道路排水系统可分为哪几种类型？各自的任务是什么？
21. 对桥梁和涵洞的要求有哪些方面？

第七章 港口工程

【学习目的与要求】

了解港口的类型、组成及功能;了解港口水域应满足的要求;了解港口水域主要工程设施的内容及基本要求;了解防波堤的主要类型、组成及典型结构形式;了解码头的分类及典型平面、纵断面布置图式;了解港口陆域作业区的作用及组成。

港口是货物和旅客由陆路进入水路运输系统或者由水路运输系统转向陆路的接口。为实现两种运输方式和两种运载工具的转换,港口系统由三部分组成:供船舶进行航行作业以出入港口和停泊的港口水域,供船舶停靠以装卸货物或上下旅客的码头岸线,以及供装卸货物堆放和储存的堆场和仓库、旅客转换运输方式的客运站、集散货物和旅客的地面运输系统等陆域设施。港口的营运需保证船舶安全地进出港口和停泊装卸,高效率、高质量和低成本地装卸货物及安全、方便、舒适地使旅客上下船,提供连接腹地的迅速、便利的地面集散运输系统。港口系统的各项工程设施便是为实施这些营运要求而设置的。本章主要介绍这三部分工程设施的功能要求和设计要点。

第一节　港口的类型和组成

一、港口的类型

港口是水路运输的枢纽,货物和旅客的集散地。

按功能和用途的不同,港口可分为:

(1)综合性商港或贸易港——以商船和各种货物运输为主要服务对象,港区内可划分为若干个不同的专业化码头,如集装箱码头、普通件杂货码头、散货码头、油码头等。

(2)专业港——以某种单一货物的运输为主,为大型工矿企业运输原材料或制成品,如专运石油的油港(如大连新港)、专运矿石的矿石港(如宁波北仑港)、专运煤的煤港等。

(3)客运港——专门停泊客轮和转运快件货物。

(4)渔港——供渔船停泊和作为渔业捕捞、加工的基地,如浙江沈家门港。

(5)军港——为军用舰艇提供停泊地、补给、修理等,进行沿岸防守。

(6)避风港——供船舶在航运途中躲避风暴、海浪和取得补给、进行小修等。

按港口设置地点的不同,港口可分为:

(1)海港——沿海修建,为远洋和各种海船服务的港口,其中,又可分为受到外围岛屿、半岛、河道等天然地形的掩护可免于风浪侵袭的天然港(如汕头、厦门等),以及在天然掩护得不到充分保证而需修建外堤(防波堤)等设施来掩护的人工港(如烟台等)。

(2)河口港——位于通航河道的入海口或受潮汐影响的近海河段,可兼为内河船舶服务,如上海、广州、天津等。

(3)河港——沿河修建的港口,如武汉、南京、重庆等。

(4)运河港——沿人工开挖的河道修建的港口,如常州、济宁等。

(5)湖港(水库港)——沿湖边或水库边修建的港口,如岳阳、丹江等。

二、港口的组成

港口是货物和旅客由陆路进入水路运输系统或者由水路转向陆路运输系统的接口。货物通过港口运输,通常要经过装卸、存储和搬运三类环节。其作业过程可以有多种形式,例如,直接由地面运载工具(火车或汽车)运到码头,通过装卸机械装到船上离港,或者从船上通过装卸转到车上离港;从车上先装卸到堆场或仓库临时堆放和存储一段时间,而后再通过搬运和装卸转装到船上离港,或者反之,由船到库场再到车上离港;从船上装卸到另一些驳船上转运等。由此,为实现两种运输方式和两类运载工具的转换,港口的运输作业可归纳为五个主要系统:

(1)船舶进出港口和停泊的航行作业系统;

(2)船舶泊靠以装卸货物、上下旅客、供应燃油和补充给养等的装卸作业系统;

(3)进出港口的货物堆放、分拣和存储的存储作业系统;

(4)办理旅客和行李上下船手续的客运作业系统;

(5)汇集和疏散进出港口的货物和旅客的地面运输作业系统。

相应地,港口的工程设施可划分为水域和陆域两部分,或者如下三个组成部分:

(1) 港口水域设施——包括港内航道、锚地、船舶回转水域、码头前水域(港池)、防波堤、护岸以及港口导航设施等。

(2) 码头构筑物——包括码头岸线、主体结构物、系靠设施(系船、防冲、安全等设施)、码头前沿装卸作业设备等。

图 7-1 为一港口的布置示意图。

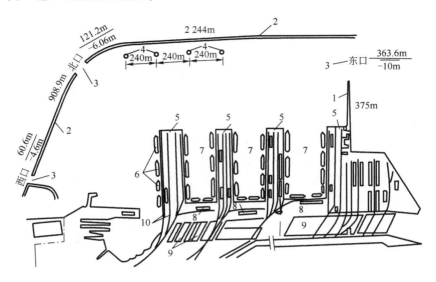

图 7-1 港口布置示意图
1-防波堤(突堤);2-防波堤(岛堤);3-口门;4-浮筒;5-码头(突堤式);6-泊位;7-港池;8-一线库场;9-二线库场;10-铁路装卸线

(3) 陆域设施——包括堆场和仓库及其集疏运通道(铁路、道路),客运站,铁路(装卸线、分区车场、港口车站等),港内道路系统和港外道路,以及给排水、供电、通信和辅助生产设施等。

第二节 港 口 水 域

港口水域是供船舶航行、运转、锚泊和停泊所用的水面。它包括进港航道、船舶回转水域、待泊锚地、过驳水转水作业水域、港池和码头前停泊水域等。港口水域应具有满足船舶航行和停泊需要的水深和范围,充足的锚泊处和面积,良好的泊稳条件,并且能够防止或减少波浪和泥沙对港口的侵袭和淤积。

一、航道

具有一定水深和宽度,可供船队行驶的水道称作航道。驶进港口的航道称作进港航道。船舶进出港口需在规定的航道内航行,以保证船舶遵循航行规则并沿着足够水深的航线行驶。在低潮位(或低水位)时其水深已满足船舶航行需要而无需疏浚的航道,称为天然航道。这种条件实际上很少遇到。而为满足所需深度和宽度需要疏浚的航道,称为人工航道。航道宽度系指船底处的断面净宽(图 7-2)。

船舶在航道上行驶,受风和水流的影响,其航迹很难保持同航道轴线平行,而往往是在航道轴线左右侧摆动的蛇形航线。摆动范围同风力和水流横向流速大小有关。此摆动宽度称为航迹带宽度,一般变动在 2.0～4.5 倍船体宽度范围内。

船舶在人工开挖的航道上航行时,其舷边同槽壁边坡间应保持一定的距离,以防止擦壁或被吸向岸坡。此富余间距的要求随航速增加而增大。当航速小于等于 6kn 时,变动于 0.5～1 倍船体宽度范围内(杂货船和集装箱船取低限,油船取高限)。

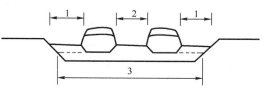

图 7-2　航道宽度
1-岸距;2-船距;3-航道宽度

两艘对向船舶相遇而错船时,为了防止船吸现象,两条航迹带之间应留有一定的间距,此值可取为船体宽度。

由此,单向航道的宽度为航迹带宽度与 2 倍同槽壁间富余间距之和,一般约为 5 倍船体宽度。双向航道的宽度则为船体宽度加上 2 倍航迹带宽度和 2 倍同槽壁间富余间距,一般约为船体宽度的 8 倍。

内河航道的宽度应使两个对开船队能够安全错船。

二、港口水深

进港航道和码头前沿的水深,应能保证满载的船舶在最低水位时安全地航行和停泊。因而,所要求的水深与许可使用该港口的船舶满载吃水深度有关,并与为保证航行安全所要求的船舶龙骨下到水底的富余水深有关。

此要求富余水深,对于码头前水域,主要由防止船舶触底的龙骨下最小富余深度、船舶因配载不均匀而增加的尾吃水深度和备淤深度组成。最小富余深度随水底土质软硬程度而异,变动在 0.3～0.5m 范围内(土层坚硬时取大值)。由于配载不均匀而造成的首尾吃水差,随船舶类型而异,一般仅考虑油轮和散货船,其数值为 0.15m。备淤深度取决于码头前回淤情况和前后两次疏浚时间间隔,一般不小于 0.4m。

对于航道水深,要求的富余水深除上述各项因素外,还要考虑船舶在起伏的波浪中航行时的下沉和在浅水中航行时的船体下沉和纵倾。在港内和受浪影响较小的航道,对航道水深的一般要求通常不小于船舶满载吃水深度的 1.1 倍。

三、锚地

在港口水域中专门指定给船舶停泊、接受检疫和检查、进行水上编解船队和装卸作业、供应燃料和食品或用作避风的水域,称为锚地。锚地一般采用锚泊或设置系船浮筒、系船簇桩等设施。

锚地位置应选择在船舶作业和船舶往来区域以外的水域,避开强流影响,能保证船舶安全而稳妥地锚泊,具体考虑下述几方面:

(1)水流平稳、风浪小、水深至少与码头前沿水深相同的水域;
(2)锚地底部的土质最好是软硬适度的亚砂土或亚黏土,其次是淤泥质砂土;
(3)锚地水域应不占主航道,单锚或单浮筒系泊时,距航道边缘应不小于 1 倍船长;双浮筒系泊时应不小于 2 倍船长。

船舶停泊所需的水域面积,同要求停泊的船舶的最大数量、船舶的尺寸、系泊的方式、船舶的操作要求、锚地的地形条件等因素有关。单锚系泊时,每艘船只所需水域面积的半径约为船长加6倍水深再加30m富余间距。双锚系泊所需的水域面积的半径,约为船长加4.5倍水深再加25m富余间距。单浮筒系泊的水域面积半径约为船长加25m,双浮筒系泊时约为船长加50m(图7-3)。

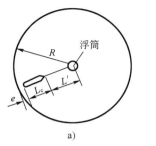 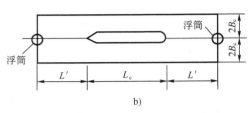

图7-3 浮筒系泊水域
a)单浮筒系泊水域;b)双浮筒系泊水域
R-半径;L_c-船长;B_c-船宽;L'-缆绳长

四、回旋水域

为便于船只在港内运转,应在有足够水深,能防御风、流、浪,并避开水下电缆等各种障碍物的水域,布置回旋池。其水域可以同航行水域共用并有相同的水深。所需的面积随当地的风、浪、水流等条件和港作拖轮的配备情况而异(图7-4)。对于无掩护的开敞水域或缺乏港作拖轮的港口,回旋水域的直径约为2.5倍船长;有掩护的水域,港作拖轮条件较好时,其直径约为2倍船长;允许借码头转头的水域,约为船长的1.5倍。船舶自行操作调头,水域较平稳和风力小于5级时,回旋水域的直径一般较上述数值大,约需3倍船长。有些集装箱船所需的回旋水域直径可达6~8倍船长。

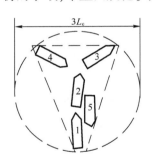 

图7-4 回旋池船舶调头所需水域面积示意图
L_c-船长

五、码头前水域

为便于船舶直接靠离码头与装卸货物,码头前沿应有一定范围的水域,这部分水域称作港池。港池设计既要使船舶能安全停靠,又要方便货物装卸。港池的布置形式与码头岸线的布置形式相同,可采用三种方案(图7-5):顺岸式、突堤式和挖入式(参见本章第三节)。

顺岸式港池的码头前水域,应在航道外有3~4倍船只宽度的水面作为船舶停靠用,但不应占用主航道(图7-6)。考虑到船只通常需回转逆流靠岸和调头时,码头前水域的宽度要求不得小于最大船长的1.5倍,水域的长度不小于最大船长的2.5~4.0倍(图7-7)。

挖入式港池的长度按计算所需的码头岸线长度结合具体情况确定,但应不小于一个泊位长度,也不宜过长或大于1.5km。港池的宽度随停靠船舶的数量、类型和停靠方法而定,一般为:一个泊位的宽度为最大船长的 0.75 倍,两个泊位的宽度为最大船长的 1.5 倍,三个泊位的宽度为最大船长的 1.8 倍(图 7-8)。

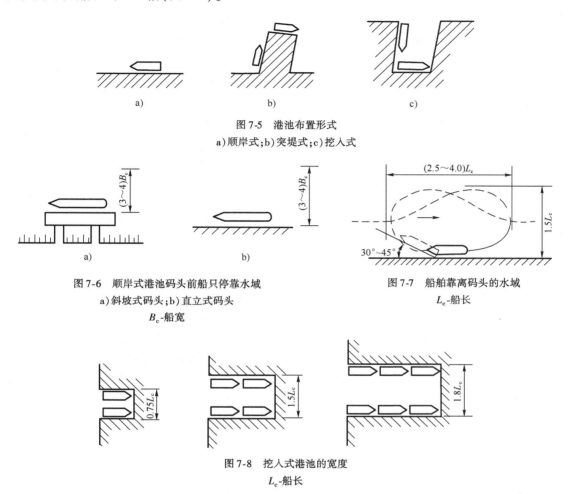

图 7-5 港池布置形式
a)顺岸式;b)突堤式;c)挖入式

图 7-6 顺岸式港池码头前船只停靠水域
a)斜坡式码头;b)直立式码头
B_c-船宽

图 7-7 船舶靠离码头的水域
L_c-船长

图 7-8 挖入式港池的宽度
L_c-船长

六、防波堤

防波堤主要用于防御波浪的侵袭,以维持海港港内水域的平稳,保证船舶在港内安全停泊和进行装卸作业。同时,防波堤还有阻拦泥沙在港内淤积的作用。它对于保护港内码头和护岸等构筑物免受风浪侵袭破坏,起着十分重要的作用。防波堤大多位于水深浪大处,直接承受巨大的波浪力的作用,因而,往往建造困难,造价较高,占港口工程总投资的很大部分。防波堤按其布置的平面位置,可分为突堤和岛堤两种(图 7-1)。前者一端(堤根)同岸相连接,另一端(堤头)伸向海中,组成港的口门。岛堤则两端均不同岸连接,位于离岸一定距离处,有两个堤头而无堤根。由于突堤的一端同岸相连,可在堤上铺设地面运输线路,连接岸上库场,因而,有时将突堤内侧的部分长度兼作码头用。

防波堤所包围的水域,应有足够的面积和深度,以便船舶在港内航行、调头、停泊以及布置码头岸线,但也不是越大越好。口门位置应尽可能位于防波堤突出海中最远、水深最大的地方,以方便船舶出入。口门的轴线布置成与强波方向呈 45°~60°夹角较合适。从口门到码头泊位,一般宜有大于 3～4 倍船长的航行水域,或者邻近口门内的水域应有其面积直径为 3 倍船长的范围,以供船舶进入口门后能充裕地对准泊位航行,或减速惯性滑行等。口门宽度一方面要求尽可能小些,以保障港内水域的稳泊条件;另一方面也不宜过窄,以保证航行安全,一般要求为不小于设计船长的 1.0～1.5 倍。在满足稳泊的条件下,尽可能设置两个口门,以增加船舶进出港口运行的灵活性。

防波堤按其结构特点可分为三种形式:斜坡式、直立式和混合式。

1. 斜坡式防波堤

斜坡式防波堤的断面为梯形。可采用块石或混凝土块体抛筑而成。图 7-9 所示为一分级抛石斜坡式防波堤,按波浪对堤各个部位的不同作用分别采用不同重量的块石;将小块石堆放在堤心和堤的下部,将大块石堆放在堤面和堤的顶层。为便于施工,分级不宜过多,一般为 3～4 级。分级抛石堤一般适用于波高为 3～4m 的情况。

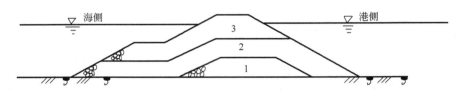

图 7-9 分级抛石斜坡式防波堤
1-5～100kg 块石;2-100～200kg 块石;3-500kg 块石

图 7-10 中所示为采用异形混凝土护面块体的斜坡式防波堤。其特点是块体形状不规则,有利于块体之间互相咬合而增加其稳定性。同时,所形成的空隙率高,表面糙率大,有利于消散波能,破碎波浪,减小波浪爬高。目前,异形块体的种类达数十种,图 7-11 列示了较常用的几种。图 7-10 中采用的是最早出现的一种四脚锥体异形块。

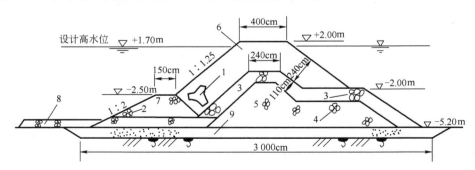

图 7-10 异形混凝土护面块体斜坡式防波堤
1-40kN 四脚锥体混凝土块,2 层;2-300～500kg 块石;3-100～300kg 块石;4-15～100kg 块石;5-堤心;6-护面;7-棱体;8-护体;9-砂垫层(地基加固)

采用块体护面的斜坡式防波堤的断面形式,主要由堤心、垫层和护面组成,在港外侧通常设置水下抛石棱体,以支承护面块体。在地基软弱时,可设置砂垫层或采用其他措施以加固地基。

堤顶高程依据港口水域所要求的防护程度而定。当堤顶允许越浪时,堤顶高程一般定在设计高水位以上 0.6～0.7 倍设计波高 H(累计频率为 13% 的波高)处。对于防护要求较高的防波堤,不允许波浪越过堤顶,则堤顶高程应采用等于设计高水位加波浪超高(累计频率为

1%的波高加0.3~0.5m安全高度)。堤顶宽度一般采用1.10~1.25倍设计波高,但不应小于2m。防波堤的斜坡坡度同结构形式和块体大小有关。一般情况下,临海侧的坡度要比临港侧缓,抛填块石坡面要比人工块体护面缓,变动于1:1.25~1:1.30范围内。所选用的结构断面,要经过稳定性验算方能采用。

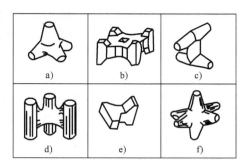

图7-11 常用的几种异形块体
a)四脚锥体;b)四脚空心方块;c)扭工字块;d)三柱体;e)铁砧体;f)六脚锥体

斜坡式防波堤的主要优点是:波浪反射弱,附近海面较平稳;对地基不均匀沉降不敏感,对地基承载力要求不高;施工较简单;如有损坏,易于修复。而其主要缺点则是:材料用量大,需经常维修,维修费用大;堤内侧不能直接用于系靠船舶。它是防波堤的一种主要形式,在港口工程中得到较广泛的应用。一般适用于水深不大(小于10m),当地有石料或地基较软的情况。

2. 直立式防波堤

直立式防波堤的断面在临海和临港两侧均为直立墙。其结构形式主要有:重力式防波堤(如沉箱式、方块式等,见图7-12)、无基床薄壁防波堤(如双排桩式等,见图7-13)和消能箱式防波堤(图7-14)等。

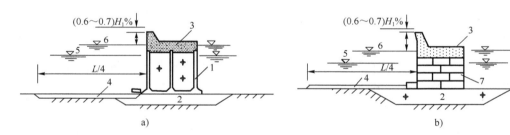

图7-12 重力式防波堤
a)钢筋混凝土沉箱式;b)混凝土方块式
1-沉箱;2-抛石基床;3-上部结构;4-护底块石;5-设计低水位;6-设计高水位;7-混凝土方块

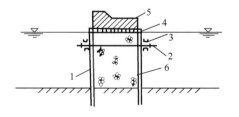

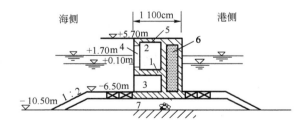

图7-13 无基床薄壁式防波堤
1-排桩或板桩;2-拉杆;3-导梁;4-混凝土盖板;5-上部结构;6-砂石填料

图7-14 消能箱式防波堤
1-开孔横隔板;2-上舱格;3-下舱格;4-进浪孔;5-出水孔;6-填砂;7-抛石基床

直立式防波堤的主要优点是:当水深较大(特别在大于10~12m)时,材料用量较斜坡式堤少;不需经常维修;堤内侧可兼做码头用。但其主要缺点为:波浪几乎全部反射,堤附近地带波高增大,有可能影响港内水域平静;重力式对地基承载力要求较高,对不均匀沉降较敏感;一旦损坏,很难修复。因而,重力式直立防波堤一般适用于水深较大(20~28m)、地基条件较好的情况。

3. 混合式防波堤

混合式防波堤实际上是高抛石基床上的直立堤。混合式防波堤的直立部分同直立式防波堤的直立部分基本无差别。它适用于水深大(如超过20~28m)地基承载力有限的情况。

第三节 码 头

码头是供船舶停泊,以装卸货物、上下旅客和进行有关专业性作业的构筑物。码头规划和设计的主要内容为:码头平面布置、码头岸线长度、码头前方作业地带和码头结构设计等。本节主要介绍前三项内容。

可以从不同的角度对码头进行分类。例如,按运输对象的不同,分为货运码头、客运码头和客货运码头;按货物类型和装卸特点的不同,分为普通件杂货码头、集装箱码头、散货码头(煤码头、矿石码头、矿建材料码头等)、油码头、木材码头、多用途码头等;按隶属关系,分为通用码头和货主码头等。这里,主要从结构特性的角度,按码头平面布置形式、横断面形式和结构形式的不同进行分类。

一、码头平面布置

码头都是沿岸布置的。依据岸线的自然条件,装卸作业、存储作业和集疏运作业条件,所需泊位数等因素,可将码头在平面上布置成顺岸式、突堤式、挖入式、离岸式等。

1. 顺岸式

顺着天然岸线建造的码头,其前沿线同自然岸线大体上平行(直线、折线或锯齿形),船舶泊位顺岸线依次排列(图7-15)。顺岸式码头的码头前水域比较宽敞,船舶进出港区和靠离码头比较方便,陆域沿纵深发展一般也有较大可能,并有港区平面布置合理及与铁路和道路交叉少等优点。这种形式可使建筑工程量少、建筑费用省。

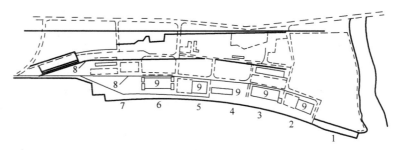

图 7-15 顺岸式码头平面布置示意图
1-集装箱码头泊位;2、3、4、5、6、7-泊位;8-铁路线;9-库场

2. 突堤式

码头的部分前沿线突出于自然岸线,与之成较大的角度,利用两突堤间的水域构成较大的

港池,如图 7-1 所示。突堤式码头的布置紧凑,可以在占用岸线少的情况下增多泊位数;同时,也可减少所需防波堤长度。然而,对河港及河口港的情况,由于过多地突出于自然岸线,会破坏原有水流形态,易于引起淤积,并且过多地占用河道宽度,影响通航。因而,突堤式码头布置形式主要适用于海港。

3. 挖入式

向河岸的陆地内侧开挖出港池水域和修建码头的布置形式。这种方案可在有限的岸线范围内人为地增加岸线长度,建立港池式码头,增设较多的码头泊位。港池水域有较好的掩护条件,可免遭风浪侵袭。其缺点是土方开挖工程量大。挖入式港池可采用开敞式或封闭式两种方案。后者在港池入口处建造控制船舶进出港池的船闸,使港池与航道分开,以减少泥沙涌入港池,并保持港内有稳定的高水位。

4. 离岸式

码头布置在离岸较远的深水区,无防波堤或其他天然屏障的掩护。一般供大型液货(原油)船和散货(煤、矿石)船泊靠。离岸式码头可采用墩式结构,由中间装卸平台、两个靠船墩和四个系船缆墩所组成。这种布置是为了适应大型油轮而发展起来的,原油通过海底油管输向岸上。此外,也可采用单点系泊或多点系泊式。对于采用皮带机输送和装船机装船的大宗散货船,可以在近岸浅水段用引堤,离岸较远的深水段用引桥,码头用栈桥或墩式,见图 7-16。

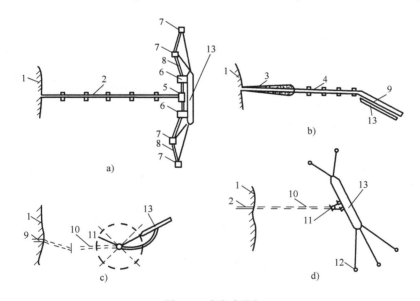

图 7-16 离岸式码头
a)墩式或引桥墩式;b)引堤引桥栈桥式;c)单点系泊式;d)多点系泊式
1-海岸;2-油管或引桥;3-引堤;4-引桥;5-装卸平台;6-靠船墩;7-系船墩;8-人行桥;9-栈桥式码头;10-海底油管;11-单点浮筒;12-多点浮筒;13-船舶

二、码头形式

按水位变化幅度和岸坡情况的不同,码头在横向可布置成直立式、斜坡式、半斜坡式和半直立式,但后两种形式很少应用。

1. 直立式

在水位变化幅度不大(12m以下)、河床稳定、河岸较陡、地质和水域条件良好的港口,如海港、河口港等,码头的前沿线多布置成直立式,以便于船舶泊靠。

2. 斜坡式

水位变化幅度较大(大于15m)或者岸坡平缓的河港,一般需设置趸船,供船舶泊靠用。趸船通过引桥或缆车同岸上相连。前者称作浮码头,趸船随水位变化而上下浮动(图7-17)。后者则称为斜坡码头,趸船不仅随水位上下浮动,并且向岸边移泊,由岸坡上的缆车装卸货物(图7-18)。

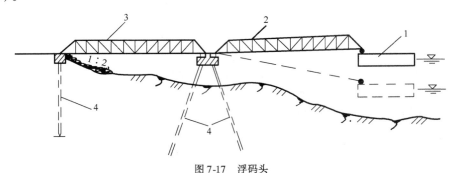

图 7-17　浮码头
1-趸船;2-活动钢引桥;3-固定引桥;4-桩

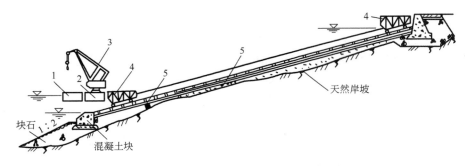

图 7-18　由起重吊杆和缆车装卸的斜坡式码头
1-货驳船;2-趸船;3-起重吊杆;4-缆车;5-钢轨和轨枕

3. 半斜坡式

枯水期较长而洪水时间较短的山区河港,则在枯水位以下可修成直立式,而上面部分修成斜坡式。

4. 半直立式

低水位时间较短而高水位时间较长的河港或水库港,则可在低水位部分修成斜坡式,而上面部分修成直立式。

三、岸壁结构形式

直立式码头岸壁的主体结构可分为上部结构、下部结构和基础三部分。按三部分结构组成形式的不同,可分为重力式、板桩式、高桩式及其他混合形式(图7-19)。

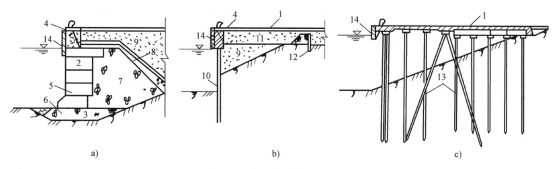

图 7-19 直立式码头的结构形式
a) 重力式;b) 板桩式;c) 高桩式

1-上部结构;2-下部结构;3-基础;4-胸墙;5-墙身;6-抛石基床;7-抛石棱体;8-反滤层;9-回填土;10-板桩墙;11-拉杆;12-锚碇结构;13-桩基;14-护木

1. 重力式

重力式码头是将码头前沿岸壁修筑成连续的重力式挡土结构,依靠结构物自重及其范围内填料的重量,抵抗建筑物的滑动和倾覆倾向。墙身结构可采用混凝土块体、沉箱、扶壁、圆筒,或者浆砌块石等。由于结构物自重大,地基受到较大的压力而易于失稳或产生过大的沉降,因而需设置基础(一般采用抛石基床)。

2. 板桩式

板桩式码头岸壁依靠打入地基内的板桩墙支挡墙后的土体。为减少作用在板桩墙上土压力的影响,墙后加设拉杆和锚碇结构。这种结构形式具有结构简单、材料用量少、可预制、施工方便等优点,因而应用较为广泛,但耐久性不如重力式。板桩主要有钢筋混凝土板桩和钢板桩两种,后者容易锈蚀,需采取防锈措施。锚碇结构可采用钢筋混凝土板或桩,或者其他锚固形式。

3. 高桩式

高桩式码头岸壁由上部结构和桩基两部分组成。上部结构(也称作桩台或承台)由桩帽、横梁、纵梁和面板组成。它把桩基连成整体,并构成码头的地面。高桩码头主要适用于软土地基,但其结构承载力有限,耐久性不如重力式和板桩式码头。

前两种形式又可称为岸壁式码头。它们具有较好的耐久性,能承受较大的船舶撞击,但码头前波浪反射较严重,船舶泊稳条件较差。高桩式码头为透空式,其下部为不连续结构,承受水平力(撞击作用)的能力较低,耐久性也较差,而码头前的波浪反射则较轻。除了上述三种结构形式外,可根据当地的地基、水文、横断面形式、施工条件等因素,将不同形式组合成混合结构。例如:后面为岸壁式的板桩结构,而前面为透空式的高桩码头。

斜坡码头设有固定的斜坡道。它可采用实体坡道或架空坡道形式。实体斜坡道是在天然岸坡上铺砌反滤层和砌块,坡脚采用抛石或混凝土块防护(图 7-18)。架空斜坡道即为斜栈桥,由基础、墩或排架和混凝土或钢桁架梁组成(图 7-20)。

四、码头岸线长度

港口各泊位码头线和港口工作船所占用码头线的总和,即为码头岸线的总长度。码头岸线所需长度,根据货物运输量和船舶大小而定。先估算出码头所需泊位数,然后按船舶的长度确定码头长度。

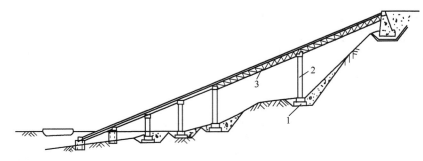

图 7-20 架空斜坡道
1-基础 2-墩;3-梁

1. 泊位数

这是确定码头规模的主要参数。所需的泊位数随多种因素而异,其中包括:通过港口的货物种类及其吞吐量,船舶的类型及其吨位,货物装卸的速率,泊位的利用率等。对于港口吞吐量的预测,要按照主要货物种类和主要航线分别进行,从而便于分析规划期内进出港口的主要船型及其平均日到港艘数。

货物的装卸速率取决于货物的种类、船舶的类型和吨位级(特别是舱门数)、装卸的方法和机械化程度等。我国一个万吨级杂货码头泊位,每个舱门的平均小时装卸量为 17~30t,每艘船舶的平均日装卸量为 800~1 500t,年吞吐量为 30 万~35 万 t(国外约为 20 万 t);2 万 t 级集装箱船舶泊位的平均年吞吐能力为 70 万~80 万 t 或 7 万~9 万 TEU(国际标准箱);而 12.5 万 t 级油船泊位的平均年吞吐能力 900 万~1 000 万 t。

泊位的利用率同许多影响因素有关。码头泊位专用化的程度越高,泊位的平均利用率便越低。船舶在码头的平均装卸量小,则船舶周转量大,而占用泊位期间的非生产性时间和辅助作业时间长,泊位的利用率低。同时,由于船舶到港的随机性(一般服从泊松概率分布),为了减少船舶的待泊时间和相应的待泊费用,泊位数必须有一定的富余量。

所需的泊位数 N_b 可近似地按下式估算:

$$N_b = \frac{\alpha Q}{P} \tag{7-1}$$

式中:Q——某类货物的年吞吐量;

P——该类货物单位泊位的年平均装卸速率;

α——泊位利用(或富余)系数。

2. 泊位长度

泊位长度是指一艘船舶停靠码头时所占用的码头岸线长度。泊位宽度为码头前水域宽度,已在本章第二节中介绍。

单个泊位的长度取决于船舶长度及首尾缆的系缆角度和长度,可用下式表示:

$$L_b = L_c + 2d \tag{7-2}$$

式中:L_c——设计船舶长度;

d——富余长度,随船长而增加,变动于 5~30m 范围内,一般可按 $(0.1~0.15)L_c$ 采用。

连续设置多个泊位时,由于相邻泊位允许交叉带缆和出现压缆现象,船舶间的间距满足 $1d$ 要求即可。而其端部泊位的外侧相当于单个泊位。相邻泊位互成直角时,其泊位长度可按图 7-21 确定。

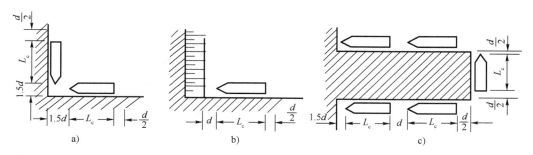

图 7-21 泊位间距

a)直立式码头前沿线与斜坡岸线的交角为 90°~120°时;b)两直立式码头前沿线相交 90°时;c)突堤式码头

五、突堤式码头平面尺寸

突堤码头自岸边伸入水域中,突堤码头间的水域称为港池。港池的长度,即为突堤码头的长度。突堤每一侧布置多少个泊位,主要考虑货物集疏运方便、库场布置方案和船舶靠离方便。一般不宜多于 3 个泊位,或者突堤长度在 600~700m 之间。

港池的宽度要考虑船舶靠离出入的安全要求,它随港池长度、船舶的靠离方法以及是否在港池内调头等因素而异。在用拖轮协助靠离时,所需港池宽度约为 1.4 倍船长(3 个泊位时),或 1.2 倍船长(2 个泊位时)。船舶自航靠离时,所需宽度约为 2.3 倍船长(3 个泊位),或 2 倍船长(2 个泊位)。如需在港内调头,则港池宽度应不小于 1.46 倍船长。

突堤式码头的宽度,应能布置下码头前沿作业地带、一线库场和集散运通道。一般可按不小于两倍船长考虑,也即平均宽度约为 300m。

第四节 港口陆域作业区

港口陆域为自码头岸线边缘至后方交通线之间的范围,承担货物装卸、储存和疏运的任务。它可分为前沿作业区、仓库和堆场、铁路和道路设施、辅助生产作业、客运站等。

一、前沿作业地带

由码头前沿线(直立式码头)或坡顶(斜坡式码头)至前方仓库前墙或堆场前沿线之间的场地,称作码头前沿作业地带。地带内根据货物种类的不同要求,布置各种类型的装卸机械,并安排一定面积的待运货物临时堆场和前沿运输通道,以完成船舶的货物装卸操作。合理布置作业地带,安排足够的地带宽度,有助于加快货物的装卸,缩短船舶的停靠时间。

水路运输的货物,从运输、装卸和存储的角度考虑,可分为普通件杂货、集装箱货物、干散货和液体货等。货物类型不同,所采用的装卸工艺存在着差异,这一方面促使相应的专用船舶的出现,另一方面也常是将码头划分为不同的作业区或者专业化码头的主要依据。在进行港口规划时,需根据货物种类和流向、船舶类型、集疏运条件和自然条件等将港口划分为不同的专业区。一般可分为普通件杂货区、集装箱区、散货区、液体货区或者能同时装卸集装箱和普通件杂货的多用途码头。

普通件杂货是指成件运输和保管的货物,其包装形式、形状、尺寸和质量各不相同,品种繁多。由于单件质量小,通常用网络、绳扣、货板等工具组装成比较划一的成组件货,以提高装卸的效率。对于这类货物的直立式码头前沿装卸作业,通常采用门座起重机(图7-22)。作业地带(包括临时堆场和道路)的宽度需40~50m。采用小型流动起重机械时,码头前沿作业地带的宽度一般为20~25m。而在斜坡式码头上采用缆车系统(图7-18)时,前沿作业地带的宽度一般为10~20m。

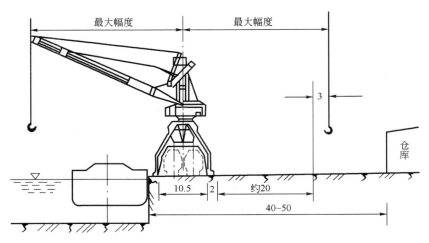

图7-22 由门座起重机装卸的普通件杂货码头(尺寸单位:m)

20世纪60年代以来,集装箱运输得到了迅速发展。它采用集装箱把品种繁杂、单元小的件杂货装成规格化的箱件。而集装箱的尺寸和吨位都已国际标准化,采用20英尺箱为国际标准箱(缩写为TEU),其主要参数列于表7-1。这种方式可以提高装卸效率,加快车船周转,减少货物缺损,从而大大降低运输和装卸成本。集装箱船的码头前沿装卸作业主要采用岸上的装卸桥将集装箱吊上吊下(图7-23)。前沿作业地带的宽度(包括前方堆场)一般为40~50m。

标准船用集装箱参数 表7-1

类 型	额定重力(kN)	外部尺寸(mm)			内部尺寸(mm)		
		长	宽	高	长	宽	高
20英尺	200	2 435	2 435	6 055	2 300	2 195	5 869
40英尺	300	2 435	2 435	12 110	2 300	2 195	11 937

干散货是指散堆的、不能以件计数的粉末状、粒状或块状货物,包括散装谷物、煤炭、矿石、矿建材料等。散货通常是大宗的,其装卸工艺和设备随货物类型而异,往往为之设立专

用码头,安置专用装卸设备。散货的装卸可以进行连续作业,装卸过程可以高度自动化。为避免造成空船待料,需要安排足够的堆场或仓库面积或容积,一般可按年吞吐量的10%安排。

液体货包括石油、石油产品、液化气等,其装卸主要靠管线和泵进行。

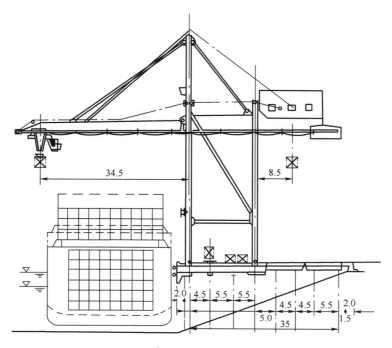

图7-23 集装箱装卸桥(尺寸单位:m)

二、堆场和仓库

由于船舶和车辆两种运载工具的容量相差很大,必须在船岸之间量大而快速的货流同码头后方的缓慢而零散的集散运输之间设置缓冲区——仓库和堆场,以保证船舶和车辆都能快速周转。直接服务于船舶装卸作业需要的仓库和堆场,称作一线库场。干散货和集装箱一般采用露天堆场,而件杂货通常以设置仓库为主。一线库场所需面积的大小,同泊位的年吞吐量、入库场货物的比例、货物的平均堆存期、单位面积的堆积量等因素有关。通常,一个万吨级泊位的库场面积不宜小于10 000m²,中级泊位的库场面积不宜小于5 000m²。库场的长度,比泊位长度要短些,以便在相邻库场间留出运输通道。例如,如果泊位平均长度为160~180m,则库场长度宜为120~140m。库场的宽度,至少大于40m。

在集散运输条件差、货物集散慢、批量多而杂、加大一线库场的容量受限制的情况下,为了保证港口的吞吐能力,有必要设置二线库场。依据经验,泊位每延米码头线所需的库场总面积至少应为100m²。可以据此粗略估计总面积值和一线库场面积值,由其差值得到二线库场所需的概略面积。集装箱码头需要宽广的堆场,一个集装箱泊位所需的堆场面积约为40 000m²。

库场内的拆码垛、装卸和短途搬运等作业,对于件杂货以叉车、拖挂车或轮胎起重机为主;对于集装箱则以轮胎式或轨道式龙门起重机、跨运车、拖挂车等为主。

三、集疏运系统

港口货物的集疏运,主要依靠铁路和道路。

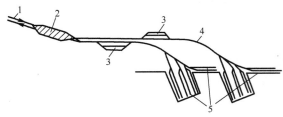

图 7-24 港口铁路的组成
1-港口专用线;2-港湾站;3-港区车场;4-联络线;5-码头装卸线

铁路是货物运输的主要手段。港口铁路由港外线和港内线组成。港外线包括专用线和港湾站,港内线包括车场、联络线、装卸线等(图 7-24)。

到达码头的货物,卸到码头装卸线上的货车上,然后经由港内联络线和港湾站,到港外专用线。从陆路通过港口出口的货物,则由港外专用线进入港湾站,通过港内联络线到码头装卸线直接卸到船上,或者经库场装卸线把货物卸在库场内,聚集成批后等待上船。

码头装卸线的布置可采用平行进线、垂直进线或斜交进线的形式(图 7-25)。车场主要承担码头装卸线列车的到发、编组和取送作业。港湾站主要办理列车的到发、编解、选编车组以及向车场或装卸地点取送车辆等作业。

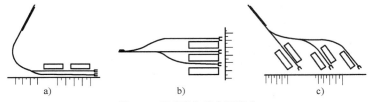

图 7-25 码头装卸线布置形式
a)平行进线;b)垂直进线;c)斜交进线

港口道路也分为港内道路和港外道路两部分。前者为库场内的运输道路和连接各作业区及港区主要出入口的道路。而后者则为港区连接公路和城市道路的对外道路。港口道路的设计,除了要考虑车辆荷载的特性有所不同外,与第六章中所述大体相同。

【复习思考题】

1. 港口按功能、设置地点的不同分别可分为哪些类型?
2. 港口运输作业主要包括哪几个系统?主要配置哪些设施?
3. 港口水域包括哪些部分?
4. 何为航迹带?其宽度一般为多少?单向、双向航道宽度至少要多少倍船宽才能通行?
5. 航道水深确定应考虑哪些因素?
6. 选择锚地位置时应考虑哪些因素?
7. 船舶停泊所需的水域面积与哪些因素有关?
8. 防波堤按结构特点可分为几种形式?各种形式防波堤的主要优缺点及其适用场合如何?
9. 绘出各种斜坡式防波堤的断面形式。

10. 码头的平面布置可采用哪些形式？各自的优缺点如何？
11. 码头的横断面布置有哪些类型？说明其适用场合。
12. 直立式岸壁结构可采用哪些形式？
13. 确定泊位的长度和宽度时各应考虑哪些因素？
14. 港口陆域作业区的任务是什么？由哪些部分组成？

第八章 机场工程

【学习目的与要求】

了解机场系统的组成及各部分的作用;了解机场飞行区的典型平面布置图式;了解跑道通行能力的主要影响因素;了解跑道系几何设计的主要内容及主要技术标准;了解滑行道和停机坪几何设计的主要内容及主要技术要求;了解航站区的主要工程设施内容、典型平面布局图式及竖向布置图式。

机场是航空运输系统中运输网络(航线)的交汇点,是旅客和货物由地面转向空中或由空中转向地面的接口(交接面)。为实现地面交通和空中交通的转接,机场系统包括空域和陆域两部分。前者为航站区空域,供进出机场的飞机起飞和降落。而陆域则包括飞行区、航站区和进出机场的地面交通三部分。运输机场应具有三方面功能:

(1)保证飞机安全、准点、平稳地起飞和降落;
(2)安排旅客和货物及时、方便、舒适、安全地上下飞机;
(3)提供便利和迅捷的地面交通连接市区。

为实现这些功能,机场需在飞行区内设置跑道、滑行道和停机坪,在航站区内设置航站楼和各种地面交通衔接设施,建立进出机场的地面交通系统,设置空中和地面交通管制和诱导设备。本章主要介绍陆域部分各项工程设施的功能要求和设计要点,但不涉及有关结构设计和材料组成设计等内容。

第一节 机场系统的组成

机场系统的组成可简单地划分为供飞机活动的空侧部分及供旅客和货物转入或转出空侧的陆侧部分,如图 8-1 所示。空侧包括供飞机起飞和降落的航站区空域及供飞机在地面上运行的飞行区两部分。陆侧包括供旅客和货物办理手续和上下飞机的航站楼、各种附属设施及出入机场的地面交通设施三部分。

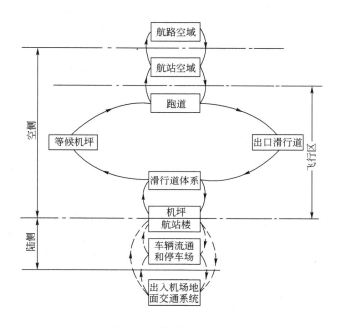

图 8-1 机场系统的组成

飞行区为飞机在地面活动的区域,它主要由以下四部分组成:
(1)跑道——供飞机起飞和降落。
(2)滑行道——供飞机在飞行区各个部位(停机坪、跑道、机库等)之间滑行的通道。
(3)停机坪——航站楼空侧一边供飞机停放及上下旅客和装卸货物的机坪。
(4)维修机库和机坪。

飞行区按飞机的飞行特性和尺寸分别划分为若干个等级。前者按跑道的基准场地长度(其定义见第三节)划分为 4 级,以数码表示;后者按飞机的翼展大小和主起落架外轮缘之间的距离划分为 6 级,以字码表示。机场飞行区等级指标见表 8-1。采用数码和字码作为机场飞行区的基准代码,其用意是提供一个简单的方法,把有关机场特性的各项规定相互联系起来,以便提供与使用该机场的飞机相适应的各项设施。

陆侧为地面和空中交通工具的转换部,它主要包括以下三部分:
(1)旅客航站楼——旅客和行李转换运输方式和办理换乘手续的场所。
(2)货运航站楼——货物转换运输方式和办理交付和承运手续的场所。
(3)出入机场交通设施——各种连接机场和市区的地面或地下的道路或轨道交通系统。

机场飞行区等级指标 表 8-1

指标 I		指标 II		
数码	基准场地长度(m)	字码	翼展(m)	主起落架外轮缘之间的距离(m)
1	<800	A	<15	<4.5
2	800~<1 200	B	15~<24	4.5~<6
3	1 200~<1 800	C	24~<36	6~<9
4	≥1 800	D	36~<52	9~<14
		E	52~<65	9~<14
		F	65~<80	14~<16

除了以上各部分外,还有各种附属设施,包括燃油、电力、食品供应设施,维修设施,安全(救援和救火)设施,商业和服务设施等。

图 8-2 为香港新机场的总平面布置示意图,从中可了解机场的各个组成部分及其相互位置。

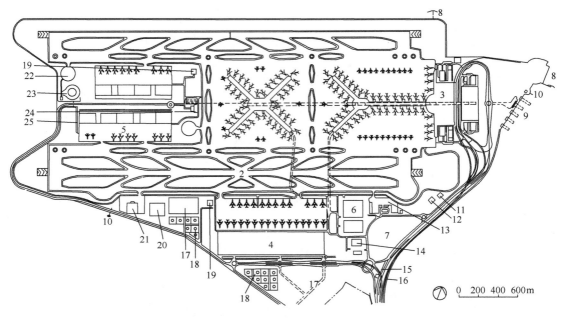

图 8-2 香港新机场总平面示意图

1-北跑道;2-南跑道;3-旅客航站楼;4-货物航站楼;5-飞机维修;6-机上供应;7-商业区;8-燃油码头;9-渡轮站;10-海上救援;11-救火站;12-警察所;13-通用航空/直升机场;14-邮政中心;15-高速公路;16-机场铁路;17-地面设备维护;18-航空燃油储罐;19-救援和救火;20-机场维修;21-飞行服务部门;22-隔离飞机停放位;23-救火训练设施;24-空中交通控制台;25-罗盘标定坪

第二节 飞行区平面布置

飞行区平面布置是指飞行区内各项主要设施的总体布局,包括跑道的数目、方位和构形,跑道同航站区的相对位置,滑行道的安排,各种机坪的位置及各种附属设施的布置等。

一、跑道构形

跑道是飞行区的主体。跑道的布置方案可基本上决定飞行区的布置格局。跑道布置的内容为确定跑道的条数及其方位,并布置成不同的构形。跑道布置的构形,可归纳为单条跑道、多条平行跑道、开口 V 形跑道及交叉跑道四种基本形式,见图 8-3。

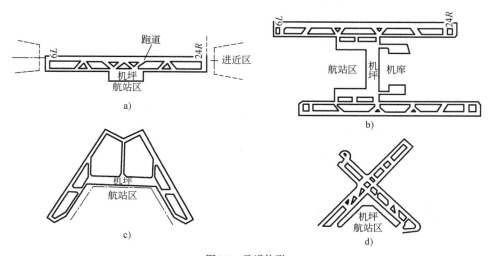

图 8-3 跑道构形
a)单条跑道;b)平行跑道;c)开口 V 形跑道;d)交叉跑道

二、跑道通过能力

飞行区所需设置的跑道条数,主要依据规划期预计的飞机运行次数及跑道的通过能力确定。

机场规划应提供远期(一般为 20 年)、中期(通常为 10 年)和近期(2~5 年)的年和高峰小时飞机运行次数预估值。

影响跑道通过能力的因素主要有以下四方面。

1. 空中交通管制因素

跑道上不允许同时有两架飞机运行,前后飞机的间隔时间便决定了跑道的通过能力(参见第三章图 3-4),而空中交通管制系统的完善程度和执行的效率会显著影响前后飞机的间隔时间,从而影响跑道的通过能力。

2. 机队组成

各类飞机的行驶速度不同,对前后飞机间隔距离(时间)的要求也不相同,因而,机队中各类飞机的组成不同时,其平均速度和飞机间隔时间也不相同,相应的通过能力便出现差异。通常采用机队指数 MI(%)来反映这一特性:

$$MI = (C + 3D) \tag{8-1}$$

式中:C——最大起飞重为 55.6~133.4kN 的飞机的运行次数占总次数的比例;

D——最大起飞重为 133.4kN 的飞机的运行次数占总次数的比例。

3. 跑道布置和使用方案

布置多条跑道时,两条跑道的间距如小于760m,由于飞机在进入进近段时出现的横向偏差,两架飞机不能平行起降,因而,其通过能力与单条跑道几乎一样。两条跑道的间距为中等(760~1 310m)时,可同时分别进行起飞和着陆,但其通过能力取决于着陆跑道的通过能力。当跑道间距大于1 310m时,两条跑道方可分别独立起降。

4. 环境因素

能见度、风、跑道表面状况等环境因素均会影响跑道的通过能力。能见度差时,需较长的飞机间隔时间和跑道占用时间,因而,其通过能力低于能见度良好时。分析跑道通过能力时,对能见度分为三种情况。

(1)当云层高为地面以上305m以外,能见度至少为4.83km时,可采用目视飞行规则(简称 VFR),即驾驶员可凭目视保持飞机间的间隔和观测地面目标。

(2)当云层高在152m以上305m以下和(或)能见度为1.61~4.83km时,需采用仪表飞行规则(简称 IFR),即由空中交通管制人员利用仪表指定具体航路、飞行高度和飞机间最小间隔。

(3)当云层高152m以下和(或)能见度为1.61km以下时,属云层低和能见度差的情况(简称 PVC)。

侧风过大(风速的垂直分量小于24km/h)、跑道湿滑或积雪等,都会增加跑道的使用时间。

美国联邦航空局(FAA)编制了可供远期规划使用的17种跑道构形的小时和年通过能力图表,表8-2列示了其中最常见的7种跑道构形的小时和年通过能力。

跑道小时和年通过能力　　　　表8-2

跑道布置和使用方案	机队指数 MI(%)	小时通过能力(次/h)		年通过能力 ($\times 10^3$ 次/年)
		VFR	IFR	
	0~20	98	59	230
	21~50	74	57	195
	51~80	63	56	205
	81~120	55	53	210
	121~180	51	50	240
213.4~761.7m	0~20	197	59	355
	21~50	145	57	275
	51~80	121	56	260
	81~120	105	59	285
	121~180	94	60	340
762.0~1 310.3m	0~20	197	62	355
	21~50	149	63	285
	51~80	126	65	275
	81~120	111	70	300
	121~180	103	75	365

续上表

跑道布置和使用方案	机队指数 MI(%)	小时通过能力(次/h) VFR	小时通过能力(次/h) IFR	年通过能力 (×10³ 次/年)
>1 310.6m 平行	0~20	197	119	370
	21~50	149	113	320
	51~80	126	111	305
	81~120	111	105	315
	121~180	103	99	370
交叉	0~20	98	59	230
	21~50	77	57	200
	51~80	77	56	215
	81~120	76	59	225
	121~180	72	60	265
V形(分开)	0~20	150	59	270
	21~50	108	57	225
	51~80	85	56	220
	81~120	77	59	225
	121~180	73	60	265
V形(汇聚)	0~20	132	59	260
	21~50	99	57	220
	51~80	82	56	215
	81~120	77	59	225
	121~180	73	60	265

单条跑道是最简单的一种跑道构形。由表 8-2 可知,单条跑道在目视飞行规则(VFR)条件下的小时通过能力在 50~100 架次之间,在仪表飞行规则(IFR)条件下的小时通过能力在 50~60 架次之间,而年通过能力为 19~24 万架次。在预计的需求量低于这一通过能力阈限的情况下,都可采用单条跑道方案。当需求量超过单条跑道的通过能力时,可采用两条以上的平行跑道方案。平行跑道的通过能力在很大程度上取决于跑道的条数和跑道之间的距离(表 8-2)。一般情况采用两条平行跑道。航站区如设在两条平行跑道之间(通常采用这种方案),则平行跑道往往相隔得较远,以便有足够的地方布置下航站楼、滑行道、停机坪等。由于受场地形状的限制,或者为了减少飞机起降前后的滑行距离,可将平行跑道的入口位置错开布置,见图 8-3b)。

三、跑道方位

当垂直于飞机运行方向的侧风的速度过大时,飞机起降将出现困难。最大的容许侧风速度与飞机尺寸、机翼构形和跑道表面状况有关。技术标准规定的数值为:

(1)基准场地长度为 1 500m 或以上时,侧风速度分量不应大于 10m/s(36km/h),如果该跑道的纵向摩擦系数不足而制动作用多数时间不良时,则不应超过 6.5m/s(23km/h)。

(2)基准场地长度为 1 200m 及以上而不足 1 500m 时,侧风速度分量不大于 6.5m/s。

(3)基准场地长度小于 1 200m 时,侧风速度分量不应超过 5.0m/s(18km/h)。

跑道的方位应平行于主导风向布置,使飞机在一年内能有 95% 以上的时间可在侧风风速低于容许值的情况下使用该跑道。为此,需对机场的风向和风速进行统计分析,以判别主导风向及其覆盖比例。当单向跑道的布置无法找到能满足这个要求的方位时,需增设一条或几条侧风跑道,布置成图 8-3 中的开口 V 形或交叉跑道,使机场的利用率保证在 95% 以上。

四、航站区同跑道的相对位置

航站区的位置,应布设在从它到跑道起飞端之间的滑行距离最短的地方,并且尽可能使降落飞机的滑行距离也最短。

图 8-4 为几种典型布置示意图。对于单一跑道,如果在每个方向的起飞和降落次数大致相等,则航站区设在跑道中部位置最为理想。这时,不论哪一端用于起飞,其滑行距离均相等。在设置两条平行跑道的情况下,如果起飞和降落可在两个方向进行,则航站区设在中间部位最合适;如果一条供降落,另一条供起飞,则平行跑道的端部宜错开布置,航站区设在接近起飞端的部位,可使起飞或降落飞机的滑行距离都较短,见图 8-4c)。航站区不宜放在两条跑道的外侧,因为它一方面增加了滑行距离,另一方面使飞机在滑行到外侧跑道时需穿越内侧跑道。

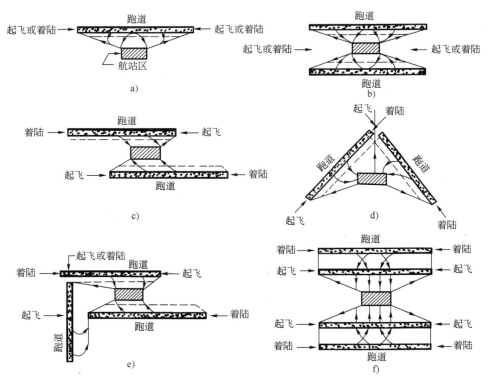

图 8-4 航站区同跑道相对位置布置示意图
a)单条跑道;b)平行跑道;c)端部错位的平行跑道;d)开口 V 形跑道;e)增加垂直向侧风跑道;f)四条平行跑道

五、滑行道布置

滑行道可大体分为出入跑道的滑行道和停机坪上的滑行道两类。前者的主要功能是为飞机提供从跑道到航站区的来往通道,其设置可使降落的飞机迅速离开跑道,从而提高跑道的运行效率。它的布置方案主要取决于飞机的运行次数。最简单的滑行道布置,是在跑道两端设置可供飞机调头用的滑行道,并用短段滑行道同机坪相连,见图 8-5a)。随着飞机运行次数的增加,可以设置短段平行滑行道,见图 8-5b);而当飞机运行次数预期在 5 年内将达到年运行 50 000 次或者年平均周高峰小时达到 20 次时,需设置全长的平行滑行道,见图 8-5c)。

在跑道端部应设置出口滑行道。当飞机运行次数预期将达到跑道容量的 40%~75% 时,应在跑道中部设置快速出口滑行道,见图 8-5d)。当年运行次数将达到 75 000 次,或者高峰小时运行次数将达到 30 次时,应在跑道端部或其附近设置等待起飞机坪,供飞机排队等待放行,见图 8-5e)。在飞机需要沿着滑行道的两个方向滑行时,可考虑在第一条滑行道的外侧增设平行滑行道,见图 8-5f)。

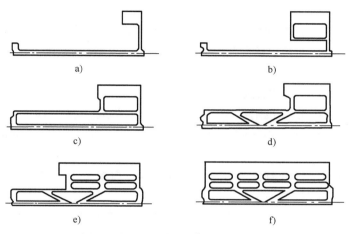

图 8-5 不同发展阶段的滑行道布置方案
a)两端滑行道;b)短段平行滑行道;c)全长平行滑行道;d)中部快速出口滑行道;e)等待机坪;f)外侧平行滑行道

六、净空要求

在选择机场位置和确定跑道方位时,应避免使飞机飞越人口稠密地区的上空和避开障碍物。

为保障飞机的起飞和降落安全以及机场的正常使用,在机场周围一定范围的空域内不得有障碍物影响飞机的运行。为此,规定一些假想面作为障碍物限制面,凡自然物体或人工构筑物的高度伸出这些假想面之上的部分,便当作障碍物而应移出或拆除。机场场址和跑道方位选择时,必须考虑此净空要求,检查在规定的限制面上是否有障碍物存在。如有,需同有关部门协商移去或拆除;如无法拆除,则需研究确定可否在不降低飞行安全的条件下,改变飞机的进近程序;否则,需另选场址。

图 8-6 中列示了各种障碍物限制面,其中,一些主要限制面的定义如下。

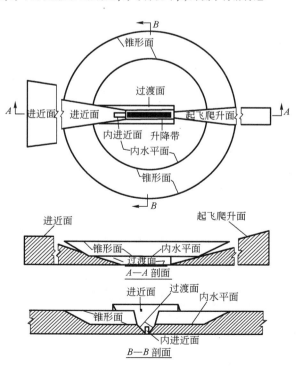

图 8-6 障碍物的限制面

（1）内水平面——高出机场基准点（跑道入口中点）高程45m的一个水平面；其周边范围为以跑道入口中点为圆心，按一定半径（4 000m）画出的圆弧，两个圆弧以公切线相连。

（2）锥形面——从内水平面周边起向上向外倾斜的面，其坡度为1/20，其高度从内水平面的高程起算。

（3）进近面——从升降带末端起向外向上延伸的一段或多段变宽度的倾斜面；进近面中紧靠升降带末端的一块长方形部分称为内进近，用于精密进近跑道。

（4）过渡面——从升降带两侧边缘和部分进近面边缘向上和向外倾斜，到同内水平面相交的一个复合面。

（5）起飞爬升面——其起端位于跑道端外一定距离处，按规定的起端宽度和斜率向外向上扩展到末端宽度，然后在规定的起飞爬升面总长度内维持这一宽度。

各个障碍物限制面的尺寸要求，随飞机为起飞或降落以及降落时采用的进近程序的不同而异。按进近程序的不同，可将跑道分为：

（1）非仪表跑道——供飞机用目视进近程序运行的跑道。

（2）非精密进近跑道——装有目视助航设备和一种至少能为直接进近提供方向性引导的非目视助航设备的仪表跑道。

（3）精密进近跑道——装有仪表着陆系统和目视助航设备的仪表跑道，其中又分为一类、二类和三类。

进近跑道和起飞跑道的各个障碍物限制面限制尺寸要求列于表8-3和表8-4中。

进近跑道障碍物限制面的尺寸 表8-3

限制面及其尺寸和坡度		非仪表跑道				仪表跑道			精密进近跑道		
									一类		二、三类
		飞行区等级指标Ⅰ									
		1	2	3	4	1、2	3	4	1、2	3、4	3、4
锥形面	坡度(%)	5									
	高度(m)	35	55	75	100	60	75	100	60	100	100
内水平面	高度(m)	45									
	半径(m)	2 000	2 500	4 000	4 000	3 500	4 000	4 000	3 500	4 000	4 000
进近面	起端宽度(m)	60	80	150	150	150	300	300	150	300	300
	距跑道入口(m)	30				60					
	侧边散开斜率(%)	10				15					
	第一段 长度(m)	1 600	2 500	3 000	3 000	2 500	3 000				
	第一段 坡度(%)	5	4	3.33	2.5	3.33	2	2.5	2.5	2	2
	总长度(m)	—				15 000					
	过渡面坡度(%)	20	20	14.3	14.3	20	14.3				

起飞跑道障碍物限制面的尺寸　　　　　　　　　　　表 8-4

起飞爬升面 尺寸和坡度	飞行区等级指标 I		
	1	2	3 或 4
起端宽度(m)	60	80	180
距跑道端距离(m)	30	60	60
两侧散开斜率(%)	10	10	12.5
末端宽度(m)	380	580	1 200,1 800*
总长度(m)	1 600	2 500	15 000
坡度(%)	5	4	2

注:* 在仪表气象条件和夜间目视气象条件下飞行,当拟用航道含有大于15°的航向变动时,采用1 800m。

第三节　跑道系几何设计

跑道系由跑道、道肩、跑道端安全地区、防吹坪和升降带等组成。跑道系几何设计的内容主要为确定各组成部分所需的长度、宽度、纵断面和横断面。

一、跑道长度

跑道长度是衡量飞行区能满足多重的飞机起降要求的关键参数,也是影响机场规模大小的一个主要参数。确定跑道长度时,主要考虑以下四个方面的因素。

1. 飞机起飞和着陆性能的要求

飞机在正常起飞情况下所需的起飞距离为:从跑道端部开始启动到离开地面并爬升到离地面的安全高度为10.7m处所需的长度,再乘以1.15倍的安全系数,见图8-7a)。除了正常起飞外,还考虑另外两种发动机出现故障时的情况。一种情况是起飞过程中一台发动机出现故障,这时飞机的速度小于决断速度,飞机可随即制动并减速到完全停止,见图8-7b)。另一种情况是飞机出现故障,但飞机的速度大于决断速度,要使飞机减速和停机所需的跑道长度大于所提供的长度,飞机只能继续起飞。后两种故障情况由于出现的几率较小,其所需的跑道长度不再乘以1.15倍的安全系数。

飞机着陆所需的距离为:飞机下滑到跑道入口处时离地面的高度为15.2m,从此入口处开始继续下滑到起落架触地并减速滑跑到完全停止时所需的长度,再乘以1.67的安全系数,见图8-7c)。

按飞机起飞和着陆性能要求的跑道长度,便为上述三种起飞长度和一种着陆长度的最大值。此长度称为场地长度。

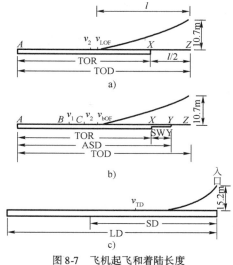

图 8-7　飞机起飞和着陆长度
a)飞机正常起飞;b)发动机故障时中断或继续起飞;
c)飞机着陆

2. 飞机质量

飞机的质量越大,为获取相应的升力所需的滑行和爬升距离便越长。因而,所需的跑道长度也越长。飞机质量由基本质量、商务载重(旅客、行李和货物)、航程用燃油和备用燃油重四部分所组成。备用燃油量通常规定为飞行75min航程所需的用油量,其中30min的用油量供飞往备降机场用,45min的用油量为飞机在备降机场上空等待区盘旋待降时用。因而,各种飞机质量组成中的基本质量和备用燃油重一般不会变动。航程用燃油重则随航程远近而定。各种飞机可以通过改变商务载重和航程用燃油量(也即限定航程距离)来变更飞机的质量。

通常,起飞长度要求按飞机的最大起飞质量确定,而着陆长度要求按最大着陆质量确定。最大起飞质量受飞机结构的限制,同大气、机场压力高程、跑道特性等因素无关。在起飞爬升面上有障碍物而必须以更大的坡度爬升时,起飞质量按低于最大值的障碍物限制质量确定。障碍物限制质量则同障碍物的位置和高度情况有关,也同机场的压力高程和大气条件有关。

3. 气候条件

大气因素包括相互关联的压力、密度和温度。它们对跑道长度要求有较大的影响。如果空气的压力和密度降低,飞机的升力会下降,发动机的功率和推进效率也会降低,而着陆时的阻力会减小。因而,起飞和着陆所需的长度都会随之而增加。在压力一定而温度增高时,空气密度会因之而下降,从而使发动机在起飞时的效率降低。因而,考虑起飞长度要求时,应计入环境温度的影响。温度对着陆长度要求的影响较小。

大气的特性随时随地都在变化。为便于进行对比,虚拟了一种"标准大气"。它代表一个特定地区内实际大气的平均状况。这个标准大气在不同高度处的温度、压力和密度值列于表8-5。如果实际的温度和压力相应于该特定高度的标准大气温度和压力,则通常用"标准条件"或"标准日"的术语表征。标准气压随高度的增加而降低。某机场的气压降低,就类似于该机场被移到某个海拔高度较高的地方。此高度称为气压高度(或气压高程)。以海平面的气压760mmHg为基准(气压高度为零),如果气压降为674mmHg,则相当于气压高度为1 000m。通常假设地理高程同气压高度相等。随着海拔高程的增加,空气密度减小,气压降低,所需跑道长度增加。一般情况下,高程每增加300m,跑道的长度要增加7%。

标 准 大 气　　　　　　表8-5

高度(m)	0	500	1 000	1 500	2 000	2 500	3 000
温度(℃)	15	11.75	8.5	5.25	2.0	-1.25	-4.5
气压(mmHg)	760	716	674	634	596	560	526
密度(kg/m^3)	1.225	1.167	1.112	1.058	1.006	0.957	0.909

注:1mmHg=133.322Pa。

以机场气象台所记录的平均年最热月内的日最高气温的月平均值,作为机场的基准温度。随温度升高,所需的跑道长度增加。一般情况,基准温度比标准大气温度每增加1℃,所需的跑道长度要增加1%。

风对飞机的起降也有影响。顺风起降时,跑道长度需增加。风速每增加5kn(9.26km/h),跑道所需长度要增加7%。逆风起降时,跑道长度可减小。风速每增加9.26km/h,跑道长度可减少1%。

4. 跑道特性

跑道的纵向起伏,对飞机起飞和着陆所需的长度也有影响。纵向起伏以跑道中线的有效坡度表征,其定义为中线最高点和最低点的高程差除以跑道的长度。一般情况下,跑道的有效坡度每增加1%,其长度需增加10%左右。

跑道表面上的积水或积雪会降低其抗滑能力,使飞机着陆时的减速滑跑距离增长。机场所处的情况为海平面、标准大气、无风、有效纵坡为零、表面干燥、飞机以最大起飞质量和最大着陆质量运行时,称作基准条件。按基准条件确定的场地长度,称为基准场地长度。当大气、高程、跑道特性等条件同上述基准条件有出入时,则应考虑其差异进行相应的修正。

跑道所需的长度,按所选用飞机的起飞和着陆运行要求,利用飞机制造厂所提供的该种飞机的性能曲线先确定基准场地长度,而后依次按跑道高程(以主跑道上最高点的高程为准)、机场的基准温度及跑道的有效纵坡,对基准场地长度进行修正。图8-8和图8-9为B-757飞机在标准日、无风和零坡条件下起飞和着陆时所需的跑道长度。

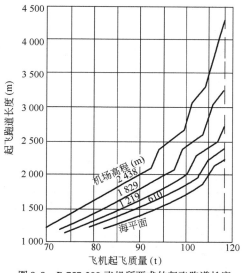

图8-8 B-757-200飞机所要求的起飞跑道长度

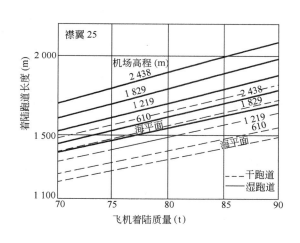

图8-9 B757-200飞机所要求的着陆跑道长度

示例8-1 机场的高程为500m,基准温度为25℃,有效纵坡为0.5%。飞机按最大起飞质量和最大着陆质量运行。请确定B-757-200飞机所需的跑道长度。

由图8-8和图8-9可查到B-757-200飞机在以最大起飞质量(116.6t)和最大着陆质量(90.71t)运行时,在基准条件下所需的起飞和着陆跑道长度相应为2 220m和1 500m(道面表面潮湿)。

起飞长度修正:高程按每300m增加7%进行修正,则修正后长度为:

$$2\ 220 \times 0.07 \times 500/300 + 2\ 220 = 2\ 479(\text{m})$$

温度按每增加1℃变化1%进行修正,则由表8-5,500m高程时的标准气温为11.75℃,修正后长度为:

$$2\ 479 \times 0.01 \times (25 - 11.75) + 2\ 479 = 2\ 807(\text{m})$$

有效坡度按每1%增加10%进行修正,则修正后长度为：
$$2807 \times 0.1 \times 0.005/0.01 + 2807 = 2947(m)$$
着陆长度修正：高程按每300m增加7%进行修正,则修正后长度为：
$$1714 \times 0.07 \times 500/300 + 1724 = 1925(m)$$
由此,所需跑道长度为2 947m或取整为3 000m。

二、跑道宽度、横坡和纵断面

飞机起飞和着陆过程中主起落架轮迹在跑道上的横向分布,相对于跑道中心线呈正态分布,全部运行几乎集中在跑道中部30m宽度范围内。为减少飞机偶然驶离跑道时受损的危险性,并防止松散材料被吸入喷气发动机内,跑道还需提供一定的附加宽度。重要跑道的附加宽度一般为15m。技术标准所规定的跑道最小宽度要求见表8-6。但对于精密进近跑道,其宽度不得小于30m。

跑道的横坡度应足够大,以满足道面表面排水的需要；同时,又不宜过大,以免危及飞机的运行安全。表8-6中所列为技术标准所规定的横坡范围。

跑道最小宽度和横坡限值　　　　表8-6

指　　标			飞行区等级指标Ⅱ					
			A	B	C	D	E	F
最小宽度(m)	飞行区等级指标Ⅰ	1	18	18	23	—	—	—
		2	23	23	30	—	—	—
		3	30	30	30	45	—	—
		4	—	—	45	45	45	60
横坡(%)	最大		2	2	1.5	1.5	1.5	1.5
	最小		1	1	1	1	1	1

跑道的纵坡度应尽可能平缓,并且尽可能避免坡度变化。纵断面设计时,要控制整条跑道的有效坡度和各分段的坡度、相邻坡度的变化、竖曲线半径和长度、变坡点之间的间距,并满足视距要求。技术标准规定的各项跑道纵断面设计指标见表8-7。在坡度变化不可避免时,应考虑满足的视距要求为：对于等级指标Ⅱ为C、D和E的跑道,在高于跑道3m的任何一点上应能看到至少半条跑道长度距离内的高于跑道3m的任何其他点；而对于等级指标为B和A的跑道,则视线不受阻挡的高度相应为2m到2m和1.5m到1.5m。

跑道纵断面和升降带设计指标　　　　表8-7

指　　标		飞行区等级指标Ⅰ			
		4	3	2	1
纵断面	最大有效坡度(%)	1	1	2	2
	两段1/4跑道长度的最大坡度(%)	0.8	0.8*	2	2
	其他长度部分的最大坡度(%)	1.25	1.5	2	2
	两个相邻坡的变化(%)	1.5	1.5	2	2
	竖曲线最小半径(m)	30 000	15 000	7 500	7 500
	变坡点之间的最小距离(m)**	30 000C	15 000C	5 000C	5 000C

续上表

	指　标	飞行区等级指标 I			
		4	3	2	1
升降带	长度(各个方向的外延距离)(m)	60	60	60	60(仪表)、30(非仪表)
	宽度(自跑道中线向两侧各扩展)(m):仪表跑道	150	150	75	75
	非仪表跑道	75	75	40	30
	平整宽度(自跑道中线向两侧各扩展)(m)	75	75	40	40(仪表)、30(非仪表)
	平整部分的最大纵坡度(%)	1.5	1.75	2	2
	最大横坡度(%)	2.5	2.5	3	3

注:＊——对于二或三类精密进近跑道。
　　＊＊——不得小于45m。
　　C——定义为两相邻变坡点的坡度变化绝对值之和。

三、道肩和升降带

在跑道两侧设置道肩,以防止松散材料被吸入喷气发动机内,减少飞机偶然驶离跑道时受损的危险性,并供应急或维护车辆行驶。飞行区等级指标 II 为 D 和 E 的跑道,在宽度小于60m 时应设置道肩,其宽度为使跑道加道肩的总宽度达到60m。跑道宽度为60m 的 D 和 E 跑道以及等级指标为 A、B 和 C 的跑道,两侧各设置宽1.5m 的道肩。道肩的横坡度应比跑道的横坡大0.5%~1%,但其最大横坡不应超过2.5%。

升降带是跑道周围的安全地带。在此范围内,要求地面平整,除了必需的助航设备外,不应有危及飞机安全的物体。升降带为矩形,其长度和宽度如表8-7所列。升降带一定宽度范围内的地面应整平,以供飞机偶然滑出跑道时使用,其范围和坡度也列于表8-7中。

升降带在跑道入口前至少30m 的长度内应修筑成能防止喷气气流吹蚀的防吹坪,其宽度与跑道和道肩的相同。

在升降带两端,对于等级指标 I 为3和4的跑道以及1和2的仪表跑道,应设置跑道端安全地区,以免着陆飞机冲出跑道或过早接地。安全地区的长度应尽可能大,并至少为90m;其宽度为跑道宽度的2倍。区内应整平,除必需的导航设备外,不应有危及飞机安全的物体。

第四节　滑行道和停机坪几何设计

滑行道几何设计的主要内容包括:确定滑行道、道肩和滑行带所需的宽度,布置出入口位置,选定曲线半径和计算曲线加宽,设计纵横断面,保障滑行道同跑道、其他滑行道或物体间的最小间隔距离要求等。

一、滑行道宽度和坡度

直线滑行道道面的宽度,依据主起落架外轮缘的间距和外轮缘到滑行道边缘的净距确定。技术标准规定的最小值列于表8-8中。滑行道两侧设置道肩,滑行道和道肩的宽度要求也列于表8-8中。在滑行道外设置安全地带,称作滑行带,其宽度为从滑行道中线向两侧延伸不小于滑行道中线到物体的距离。滑行道的最大纵坡、竖曲线最小半径和视距要求,滑行道和滑行带的最大横坡等规定,均列示于表8-8。

滑行道设计标准 表8-8

飞行区等级指标Ⅱ			A	B	C	D	E	F
最小宽度(m)	滑行道道面		7.5	10.5	18(15)*	23(18)**	23	25
	滑行道道面和道肩		—	—	25	38	44	60
	滑行带平整部分		22	25	25	38	44	60
主起落架外轮缘到滑行道边缘最小净距(m)			1.5	2.25	4.5(3)*	4.5	4.5	4.5
滑行道中线到跑道中线最小间距(m)	仪表跑道,指标Ⅰ	1	82.5	87	—	—	—	—
		2	82.5	87	—	—	—	—
		3	—	—	168	176	—	—
		4	—	—	—	176	182.5	190
	非仪表跑道,指标Ⅰ	1	37.5	42	—	—	—	—
		2	47.5	52	—	—	—	—
		3	—	—	93	101	—	—
		4	—	—	—	101	107.5	115
	滑行道		23.75	33.5	44.0	66.5	80	97.5
滑行道中线到滑行道中线的距离(m)			12	16.5	24.5	36	42.5	50.5
滑行道中线到物体(m)			16.25	21.5	26.0	40.5	47.5	57.5
滑行道最大纵坡(%)			3	3	1.5	1.5	1.5	1.5
最大横坡(%)	滑行道道面		2	2	1.5	1.5	1.5	1.5
	滑行带平整部分,升坡		3	3	2.5	2.5	2.5	2.5
	滑行带平整部分,降坡		5	5	5	5	5	5
	滑行带不平整部分,升坡或降坡		5	5	5	5	5	5
纵向竖曲线最小半径(m)			2 500	2 500	3 000	3 000	3 000	3 000
最小视距***(m)			150(1.5)	200(2)	300(3)	300(3)	300(3)	300(3)

注：*括号内数值适用于纵向轮距小于18m的飞机,括号外的适用于大于等于18m的飞机。
　　**括号内数值适用于主起落架外轮缘距离小于9m的飞机,括号外的适用于大于等于9m的飞机。
　　***括号内数值为视线高。

二、滑行道最小间隔距离

滑行道中心线与平行跑道或滑行道,或者与物体之间要保持一定的间隔距离。这一距离随翼展、外轮缘到滑行道边缘的净距和安全间距的不同要求而变化。各种情况下的规定值见表8-8。

三、滑行道曲线和出口滑行道

滑行道应尽量少转向。不可避免时,转角要小,其曲线半径应同飞机的滑行速度相适应,见表8-9。转弯时主起落架外轮缘同滑行道边缘的净距仍应满足表8-8中的规定。为此,需加宽道面宽度,以免轮子滑出道面边缘。

飞机滑行速度和曲线半径 表8-9

滑行速度(km/h)	16	32	48	64	80	96
曲线半径(m)	15	60	135	240	375	540

供着陆飞机驶离跑道用的出口滑行道,可同跑道成直角,也可成锐角。成直角时,由于转角大,飞机进入出口滑行道之前的速度必须降得低些,因而占用跑道的时间较长。为使飞机迅速驶离跑道以增加其容量,可设置同跑道成锐角(一般为30°)的快速出口滑行道。设置的位置,按飞机进入跑道入口和出口滑行道入口时的速度等因素确定。其设计标准可参照表8-10中所列。

快速出口滑行道设计标准 表8-10

飞行区等级指标 I	3或4	1或2	飞行区等级指标 I	3或4	1或2
出口起点处速度(km/h)	93	65	滑行道中线标志起点距曲线起点(m)	60	30
最小曲线半径(m)	550	275	出曲线后直线段长度不小于(m)	75	35

四、停机坪几何设计

在旅客航站楼的空侧一边设置的停机坪,主要供飞机停放以上下旅客(称作机位)以及飞机进出机位的操纵和滑行。停机坪的大小和布局取决于4方面因素:机位的数目、飞机在机位停放的方式、机位的尺寸和航站楼平面布局方案。

所需的机位数目,取决于预定需容纳的高峰小时飞机运行次数和每个机位的容量。而后者决定于机位占用的时间和机位利用情况。大部分机场的机位数(或者候机楼的门位数)变动于每百万年旅客量3~5个之间。

飞机停放的方式主要有机头向内、机头斜角向内和机头平行航站楼3种(图8-10)。而飞机进出机位则可以采用飞机自行操纵进入和退出、自行操纵进入但由牵引车推出以及由牵引车拖进和推出三种方法。

表8-11列示了几种飞机采用两种常用进出机位方法时所需占用的机位尺寸。可以看出,由牵引车推出较自行滑出所占用的机位尺寸小。飞机自行操纵进入和退出时占用的机位尺寸,则较前两种情况都大。

飞机推出和滑行出机位(机头向内)对所占的机位尺寸 表8-11

飞机型号	推 出			滑 行 出		
	长(m)	宽(m)	面积(m²)	长(m)	宽(m)	面积(m²)
DC-9-10	41.0	35.1	1 366	45.4	42.7	1 863
B-727	52.8	39.0	2 059	59.1	46.6	2 757
B-737	36.6	34.4	1 260	44.3	42.1	1 863
B-747	73.7	65.7	4 845	100.0	73.4	7 333

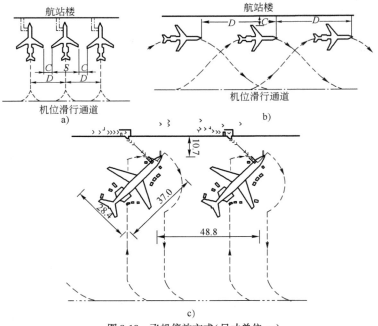

图 8-10 飞机停放方式(尺寸单位:m)
a)机头向内停放;b)机头平行停放;c)机头斜角停放

第五节 航站区布局

旅客航站楼是乘机旅客和行李转换运输方式的场所。它的一侧供旅客和行李离开或进入地面交通系统,另一侧供旅客和行李进入或离开飞机,而航站楼本身则提供转换场所,以办理各种转换手续,汇集登机和疏散下机的旅客和行李。旅客航站楼的规划和设计,应能经济有效地使旅客和行李方便、舒适、安全和快速地实现地面和航空运输方式的转换。

一、航站楼设施单元

旅客航站楼通常由下述设施单元组成:

(1) 航站楼前路边——为航站楼同地面汽车交通的交接面,按旅客进出楼内办理手续的流动路线最短而直接的原则设置。

(2) 航站楼大厅——供办理票务和交运行李用,大厅的尺寸取决于办票柜台线总长度、柜台前旅客排队的长度和周围流通的空间。

(3) 安全检查系统——设在办票区和出发候机室之间,以验证身份和检查手提行李。

(4) 政府管制机构——包括海关、边防和检疫等,是国际航班旅客必须通过的关卡。

(5) 候机室——作为出发旅客等待登上指定航班飞机的集合和休息的场所。

(6) 过厅或走廊——连接上述各单元,供旅客内部流通的场所。

(7) 行李设施系统——办理行李交运和提取手续,进行行李分拣、装运或卸运等。

(8) 登机和下机——有采用登机桥和客车转运两种方式。

(9)经营管理办公室——包括机场、航空公司和政府管制部门的办公室和有关设施。
(10)为旅客和送行者提供的各种服务设施和特许经营商店。

二、平面布局方案

航站楼的平面布局与旅客量、飞机运行次数、交通类型(国内或国际)、使用该机场的航空公司数、场地的物理特性、出入机场的地面交通模式等多种因素有关。按航站楼的功能要求进行平面布局时,主要考虑并处理好三方面的关系。一是不同类型的旅客办理手续(例如,国际和国内航线,不同航空公司等)是集中在一个区域内顺序进行,还是分散在不同的区域内分别进行。二是航站楼空侧边飞机停靠所需的门位数和空间,同其陆侧边出入机场的地面交通所需的路边线或空间之间的矛盾。三是控制旅客从航站楼一侧进入另一侧离开之间的步行距离,使之在可接受的长度(例如300m)之内。为了妥善处理好这三方面的问题,提出了不同的布局思想和方案,它们可归纳为4种(图8-11)。

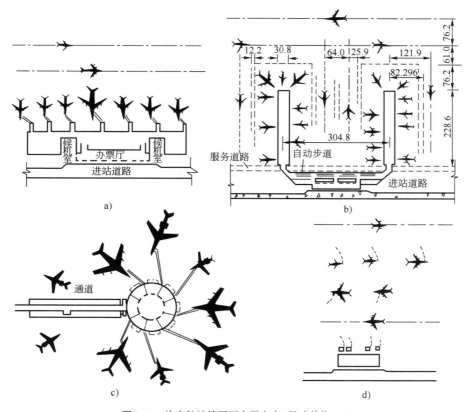

图8-11 旅客航站楼平面布局方案(尺寸单位:m)
a)线型;b)廊道型;c)卫星型;d)转运型

(1)线型——这是最简单的一种布局方案。航站楼的进深较浅,一般为20~40m。门位少时,旅客可以较短的步行距离到达指定门位。门位多时,主楼向两侧扩展,因而步行距离增长。这时,可采用将航站楼分散为多个单元的方法(例如,将国际和国内分开)。

(2)廊道型——航站楼空侧边向外伸出指形廊道。旅客办理手续都在主楼内进行,廊道两侧各有一排门位,并提供候机室和走廊。其优点是增加门位时,可只扩建廊道而不变动主楼。而主要缺点是步行距离在廊道长时比较远。

(3) 卫星型——一座或多座卫星式建筑物，通过通道同主楼相连接。旅客手续在主楼内办理。其主要缺点为通道造价较高，卫星建筑物缺乏扩展的灵活性，旅客步行距离较长。

(4) 转运型——飞机停放在同航站楼分开的停机坪上。旅客通过地面车辆载运出入航站楼。其主要优点是航站楼的利用率高，扩展的灵活性大，旅客步行距离短。而主要缺点是旅客登机时间增加，服务水平下降。

许多机场的平面布局方案，采用的往往是上述一种或几种方案的组合。对于旅客量少的小机场，也可采用简单的布局方案（图8-12），将飞机停放在航站楼空侧的停机坪上，旅客由航站楼直接步行到机位处登机。

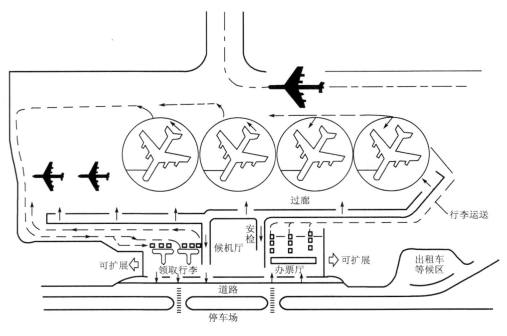

图 8-12 小型机场航站区平面布局

三、竖向布局方案

航站楼竖向布局的主要考虑，是把出发和到达的旅客流分开，以方便旅客和提高运行效率。视旅客量的多少、航站楼可使用的土地面积和地面交通系统等情况，可将航站布置成单层、一层半和两层或多层系统（图8-13）。旅客量小时，通常都布置成单层，旅客和行李的流动都在机坪层进行，旅客一般利用舷梯上下飞机[图8-13a)]，出发和到达旅客流在平面上分隔开（图8-12）。一层半系统是将旅客出入航站楼安排在一楼，而上下飞机都安排在二楼上利用登机桥进行，但在平面上将出入旅客流分隔开[图8-13b)]。两层系统则是把出发和到达旅客的活动完全分隔开，分别安排在上层和下层进行[图8-13c)]。

四、出入机场交通

国内航线的乘机时间大都在1~3h范围内。由于机场不可能建在离市区很近的地方，旅客出入机场的地面交通时间有时会超过乘机的时间,从而部分抵消航空运输的快速优点。为此,机场规划要考虑出入机场的地面交通问题。

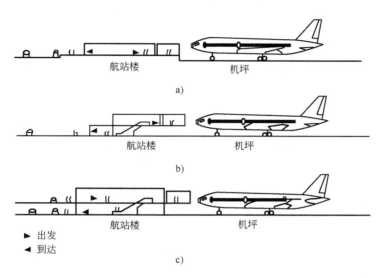

图 8-13 航站楼竖向布局方案
a)一层;b)一层半;c)两层

使用出入机场地面交通设施的不仅有旅客,还有接送者和机场工作人员。随着机场规模的增大,机场工作人员在乘客中所占的比例越来越大。

各类人员对交通设施有不同的要求,机场规划时往往考虑采用多种交通方式。可以采用的交通方式和工具有下列数种。

(1)私人汽车和出租汽车——有很大的机动性,但机场要为之设置较大的停车场。

(2)公共汽车和机场班车——费用较低,但行驶路线和班次固定,对旅客不太方便,较适用于机场工作人员。

(3)城市捷运系统——同城市捷运系统衔接的轨道交通线(地铁、轻轨、铁路等),可使大批量旅客较迅速而可靠地出入市区大部分地区。

【复习思考题】

1. 机场系统的陆侧及空侧各包括几部分?各部分功能是什么?
2. 飞行区包括几部分?各部分的主要功能如何?
3. 机场飞行区划分为几个等级?划分的依据和用途是什么?
4. 查看图 8-2,分析图示各组成部分的作用和相互关系。
5. 跑道构形有哪几种基本形式?各种构形形式的功能特点和适用场合如何?
6. 影响跑道通过能力的因素有哪些?单跑道的年通过能力大约是多少?两条跑道的通过能力是否为单条跑道的 2 倍?

7. 跑道的方位主要依据什么要求确定？不能满足要求时，需采用什么措施？
8. 航站区与跑道的相对位置按什么原则布置？
9. 滑行道的作用是什么？如何按飞机的交通量布置滑行道？
10. 如何界定障碍物限制面？影响障碍物限制面尺寸的因素有哪些？
11. 跑道系由哪些部分组成？
12. 决定跑道长度的影响因素有哪些？供相同质量飞机起降时，拉萨机场的跑道长度应比上海机场长多少？
13. 何为基准场地长度？
14. 跑道宽度和道肩宽度一般为多少？
15. 跑道的纵断面设计应满足哪些要求？相应采用哪些设计指标？
16. 滑行道的宽度和间隔距离按哪些要求确定？
17. 快速出口滑行道的位置设在何处较合理？它与跑道的交角一般为多少？
18. 停机坪的作用有哪些？其尺寸和布局需考虑哪些因素？
19. 航站楼一般包括哪些设施单元？
20. 航站楼平面布局有哪些形式？竖向布局有哪些基本形式？分析它们的优缺点和适用场合，并举国内某机场的实例说明。
21. 对出入机场的交通系统应提出哪些要求？

第九章 交通控制与管理

【学习目的与要求】

了解轨道交通行车组织的基本类型和运行控制设备的主要类型及功能;了解道路交通管理方式的基本类型和控制与监控设备的主要类型及功能;了解水上交通的控制和管理设施的主要内容及功能;了解空中交通的管理机构、基本规则及主要助航设备的内容及功能。

为了保障各种载运工具在地面、水上和空中交通运输设施中运行的安全,需对交通进行控制和管理,使之遵循一定的运行规则和规定,形成有序的交通流。同时,这种交通控制和管理也有利于加快交通流的速度,从而提高载运工具和交通运输设施的利用率。

交通控制和管理的对象是交通运输设施及其使用者,具体包括载运工具、驾驶人员、交通运输设施(线路和站场)及其周围的路界、水域和空域。针对不同的对象和内容,交通控制和管理可分别通过下述方式实现。

（1）交通法规或规则——规定载运工具在交通运输设施中运行时所必须遵循的准则。

（2）交通控制设备——采用各种标志、标线、灯光、信号等设备,对载运工具的运行进行限制、警告、引(诱)导,或者提供信息等。

（3）交通控制系统——将整个或部分交通运输设施系统内的各个交通控制设备按一定方式组成协调控制的系统。

本章分别介绍各种交通运输方式的交通控制和管理的主要内容。

第一节　轨道交通控制和管理

为保障列车进出站、在车站(车场)范围内以及在站间区间运行的安全,提高运行的速度和运输设施的通过能力,需要对列车运行实行有效的管理,并设置各种必要的交通控制设备,以指示、调度和控制列车的运行和调车作业。这些控制设备主要有信号显示设备、连锁设备、闭塞设备、调度集中控制设备和轨道交通自动化控制系统等。

一、行车组织

1. 行车调度

一般情况下,轨道交通是按预定的列车运行图(城市间铁路中还包括机车周转图)运行的。但是,由于有关列车运行的条件随时都可能发生变化,例如,每天的车流可能有增有减,运行图规定的车次有时要停运,有时又需要加开,即便按图运行也可能发生晚点的现象,如此等等,都要求在日常的交通运输工作中根据变化了的情况,采取相应的调整措施,使列车能正常运行。这一任务由列车调度员来完成。

在铁路系统中,由于整个铁路网络中各条线路是相互连通的,为了统一指挥日常交通运输工作,铁路各级运输部门都建立了调度机构。铁道部设调度处,铁路局设调度科调度。在各级调度机构中,按照业务分工设有若干不同职位的调度员,分别掌握一定范围内的工作。

在城市轨道交通系统中,一般来说,各条线路相互独立运行,调度工作相对简单。但由于涉及的专业门类比铁路要多,如电力、消防、环控、通风等,通常也设立集中管理的调度控制中心,负责行车和突发事件处理等日常调度工作。

目前,城市轨道交通系统中常用的行车调度控制方式,主要有调度集中和行车指挥自动化两种。车站控制是在特殊情况下采用的辅助方式。采用何种行车调度控制的方式与所采用的行车调度设备类型有关。

(1)调度集中管理——行车调度员通过调度集中控制设备控制所管辖线路上的信号和道岔,办理列车进路,组织和指挥列车运行。这时,基本闭塞方法为自动闭塞法,列车以驾驶员操纵为主。在调度集中控制因故不能实现时,改为车站控制。车站值班员在列车调度员的指挥下,办理列车进路,接发列车。

(2)行车指挥自动化——在行车调度员监控下,由双机冗余计算机组等设备构成的列车自动监控子系统(ATS)完成列车运行的控制任务。这时,基本闭塞方法为自动闭塞法,通常还采用列车自动保护(ATP)和列车自动运行(ATO)子系统,由这三个子系统构成的列车自动控制系统(ATC)具有列车运行自动化和行车指挥自动化功能。

2. 列车交路

列车交路是指列车在线路上往返行驶路径的形式。在轨道交通线路的各个区段客流量不均衡的情况下,通常采用不同的列车交路来节省运营成本。列车交路可分成长交路、短交路和长短交路3种(图9-1)。

长交路是指列车在线路上全线运行。短交路是指列车在线路上的某一区段内运行,在指定车站上折返。长短交路是指线路上长、短交路并存的列车运行交路。

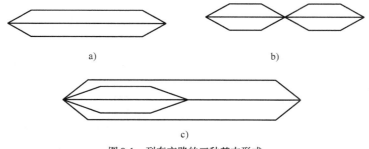

图 9-1　列车交路的三种基本形式
a）长交路；b）短交路；c）长短交路

从行车角度上来看，长交路好，运行组织简单，对中间站折返设备要求不高，但在各区段客流量不均衡情况下，会产生部分区段运能的浪费。

短交路能适应不同客流区段的交通运输要求，运营也较经济，但要求中间站具有两个方向的折返能力以及具有方便的换乘能力。

长短结合是混合的运营组织方案，既能满足交通运输要求，又能提高运营效益，但它对信号设备及中间站折返设备的要求较高。

3. 列车折返方式

列车在到达终点站时，或在短交路和长交路情况下运行到中间站需要进行折返作业。对于城市轨道交通和动车组而言，是将车头变车尾，且按照行车规则利用渡线改变上下行线路；对于普通铁路而言，则是将机车掉头。城市轨道交通列车折返作业方式分为站前折返和站后折返两种。

（1）站前折返方式——列车经由站前渡线折返，见图 9-2。图 9-2a）是列车在终点站经由站前渡线折返；图 9-2b）是短交路运行时列车在中间站经由站前渡线折返。在采用站前折返方式时，列车空走少，折返时间较短，旅客可同时上下车，可以缩短停站时分。此外，站线和折返线相结合，能节省投资费用。站前折返的缺点是出发列车和到达列车存在着冲突进路交叉，影响行车安全。上下车旅客同时上下车在客流大时，站台秩序会受到影响。

（2）站后折返方式——列车通过站后折返设施折返，参见图 9-3。这种折返方式的优点是乘客上下车分开，站台秩序较好，便于管理，安全性好，列车进出站速度高，有利于提高旅行速度。它的缺点是空走距离比站前折返长，投资大。

普通铁路通常采用三角线或转盘进行机车掉头作用。

二、轨道交通信号设备

轨道交通信号设备按照用途可分为信号设备、联锁设备和闭塞设备三类。信号设备用于向有关行车和调车工作人员发出指示和命令；联锁设备用于保证站内行车和调车工作人员的安全和提高车站的通行能力；闭塞设备用于保证列车在区间内运行的安全和提高通过能力。

1. 信号设备

轨道线路和站场上设有各种形式的信号，显示行车指示和命令、机车车辆运行条件、线路状况、列车或车辆的位置等。信号显示主要通过臂板信号机、色灯信号机、信号标志等设备进行。

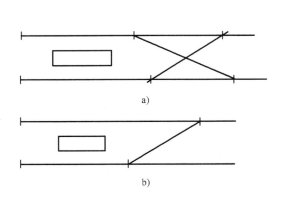

图9-2 站前折返方式时的折返线布置
a)双渡线;b)单渡线

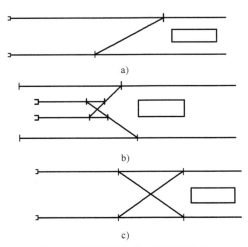

图9-3 站后折返方式时的折返线布置
a)单渡线;b)折返线;c)双渡线

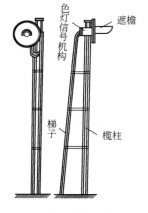

图9-4 探照式色灯信号机

臂板信号机是在机柱上装设长方形或鱼尾形臂板,白天以臂板的位置、形状、颜色等显示信号,夜间以灯具和有色玻璃镜给出的灯光颜色显示信号。按操纵动力的不同,可分为电动臂板信号机和机械(人工)臂板信号机。

色灯信号机是以灯光的颜色、数目和灯质(稳定灯光或闪光)显示信号的一种固定设备。按其结构特点可分为透镜式色灯信号机和探照灯信号机两种。图9-4是一种高柱探照灯信号机。

这些信号机分设在不同地点,起不同的作用。信号机按用途可分为进站信号机、出站信号机、预告信号机、通过信号机、调车信号机、防护信号机等。

进站信号机的作用是防护车站,指示列车可否由区间进入车站。它应设在距车站进站道岔尖轨(逆向道岔)或警冲标(顺向道岔)不小于50m的地点。

出站信号机的作用是防护区间,指示列车可否由车站进入区间。它应设在每一发车线路警冲标内的适当地点。

预告信号机的作用是将主体信号机的显示状态提前告诉驾驶员,它应设置在进站、通过、遮断、防护信号机等主体信号机前方不少于列车一个制动距离处。

进站、出站、预告信号机的设置位置见图9-5。

通过信号机的作用是防护自动闭塞区段的闭塞分区,指示列车可否进入它所防护的闭塞分区。通过信号机设在闭塞分区入口处,参见图9-6。

调车信号机用来指示调车机车进行作业,通常设在调车作业繁忙的车站线路上,这种车站需要配备电气集中联锁设备。

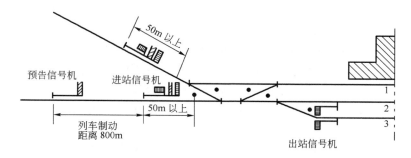

图9-5 进站、出站、预告信号机的设置位置示意图

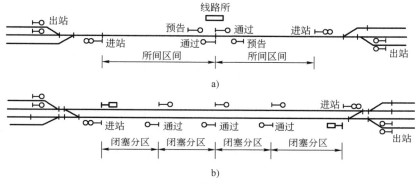

图9-6 通过信号机的设置位置
a)非自动闭塞区段;b)自动闭塞区段

防护信号机用于防止对向进路列车相互冲突,设在繁忙道口和桥隧建筑物处或者可能有危及行车安全的坍方落石平面交叉处。

信号的显示要简单、明了、正确、有足够的显示距离,不能与其他物体混同。其设置原则、显示方式和使用方法,都要遵照有关规程和规范的统一规定。

2. 联锁设备

在车站上,为列车进站、出站所准备的通路称为列车进路;为各种调车作业准备的通路则称为调车进路。

通常,列车的进、出站和站内调车工作是根据防护每一进路的信号机的显示状态进行的。同时,列车和调车的进路又要靠操纵道岔来排列,因此,在有关的道岔和信号机之间,以及信号机与信号机之间,必须建立一种相互制约的关系,才能保证行车安全。这种相互制约的关系就叫联锁。这种制约关系为:

(1)当前进路上有关道岔开通位置不对或敌对信号机未关闭时,该信号机不能开放。

(2)信号机开放后,该进路上的有关道岔都被锁闭,不能动作,其敌对信号机不能开放。

(3)正线上的出站信号机未开放时,进站信号机不可能开放为通过信号;主体信号机未开放时预告信号机不能开放。

目前用于实现上述联锁关系的设备有三类:电锁器联锁、电气集中联锁、微机联锁。

(1)电锁器联锁——为非集中联锁,分别在道岔和信号机上装置电锁器。电锁器上有接点,分别代表道岔和信号机位置。通过一方道岔电锁器的接点,控制对方信号电锁器电磁锁的电路，以实现信号机同道岔间以及信号机组相互间的制约关系。信号机为电动臂板信号机时，称为电动臂板电锁器联锁。而采用色灯信号机时，则称作色灯电锁器联锁。电锁器联锁中的道岔或信号是依靠人工扳动的，在行车密度较高和调车作业量较大的车站安全性较差。

（2）电气联锁——一种集中联锁，利用继电器、轨道电路、电动道岔等设备对车站的所有信号、道岔进行集中控制，不需使用扳道员，而由车站值班员在站内控制台上直接操纵信号和道岔，并由显示灯直接监督现场设备的动作情况。电气集中联锁设备有多种类型，比较先进的是进路式电气集中联锁。

（3）微机联锁——利用微型计算机软硬件来实现一个或多个车站联锁功能的系统。随着微机技术的迅速发展而日趋成熟，成本逐年下降，功能日臻完善，可靠性日益提高。由于微机联锁控制范围大、易于与列车速度控制系统、行车指挥及控制系统衔接等优点，因而正在逐步取代继电器联锁。

联锁运算微机及执行控制微机所处理的信息均属于与安全至关重要的信息，所以这两部分的微机必须具备"故障—安全"功能，即该系统的设计遵循"故障—安全"准则。

信号"故障—安全"准则的含义是：在信号设备发生故障时（故障是不可预见的和不可避免的），不能产生会造成行车危险的结果，即所谓的"故障导向安全"。

由于微机本身并不具备"故障—安全"的功能，因此需要采取一些措施才能确保行车安全。通常采取的措施是：当微机发生故障时，强迫切断微机系统对外部设备的控制作用，使所有的控制电流为零，这样虽然影响了行车，但保证了安全。当然，也可采用冗余硬件来取代故障硬件，以保证行车不致中断，但这又是以较高成本为代价的。

3. 闭塞设备

在某个轨道线路区段内，同一个时间只允许有一列列车占用，以免在区间内发生冲突或追尾事故，为保证列车按某种安全的空间间隔运行的技术称为闭塞。闭塞方式有人工闭塞、半自动闭塞和自动闭塞三种。

（1）人工闭塞——铁路路线按车站划分为若干区间，在区间的入口和出口分别装置相互联系的闭塞设备（如电气路签或路牌机），机内装有作为占有区间凭证的路签或路牌，平时不能任意取出，在确认区间线路空闲并得到邻站同意，经送电后方可从机中取出路签或路牌。这种闭塞方式的通过能力很小，目前仅在个别的支线或专用线上应用。

（2）半自动闭塞——铁路路线按车站划分为若干区间，在区间两端车站上各设一台闭塞机，用轨道电路把它们及出站信号机连接起来，实现彼此间的电气联锁关系。半自动闭塞以装在闭塞区间入口处的出站信号机的开放显示作为列车可进入该区间的凭证。而出站信号机的开放，必须经过车站同意并办理闭塞手续后才能实现。当列车一旦占用闭塞区间，设在闭塞区间入口处的信号机便自动关闭，显示停车信号，其他列车便不能再进入该区间。半自动闭塞在保证行车安全和提高区间通过能力方面比人工闭塞好。

人工闭塞和半自动闭塞均属于站间闭塞，即两站间某一线路只能运行一列列车，列车的最小空间间隔为一个区间。

（3）自动闭塞——由运行中的列车自动完成闭塞作用的一种闭塞方式，主要分为固定闭塞和移动闭塞两类。固定闭塞的线路是将两站间的区间划分成若干固定的闭塞分区，每个闭塞分区的起点设置一个通过色灯信号机进行防护。由于每个闭塞分区都装设轨道电路，因而能够正确反映列车的运行情况和钢轨的完整与否，并及时通过色灯信号机显示出来，向接近它的列车指示运行条件。采用这类自动闭塞设备时,准许列车占用区间的行车凭证是出站信号机(闭塞分区为通过信号机)的行进显示(绿灯或黄灯)。通过信号机经常显示绿灯,随着列车进入或离开闭塞分区而自动变换。进、出站信号机可以实现自动控制,但为便于调整运行图,一般仍由车站实行人工控制,只有当连续地放行通过列车时,才改由列车运行控制。

固定闭塞的设备通常有三显示和四显示两种。三显示自动闭塞采用红、黄、绿三种色灯。红色表示禁止通行,黄色表示慢行(通常速度在10km/h以下),绿色表示正常通行。四显示自动闭塞采用红、黄、绿、黄绿四种色灯,黄绿表示减速至运行图规定的速度运行,其他颜色含义同上。闭塞分区长度与列车最高运行速度及行车密度有关,目前铁路系统的三显示自动闭塞在最高速度120km/h、追踪间隔7min/列时的闭塞分区长度为1 200~1 300m。与三显示相比,四显示自动闭塞的闭塞分区更短,发车间隔时间进一步缩短,通过能力进一步提高。

移动闭塞的线路取消了物理的闭塞分区,通过控制前后列车间的距离保证行车安全。如果前后列车的间距大于安全距离(后车制动距离+列车长+安全余量),则后车可以正常运行;反之,后车需要减速或紧急制动。在线路上运行的前后列车的速度是随时变化的,不同时刻前后列车的间距和安全距离也是变化的。移动闭塞是伴随自动控制系统(ATC)设置的,通过车载设备和轨旁设备不间断的双向通信,控制中心获得前后列车的实时速度和位置,动态地计算出安全距离,并向列车发出减速或加速运行指令。通信的方式可以是有线的(如利用轨间电缆作为传输通道),也可以是无线的(如利用移动无线通信系统作为传输通道)。

闭塞方式对于列车的运行速度和线路的通过能力有较大的影响。单线区段,一般采用半自动闭塞可以满足交通运输需求,投资也较少;对交通运输繁忙的区段,当半自动闭塞不能满足交通运输需求时,可采用单线自动闭塞。双线区段,由于行车密度较大,一般情况宜采用自动闭塞方式。

4. 机车信号

自动闭塞虽然给列车运行安全提供了更为良好的条件,但是还不能防止行驶过程中因驾驶员工作的失误造成冒进红灯信号而发生撞车等严重事故;同时,随着列车运行速度的提高,驾驶员靠瞭望地面信号来操控列车的难度越来越大。为此,又进一步发展了机车信号。

机车信号是指在机车内部(通常是驾驶控制台)的信号。机车信号设备有两大类。一类是复示信号机,只起复示地面信号的作用,驾驶员应当以地面信号机的显示作为开车的主要依据;另一类是主体信号机,采用这种机车自动信号时,就不设地面的通过色灯信号机,同时,它必须和列车自动停车装置配套使用。

机车上配备自动停车装置后,当信号向限制显示变化时(如由绿变黄),能用音响信号提示驾驶员注意,以便及时采取减速或停车措施。如在规定时间内(一般为7s)驾驶员不按压警惕手柄,那么自动停车装置上的电控阀就会自行开启,使列车制动主管迅速排风而进行紧急制动,以保证行车安全。

5. 调度集中设备

调度集中控制(或列车集中控制)是列车调度员在调度所内,通过控制台远程控制和监督管辖范围内的道岔和信号控制方式,以指挥列车运行和组织调车作业。调度集中是一种自动控制和远程控制的信号设备。其特点是在区段内的每一个车站均采用进路式电气集中,并用电缆把它们引接到指挥该区段列车运行的调度所里,其设备如图9-7所示。

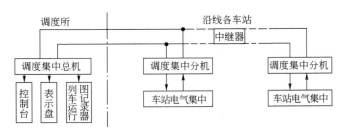

图9-7 调度集中设备方框图

调度集中设备包括调度所设备(如控制台、调度集中控制总机、表示盘及列车运行自动记录器等)、轨道线路现场设备(如车站联锁设备、区间闭塞设备、调度集中控制分机等)和信道(连接调度集中控制总机和分机的线路、中继器等)三个部分。在上述信号设备基础上,增加车次跟踪和计算机系统、通信设备和故障检测设备等,便可构成交通控制自动化系统。这样,调度员在调度所里通过表示盘可以方便快捷地掌握线路上列车运行和分布、区间和站内线路的占用、各种信号的显示状态和道岔开通位置等情况,也可以集中控制管辖范围内每一个中间站的道岔、进路和信号机,直接办理各车站的接发车进路,开放进、出站信号,指挥各次列车的运行。

在调度集中的区段上,区间信号一般应采用自动闭塞,而在行车密度较低的线路上,也可采用半自动闭塞。

如果列车需要在某个车站进行摘挂等调车作业,调度员可授权车站自行操纵车站的电气集中设备。

三、列车自动控制系统

由于现代电子技术的高度发展,为适应城市轨道交通高密度、短间隔、站距短和快速的特点,现代轨道交通信号系统已经从传统的方式,即以地面信号的显示传递行车命令,驾驶员按行车规则操作列车运行的方式,发展到按地面发送的信息自动监控列车速度和自动调整列车追踪间隔的方式。实现这一方式的关建设备是列车自动控制系统(ATC),该系统是在机车信号和列车自动停车装置基础上发展起来的,后续列车根据与先行列车间的距离及进路条件,在车内连续地显示出容许的速度信号,并按该信号显示自动地控制列车运行。该系统取消了传统的地面信号,而将机车信号变为主体信号,指示列车应遵守的速度;系统能可靠地防止由于驾驶员失误而冒进信号或追尾等事故。信号的传输方式视轨道交通制式而异,地铁可用钢轨作为传输信道,以此来检测区段内有无列车占用,并由它来传递速度命令;对不敷设钢轨的轨道交通系统,如新交通系统可在线路上另外敷设交叉感应环线,以连续地检测列车和发送各种命令信息。在连续传递信息的同时,通过地面应答器,向列车传输特殊的点式信息,也可完成车—地间的信息交换。速度模式曲线的控制方式符合列车制动过程,可以缩短列车运行间隔,做到高密度地运行。

列车自动控制系统ATC是一套完整的控制、监督、管理系统,包括列车自动防护(ATP)、列车自动监控(ATS)、列车自动运行(ATO)三个子系统。位于管理级的ATS模块较多地采用软件方法实施联网、通信及指挥列车安全运行;发送和接收各种行车命令的ATP系统确保列车的安全运行;车载 ATP 设备接收轨旁 ATP 设备传递的信号指令经校验后送至 ATO 完成部分运行的操作功能。三个子系统既相互独立又相互联系,完整的 ATC 系统能确保列车安全、快速、短间隔地有序运行。

ATC 系统设备分布于控制中心、轨旁及车上,其系统框图如图9-8所示。

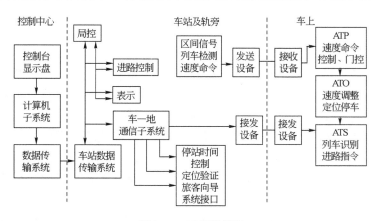

图 9-8 ATC 系统框图

在控制中心内有计算机系统、中心数据传输系统、控制台及 CRT 显示与信息管理系统和调度表示盘等,其控制及表示信息通过数据传输系统与车站及轨旁的信号设备相连接。轨旁设备通过车站数据传输系统与车站 ATC 系统相连;车站的 ATC 系统通过 ATP 子系统发出列车检测命令检查有无列车,并向车上送出 ATP 限速命令、门控指令及定位停车的位置指令。车上 ATC 系统通过 ATP 命令的数据和译码,控制列车的运行和制动,完成定位停车。

第二节 道路交通控制和管理

道路上行驶的车辆,在类型、性能和速度上有较大差别,行驶时可以变换车道,并且在低等级道路上还受到非机动车和行人的干扰,在平面交叉口处又可能同其他方向的车辆发生冲突。为此,道路上容易产生交通事故,或者影响车辆的行驶速度和道路的通行能力,因而特别需要加强交通控制和管理。

一、交通管理

道路交通管理是用一定的交通法规或交通规则,规定出车辆、驾驶员和行人在道路上的行动准则,以保证有序的交通流,确保行车和行人的安全。其主要内容有车辆、驾驶员和行人三方面。

(1) 车辆控制——包括牌照管理、验车制度及车辆质量和尺寸限制。每辆车都应有牌照记录,以便进行车辆数统计、税收、识别失窃车辆等。验车制度为定期对车辆的制动、灯光、转弯信号、排气等进行检查,以确保车辆各方面性能完好。车辆的质量和尺寸限制的目的是防止桥梁和路面等结构物过早的损坏或设计净空不足。

(2) 驾驶员控制——包括驾驶执照、违章处罚和赔偿责任。经过培训,熟悉交通规则和具备生理条件的驾驶员,方可得到允许驾驶的执照。对于违反交通规则的驾驶员,应作违章记录并酌情给予处罚,明确赔偿责任。

(3)道路交通规则——规定车辆在路上行驶和行人行走必须遵守的一些规则,以约束车辆和行人的行动,如车辆靠右行、速度限制、超车的操作程序、行人过街走横道线、服从交通信号和警察的指挥等。

二、交通控制设施

除了上述行政手段外,还需要有一些物理手段来控制和管理交通。这些物理手段即是采用交通控制设施(设备),它们主要有交通标志、路面标线、交通信号和交通隔离设施四类。其功能主要是对车辆、驾驶员和行人起限制、警告和诱导作用。

为了实现其功能,交通控制设施(设备)的设计和设置应当遵循下述原则:

(1)简单、明了、醒目——能吸引驾驶员的注意力,并且看一眼就明白其含义。

(2)放置位置适中——使驾驶员易于看到,并有足够的反应时间按指示的要求调整驾驶动作。

(3)具有统一性——对于相似的交通条件,采用相同的处理方法及相同规格和形式的设备,使来自不同地区或国家的驾驶员都能识别和明白其内容和含义,并及时采取相应的操作。

1. 交通标志

交通标志是一种含有特定内容的标志牌(图9-9)。其作用可分为管制、警告、引(诱)导和信息四种。

图9-9 交通标志
a)管制标志;b)警告标志;c)引导标志;d)信息标志

管制标志为强迫执行标志。它所包含的内容要求驾驶员必须遵守;否则,就被认为是违犯交通规则。管制标志包括限速、不准停车、不准超车、不准左转等。

警告标志的设立是为了唤起驾驶员对前方道路或交通条件的注意。例如,陡坡、急转弯、窄桥、铁路平交等。

引导标志是向驾驶员提供行驶的方向,如绕道标志、目的地和距离标志等。

信息标志为驾驶员提供一些服务信息,如风景点、加油站、服务区等。

交通标志的设计主要考虑其形状、颜色、尺寸和材料等。我国的交通标志规定采用三种形状。圆形表示管制,等边三角形表示警告,矩形表示引导和信息。交通标志的颜色主要指边框线颜色、背景颜色和符号文字颜色。所采用的颜色和颜色的搭配对交通标志的有效性和吸引驾驶员的注意力有很大的作用。我国的管制标志采用白底红字,警告标志采用黄底白字,引导和信息标志采用蓝底白字。交通标志的尺寸包括两方面,一是标志牌的外形尺寸,二是牌上的文字和符号的尺寸及其间的间隔。尺寸大小影响到标志的可读性,并同车辆的行驶速度、标志牌离行车道的侧向或竖向距离有关。标志牌上的涂料应采用反光材料,使驾驶员在夜间行驶时能在汽车灯光的照射下看清标志上的内容。有些标志牌上可设照明灯光,以方便辨认。

标志牌一般设在道路的右侧,或者在道路路中的上方。标志牌的方向应同行车的方向垂直。设置的位置应提前于标志内容所指的地点,以保证驾驶员有足够的时间识别、看明白和调整驾驶操作。同时,标志牌应凸出于周围背景,有别于周围地物,高出道路一定高度。

2. 路面标线和路标

涂刷或粘贴在路面上的标线,例如道路中心线、车道边缘线、停车线、人行横道线、禁止通行线等,主要用于诱导车辆的行驶方向或施行交通管制。除了线条外,还可用符号、文字或数字告诉驾驶员有关限速、公共汽车停车站、左转、直行或右转车道等信息。路面标线的颜色有黄色和白色两种。白色一般用于车辆准许越过的标线,如车道线、转弯符号、人行横道线等。黄色标线代表具有交通管制或者必须强制执行的标线,车辆不准许超越这些标线,如禁止通行区、不准超车的双中心线等。标线所采用的材料可以是油漆、塑胶条、反光标线粉等。

路标为沿道路中线或车道边线埋设的,高出路面表面 6~25mm 的反光标志物。在夜间行驶车辆的灯光照射下,路标通过反光作用勾画出行车道或车道的轮廓,从而向驾驶员提供行驶导向。

3. 交通信号

交通信号是最主要的交通控制设备,用于分配交通流的道路使用权,使各个方向车道上的车辆安全而有秩序地通行。交通信号可基本上分为定时式和感应式两类。

(1) 定时信号——利用定时控制器,按预先设定的时间顺序,重复变换红、黄、绿三种色灯。信号周期时间,可按交叉口处不同方向车流的情况,预先规定一种或数种。

(2) 感应信号——在进入交叉道口的路段上设置车辆检测器,按测到的车辆数变换周期的长短及红、黄、绿灯配时。检测器有两类:

① 埋入路面内的感压式、磁式感应环路式检测器;

② 装在路边上方的雷达、声波或红外装置。

感应信号装置通常是独立的,它仅对所控制交叉口入口处现有的交通状况做出反应,而同道路沿线的其他信号没有关联。

感应信号的控制可采用半感应式控制或全感应式控制。半感应式控制器仅对次要道路的交通流做出反应。它保证主要道路在每一个周期中有一固定的最小绿灯时间。主要道路的绿灯间隔只是在超过最小绿灯时间和次要道路上有车辆在等待绿灯时才终止。次要道路的绿灯间隔时间，随着交通需求而变化，但通常都设立一个最长时间限制，以免主要道路上的车辆延误过久。全感应式控制则对交叉口每一个入口的交通流做出反应，分配给每一相位的时间同该相位的交通需求成比例。周期时间则是由交通需求确定的个别相位时间的总和。通常规定一个最小和最大许可绿灯时间，以免绿灯间隔太短（行人和慢行车辆来不及通过）或太长（使等待车辆不必要地延误过久）。全感应式控制器便工作在这一范围内。

感应式信号控制把不必要的停车时间降到最低限，从而减少了延误时间。然而，在交通量很大的情况下，绿灯相位最大限的频率很高，这就接近于定时控制器。

4. 交通隔离设施

在高速公路、一级公路行车道之间，城市道路的对向车道之间，车行道与人行道之间，或者机动车道与非机动车道之间，设置隔离设施，以严格防止车辆或行人越界，保证行车和行人的安全。交通隔离设施有临时性和永久性两种。

临时性隔离设施可由便于装卸和搬运的移动式墩座和链条组成，设在临时需要分隔开车辆或车辆和行人的地点。在交通运行正常后，应予以撤除。

永久性隔离设施可采用铁格栅、钢板护栏或混凝土墩座和链条等，固定在分隔线位置上，长期使用。

三、交通信号控制系统

将一条道路上或一个区域内的道路交通信号设备有机地联系起来，共同协调地发挥作用，就构成了一个交通信号系统。一条道路上的信号设备组成的系统，称作线系统；一个区域内的信号设备组成的系统，称作面系统。

线系统可以采用三种方式。

(1) 推进式系统——在单向行驶的道路上，理论上车队可以常速行驶，在绿灯间隔时间内到达交叉口，并在红灯开始前驶离交叉口，其速度与绿灯推进的速度一致。图9-10用时间—空间图形式表述了这一关系。连接每一交叉口信号绿灯时间间隔，可绘两条线，代表车队的第一辆车和绿灯间隔内最后一辆车的行驶轨迹，而其斜率则代表行驶速度。两条线之间的间隔称为常宽。在双向行驶的道路上，应用推进式系统变得很复杂，需要对某一行驶方向作优先考虑，或者对两个方向作折中考虑。

(2) 交替式系统（图9-11）——双向行驶的道路上，可以采用某几个交叉口的信号同时转绿，而其他交叉口的信号同时转红。其优点是两个方向的车队以相同的速度推进。

(3) 同步式系统——整条道路上同时转绿灯，同时转红灯。在某种交叉口间距条件下，同步系统有可能接近于推进式系统。

面系统中的各条道路也按线系统中单条道路相同的方式进行处理。然而，由于需要协调各条道路信号交叉口的配时，给面系统增加了复杂性。例如，推进式系统要考虑的不是两个行驶方向，而是四个方向，这就很难设计一个系统可提供不间断的交通流。采用手工技术设计面系统（如绘制时间—空间图），实际上已无法实施。这时必须采用计算机系统来解决这种优化问题。

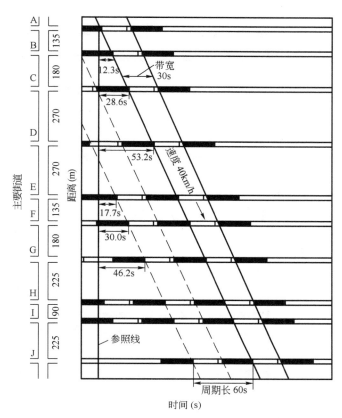

图 9-10 单向行驶道路的时间—空间图(推进式系统)

四、交通监控系统

交通监控系统是一个监视和收集交通和道路状况的信息,并进行集中处理的综合系统。通常设在交通繁忙、事故较多的高速公路全线或部分路段上,它一般由下述子系统组成。

(1)信息收集和处理子系统——设置车辆检测器,收集交通量、车速、车辆通过时间等信息,并将它们传送到控制中心,进行处理和分析。

(2)道路情报子系统——设置可变情报显示板,为驾驶员提供道路情报(如气象、交通情况、交通限制等)。

(3)紧急电话子系统——在公路沿线两侧每隔1km左右,设置紧急电话分机,供驾驶员向管理机构报告事故、故障或求援等。

(4)闭路电视子系统——在易发生交通阻塞和事故的路段上布设摄像机,所收集的信息直接反映到电视监视器上,供管理人员分析和指挥用。

(5)通信子系统——由勤务电话(供内部工作人员内外联系用)、无线电话(供现场工作人员联络、指挥和处理用)及通信传输(将数据信号、视频信号和语音信号通过光缆和普通低频电缆传输到控制中心)三部分组成。

(6)控制中心子系统——通过传输处理设备、人机对话设备和中心计算机等,记录和分析各子系统收集到的信息,向各子系统发布指示或命令,控制沿线有关设备工作。

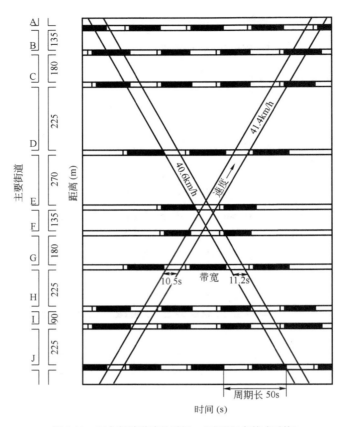

图 9-11 双向行驶道路的时间—空间图(交替式系统)

第三节 水上交通控制和管理

为保障船舶在水域内的航行安全,提高航道的使用效率和船舶的航行效率,需对水上交通实施管理,特别在水域有限或拥挤的情况下,如出入港口或在江河上航行时。

交通管理的设施一般有助航设施、通信设施、监视设施等。

(1)助航标志——设置在通航水域及其附近的各种人工标志,以辅助船舶定位、引导船舶航行、指示碍航物和表示警告等。

(2)通信设施——主要有船舶电台、岸上电台、发信和收信机、天线等,利用不同的通信方式和频段进行船舶与岸及船舶之间的通信,以保持船岸之间的联系。

(3)港口监视设施——主要采用雷达,通过雷达屏幕上显示出的航道、锚地和调头区等视频地图,以观测船舶在雷达覆盖范围内的移动状态。

(4)无线电定位导航系统——由设在岸上的导航台和设在船上的无线电导航设备组成,用无线电波测定船位和引导船舶按航线航行。

下面主要介绍助航标志。

助航标志(或称航标)是设置在通航水域及其附近的各种人工标志,如浮标、导标、灯塔

等,其主要功能是:

(1)定位——为航行船舶提供定位信息。

(2)警告——提供碍航物及其他航行警告信息。

(3)指示——依据交通规则指示航行方向,指示锚地、禁区、测量作业区等。

沿海航标设在沿海和河口地段的岛屿、礁石、海岸上,用以引导船舶沿海航行及进出港口。内河航标设在江、河、湖泊或水库航道上,用以标示航道的方向、界限和碍航物,为船舶航行指示安全航道。

航标分为水上浮动航标和固定航标两种。前者包括浮标和灯船,后者有灯塔、灯桩、立标等。

(1)浮标——浮标是漂浮在水面上的标志,利用锚碇设备(锚或沉锤)固定在预定位置处的海床或河床上,以标示航道和水域通航部分的外廓线(侧面标志),或引导船舶避离各种碍航物(方位标志)。在无法设立立标的地方,通常都可用浮标取代。

(2)灯船——灯船为供航标使用的专用船舶,装有发光设备,利用锚碇设备固定在近岸海区的重要航段、航道转弯处、港口入口等处,以引导船舶航行或标示碍航物以及浅滩位置。灯船通常设在难以建立灯塔的地点。多数灯船的船身和灯架涂红色,发光设备装在甲板高处,灯光射程可达10余海里。船上设有无线电通信设备,可随时同岸上联系。

(3)立标——立标是设在岸边或浅滩上的固定人工助航标志。标身可分为杆形、柱形、桁架形等,涂有规定颜色。立标上可加装顶标,也可装有发光设备(称作灯桩),或者雷达反射器等识别标志。

(4)导标——在狭窄航道、礁石区、港口口门等处,为引导船舶顺利通过、进入锚地以及转向等,除了在航道两侧设置灯浮标外,还需在岸上设置导标。导标是由前低后高的两个立标组成的一对叠标(也可由三个立标组成两对叠标),设在航道中心线或港口口门中心线的延长线上,通过导标线指示船舶的安全航线。前后标的间隔距离和高度差,应能保证它在导向上具有要求的灵敏度。

(5)灯塔——灯塔是设在重要航道附近的塔形固定航标,其顶部装设灯光设备,用以指引船舶航行或指示航行危险区。塔身须有充分的高度,使灯光能为相当远(距离一般为15~25海里)的航船所察见。灯塔的灯质分为定光、闪光、联闪光、明暗光、互闪光等,相邻灯塔的灯质均不相同。在有些大型灯塔上,还同时设有雾号和无线电指向标等导航设施。

第四节 航空交通控制和管理

飞机在航线空域、航站区空域和飞行区内的运行,需要实施良好的空中交通管制和管理,以保证飞行安全,并提高空域和机场飞行区的使用效率。

空中交通管制系统由航路、助航设施和交通管制机构三方面组成,为航空运输提供空中交通服务。

一、飞行规则

飞机的飞行,可按驾驶和导航条件的不同,分为目视飞行和仪表飞行两种。

目视飞行是指通过目视判定飞机位置和保持飞机安全间隔的飞行。这种飞行只有在天气条件好的白天、交通密度不高及飞行高度不超过6 000m的情况下才有可能。在目视飞行情况下，由驾驶员负责保持飞机间的安全间隔，空中交通管制仅在飞机间发生明显冲突时才施加。这种管制称作被动管制。

在能见度差、云层低、交通密度大或者6 000m以上的高空中飞行时，必须采用仪表飞行规则，遵循空中交通管制人员指定的具体航路、飞行高度和飞机间最小间隔飞行。实施仪表飞行规则的空域称作主动管制空域，它通常包括机场附近空域及喷气飞机在城市间飞行途中的空域。

为了保证飞机起飞、着陆和航线飞行的安全，根据地形、机型、助航设备和驾驶员水平等情况，为各机场、航线、飞机和驾驶员规定了最低气象条件。气象条件低于此最低值时，飞机不准飞行。

二、航路和空中交通间隔规则

飞机按指定的航线由一地飞往另一地的空中通道称为航路。沿航路一定距离及转弯点都设有导航设施。航路规定有上限高度、下限高度及宽度。航路的宽度主要取决于导航设施配置的间距及其性能。配置间距较小、引导的精确度较高时，航路可窄些。目前我国航路的宽度除少数航段外均为20km。

为避免飞行时碰撞，飞机在航路内的竖直方向和水平方向要求间隔一定的距离。竖直方向的空域按一定的高度间隔划分层次：6 000m以下时，竖直间隔每300m为一高度层；6 000m以上到11 400m时，竖直间隔每600m为一高度层。高度层从地面开始向上编号。双数高度层供向东的飞机飞行，单数层供向西的飞机飞行。

在同一高度层内，前后飞机的最小水平间隔距离要求，同前后飞机的大小和速度以及所采用的飞行规则和雷达的有效性有关。当飞机组合不产生尾流涡流危害，而飞机在雷达覆盖范围内时，两架同向飞机的最小水平间隔距离为9.3km；但当飞机在雷达天线74km以内时，其间隔距离可减小到5.6km。当飞机的尾流涡流会产生危害时，最小水平间隔距离可按前后飞机和飞行规则情况，参照表9-1选用。

最小水平间隔要求（km） 表9-1

前导飞机类型	后随飞机类型（VFR时）			后随飞机类型（IFR时）		
	重型	轻型	小型	重型	轻型	小型
重型	5.0	6.7	8.3	7.4	9.3	11.1
轻型	3.5	3.5	5.0	5.6	5.6	7.4
小型	3.5	3.5	3.5	5.6	5.6	5.6

三、空中交通管制机构

实施空中交通管制的机构分为4个层次：
(1)全国交通管制中心。
(2)区域交通管制中心（区调）——每个中心管制一个明确的地理区域，中心通过远程雷达监视飞机间的间隔,同时还可识别飞机及其航道和目的地,估计其速度和飞行高度;管制员利用通信(话)与驾驶员沟通信息;飞机飞到管制区域边界上时,就被移交给相邻的区域管制中心或航站进近管制中心。

(3)航站进近管制室(站调)——负责将区域管制中心移交来的飞机安排好顺序,均匀而有次序地进出机场,并移交给机场管制塔台;其管辖范围为离机场40~80km起到离跑道入口8km左右止。

(4)机场交通管制塔台——负责接受和移交出入进近管制室的飞机,引导它们着陆、起飞和滑行,并监视和管制它们在飞行区地面上的活动。

四、航路助航设备

各种仪表助航设备分别安置在地面上和驾驶舱内,在通信、导航和监视方面给驾驶员提供飞行上的帮助。这些设备主要有:

(1)无向信标台(NDB)——沿航路在地面设立无向信标台,用中长波发射无方向性的无线电信号,飞机通过选择台的频率而对准该台飞行,从而使之保持在航路上飞行。

(2)全向信标台(VOR)——用甚高频向所有方向发射无线电信号,驾驶员通过机舱内接收器,调频选择要求跟踪的航路。

(3)测距仪(DME)——通常在全向信标台都安装有测距仪,向驾驶员显示飞机同特定VOR台之间的空中距离。

(4)雷达和话音通信——管制员在雷达显示屏上监视飞机间的间隔,并用话音通信指示驾驶员。

五、航站助航设备

航站助航设备主要供飞机着陆时使用。

(1)精密进近雷达(PAR)——精密进近雷达通常设在跑道中部的一侧,距跑道边缘120~250m(图9-12),向着陆方向交替发射水平和垂直向扫描波束,接收飞机的反射回波,测定其位置,用以判定飞机是否处于规定的下滑航道、对准了正确的航向,管制员通过话音通信给飞机驾驶员着陆指示。

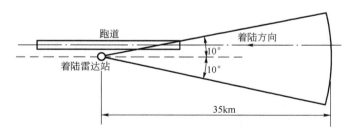

图9-12 精密进近雷达覆盖区

(2)仪表着陆系统(ILS)——由航向台、下滑台和指标点组成(图9-13)。航向台由天线和发射机房组成,分别设在距跑道端外300m处中心线延长线上及一侧90m处;航向台发射垂直波束,对驾驶员指示进近跑道的正确定位。下滑台的天线和发射机房设在由跑道入口内伸225~375m处中心线一侧120~197m处;下滑台发射水平波束,对驾驶员指示相对于跑道的下滑角(一般为2°~3°)。为指示驾驶员沿跑道进近的距离,在跑道端部外分别设立外指标点(相距6.4~8.0km)、中指标点(约900m)和内指标点(约300m)。内指标点的作用是提醒驾驶员该处应有目视地标,否则必须复飞。飞机上相应装载有航向、下滑和指标点的信号接收器。

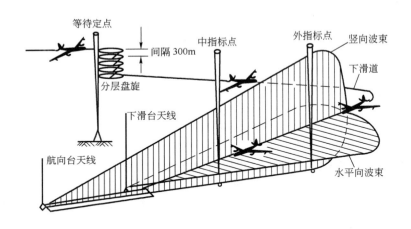

图9-13 仪表着陆系统示意图

(3) 机场监视雷达——为了给机场塔台的管制员提供航站周围空域中飞机活动的全面图像,装置了360°旋转的一次雷达,在显示器上以亮点显示飞机的平面位置、移动方向和速度,其作用范围为50~100km。

六、目视助航设备

目视助航设备设置在机场飞行区地面,给驾驶员在飞机着陆、起飞和滑行时以目视信号和引导。这些设备包括灯光、标志和标记牌等。

(1) 进近灯光系统——在邻近跑道入口处设立纵列灯以表示跑道方向,设立横列灯以反映到入口处的标准距离,作为飞机进近最终阶段的助航设备,也作为夜间目视飞行的目视引导。图9-14所示为简易进近灯光系统,可用于非仪表和非精密仪表跑道。

(2) 跑道和滑行道灯光——跑道入口是驾驶员判断是否着陆的一个重要参照位置。为此,可在距跑道入口外不大于3m处布置一排横贯跑道全宽的入口灯。入口灯采用半红半绿灯具,绿的一半对向进近方向,红的一半对向起飞方向,表明它是跑道末端。为了便于识别跑道和滑行道的方向和界限,沿中线和边线设置中线灯和边灯。跑道中线灯为平地式灯具,间距30m;边灯布置在跑道边线外不大于3m处,间距不大于60m。滑行道中线灯为双向发绿光的平地式灯具,间距为30m;边灯布置在边缘外3m以内,间距60m,见图9-15。

(3) 标志——在跑道、滑行道和机坪的铺面上用不同颜色的线条和数字设置地面标志,以显示某些特定部位的功能,引导飞机的着陆和滑行。跑道标志采用白色,共有跑道号码、入口、中线、中心圆、定距、接地地带和边线7种标志(图9-16)。滑行道和机坪标志采用黄色。滑行道设置中线、等待位置、滑行道交叉处等标志。机坪上飞机停放位置处设置停放位置标识符、引进线、转弯横道、转弯线、对准直道、停止线和引出线等。

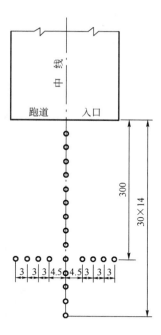

图 9-14　简易进近灯光系统(尺寸单位:m)

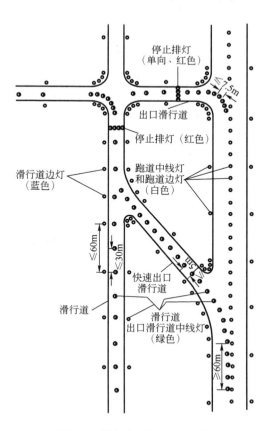

图 9-15　滑行道边灯和中线灯布置

(4)标记牌——飞行区内设立各种标记牌,以标示位置,引导飞机滑行和停放。标记牌可分为:

①强制性标记牌,采用红底白字,设在要求飞机停止处、禁止进入地区的入口处、滑行道等待位置处、滑行道和跑道交叉处等;

②位置标记牌,采用黄底黑字,以标示跑道末端、滑行道、出口滑行道、机坪等;

③目的地标记牌,采用黄底黑字,设在需要指明滑行到某特定地点的去向之处。标记牌为长方形。

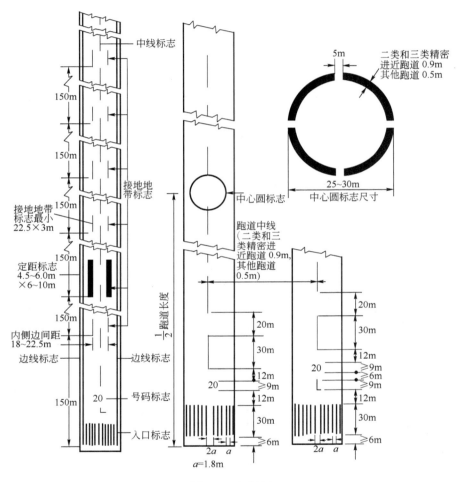

图 9-16 跑道标志

【复习思考题】

1. 轨道交通常用的列车交路形式有哪几种?各有何特点?
2. 信号机按用途可分为哪些种类?其布设位置有何要求?

3. 联锁设备的功能是什么？可分为哪些种类？
4. 闭塞设备的功能是什么？可分为哪些种类？
5. 何为调度集中控制？其主要设备包括哪些？
6. 列车自动控制系统包括哪些子系统？各子系统的主要功能是什么？
7. 道路交通控制设施包括哪些种类？各类设施的主要作用是什么？
8. 道路交通信号控制系统有哪几种类型？各有何特点？
9. 道路交通监控系统包括哪些子系统？各有何作用？
10. 水上交通管理设施有哪些种类？各有何作用？
11. 航标有哪些种类？
12. 飞机的飞行规则有几种？
13. 什么叫航路？
14. 空中交通管制的机构分哪几个层次？其管辖范围如何？
15. 航路助航设备有哪些？
16. 航站助航设备有哪些？
17. 目视助航设备有哪些？

参考文献

[1] 姚祖康.运输工程导论[M].上海:同济大学出版社,1996.
[2] 姚祖康,顾保南.交通运输工程导论[M].2版.北京:人民交通出版社,2008.
[3] 吴渊明.铁路总体设计[M].北京:中国铁道出版社,1992.
[4] 魏庆朝.铁道工程概论[M].北京:中国铁道出版社,2011.
[5] 王午生.铁道线路工程[M].上海:上海科学技术出版社,1999.
[6] 顾保南,叶霞飞.城市轨道交通工程[M].武汉:华中科技大学出版社,2007.
[7] 张志荣.都市捷运发展与应用[J].台北:台湾建筑情报杂志社,1994.
[8] 洪承礼.港口规划与布置[M].北京:人民交通出版社,1988.
[9] 陈万佳.港口水工建筑物[M].北京:人民交通出版社,1989.
[10] HORONJEFF R,MCKELVY F.机场规划与设计[M].吴问涛,译.上海:同济大学出版社,1987.
[11] 姚祖康.机场规划与设计[M].上海:同济大学出版社,1994.
[12] 谈至明,赵鸿铎,张兰芳.机场规划与设计[M].北京:人民交通出版社,2010.
[13] 田瑛,甄建超,孙春良,等.我国油气管道建设历程及发展趋势[J].石油规划设计,2011,22(4):4-8.
[14] WRIGHT P H,ASHFORD N. Transportation Engineering Planning and Design[M]. 3rd Edition. New York:John Wiley & Sons,1989.
[15] CARTER E C,HOMBURGER W S. Introduction to Transportation Engineering[M]. Reston:Reston Publishing Company,Inc.,1978.
[16] KANAFANI A,SPERLING D. National Transportation Planning[M]. Hague:Martinus Nijhoff Publishers,1982.
[17] ITE. Traffic Engineering Handbook[M]. 4th Edition. Englewood Cliffs:Prentice Hall,1992.
[18] KANAFANI A. Transportation Demand Analysis[M]. New York:McGraw-Hill Book Company,1983.